Grundausgabe Nordrhein-Westfalen

Doppel-Klick

Das Sprach- und Lesebuch

6

Herausgegeben von
Renate Krull, Werner Bentin, Şule Ekemen

Erarbeitet von
Guido Becker, Werner Bentin, Ulrich Deters, Şule Ekemen,
Martin Felber, Filiz Feustel, Renate Krull,
Dorottya Mitsalis, Jutta Neumann, Martina Panzer,
Katrin Placzek, Gerda Steininger, Stephan Theuer

Unter Beratung von
August-Bernhard Jacobs und Thomas Jaitner

Cornelsen

Der Aufbau des Schülerbuches

DOPPEL-KLICK IM ÜBERBLICK

Die Themen – mit den angehängten Trainingseinheiten	Basis	Differenzierung
Los geht's: Gemeinsam lernen .... 12 *Zum Auftakt: In der Gruppe arbeiten, Gespräche führen* Training: Gespräche führen 26	Sonstiges: Gruppen- und Gesprächsregeln	Das wiederhole ich! Weiterführendes Extra Sprache Anwendungstraining
Kuckuck, Kuckuck ... . 30 *Aus Sachtexten und Grafiken Informationen entnehmen* Training: Den Textknacker anwenden 44	Typ 4: Analysierendes Schreiben – Sachtexte	Das wiederhole ich! Weiterführendes Extra Sprache Anwendungstraining
Komm mit, mach mit! .... 48 *Erlebnisse und Erfahrungen anschaulich vortragen* Training: Ich stelle das Cheerleading vor 62	Sonstiges: Kurzvortrag, Präsentation	Das wiederhole ich! Weiterführendes Extra Sprache Anwendungstraining
Auf den Spuren des Barbiers .... 66 *Auf der Basis von Materialien sachlich berichten* Training: Berichten 80	Typ 2: Informierendes Schreiben	Das wiederhole ich! Weiterführendes Extra Sprache Anwendungstraining
Beste Freunde .... 84 *In einem Leserbrief begründet Stellung nehmen* Training: Meinungen äußern und begründen 98	Typ 3: Argumentierendes Schreiben	Das wiederhole ich! Weiterführendes Extra Sprache Anwendungstraining
Fantastisches .... 102 *Einen Text durch szenisches Spiel interpretieren* Training: Eine Geschichte von Münchhausen spielen 116	Sonstiges: Szenisches Spiel	Das wiederhole ich! Weiterführendes Extra Sprache Anwendungstraining

Medien und Gattungen – mit den angehängten Trainingseinheiten	Basis	Differenzierung
Medien: Blicke in die Welt .... 120 *Moderne Medien untersuchen, einschätzen, nutzen* Training: Sich im Internet informieren 126	Typ 4: Analysierendes Schreiben – mediale Texte	Grundkurs
Spannung von Anfang an .... 130 *Jugendbuchauszüge lesen und inhaltlich erfassen* Training: Spannende Geschichten schreiben 144	Typ 4: Analysierendes Schreiben – literarische Texte Typ 1: Erzählendes Schreiben	Weiterführendes
Sagenhafte Orte .... 148 *Sagen untersuchen, erzählen, selbst schreiben* Training: Eine Sage schreiben 156	Typ 4: Analysierendes Schreiben – literarische Texte	Weiterführendes Anwendungstraining
Fabelhafte Wettrennen .... 160 *Fabeln untersuchen, nacherzählen, selbst schreiben* Training: Eine Fabel überarbeiten 168	Typ 6: Produktionsorientiertes Schreiben	Weiterführendes Anwendungstraining
Gedichte über den Wind .... 172 *Gedichte sprechen, Gedichtmerkmale erkennen*	Typ 4: Analysierendes Schreiben – literarische Texte	Weiterführendes
Gedichte über Freundschaft .... 178 *Gedichte ausdrucksvoll vorlesen und vortragen*		Wiederholen und üben
Leseecke: Abenteuerliche Bücher .... 182 *Jugendbücher kennen lernen*		Leseanregungen

Nachschlagen und üben		Basis	Differenzierung
Der Aufgabenknacker – Schritt für Schritt *Aufgaben verstehen*	188		Wiederholen und üben
Texte lesen und verstehen: Der Textknacker *Eine Geschichte erschließen*	190		Wiederholen und üben
Der Buchknacker *Ganzschriften strategiegeleitet erschließen*	196		Wiederholen und üben
Ideensammlung: Die Mindmap *Planungsübersichten erstellen*	200		Grundkurs
Texte überarbeiten *Texte strategiegeleitet überarbeiten*	202	Typ 5: Überarbeitendes Schreiben	
Gemeinsam planen und arbeiten *Planungsübersichten erstellen*	206		Grundkurs
Im Lexikon nachschlagen *Informationsquellen nutzen*	208		Wiederholen und üben
Eine Geschichte vorlesen *Geschichten gestaltend vorlesen*	210		Wiederholen und üben
Eine Einladung schreiben *Texte ziel- und adressatengerichtet formulieren*	212	Typ 2: Informierendes Schreiben	
Kreatives Schreiben *Auf der Basis von Materialien oder Mustern erzählen*	214		Schreibanregungen

Rechtschreiben		Basis	Differenzierung
Schrift und Schreiben *Handschrift, Plakatgestaltung, das Abschreiben*	216		Grundlagen
Die Trainingseinheiten *Phänomene, Wortfamilien, Zeichensetzung, Strategien, erfolgreich abschreiben, Fehlerkorrektur*	220	Rechtschreibsicherheit gewinnen	Üben, üben, üben
Die Arbeitstechniken *Fehler selbstständig erkennen und vermeiden*	236	Strategiegeleitet schreiben	Wiederholen und üben

Grammatik		Basis	Differenzierung
Wortarten wiederholen	248		Wiederholen und üben
Possessivpronomen verwenden	252	Sprache angemessen verwenden	Training Sprache
Verben verwenden: **Perfekt, Präteritum, Futur**	254		Training Sprache
Adjektive verwenden	260		Training Sprache
Präpositionen verwenden	264		Training Sprache
Satzglieder verwenden	266	Satzstrukturen erkennen	Wiederholen und üben

Zum Nachschlagen

Wissenswertes auf einen Blick 272

Verbformen im Überblick 292

Vollständige Gedichte und Texte 294

Sachregister 300

Der Kernlehrplan: Lernerfolgsüberprüfung und Leistungsbewertung 302

Inhalt

Die Themen

S	T	K	M
Sprache	Texte	Kommunikation	Medien

Los geht's: Gemeinsam lernen 12–25   **S**   **K**

Über die Arbeit in Gruppen nachdenken	14	**In der Gruppe arbeiten, Gespräche führen**
Einen Text lesen	16	– Gespräche reflektieren
Gruppenarbeit ist ganz schön schwer!	16	– Standbild, Rollenspiel
Gruppenarbeit im Rollenspiel erproben	18	– gemeinsam Gesprächsregeln vereinbaren und einhalten
Regeln festlegen und Aufgaben verteilen	19	– angemessen kommunizieren
Das kann ich! Regeln für eine Gruppenarbeit	20	– bewerten, beurteilen
Das wiederhole ich! Miteinander sprechen	21	
Weiterführendes: Das Gruppen-Puzzle	22	
Extra Sprache: Ich – du – wir!	24	Personalpronomen

Training: Gespräche führen 26–29   **Diskutieren und Argumentieren**
- Eine Diskussion untersuchen 26   – Meinung formulieren, begründen
- Miteinander diskutieren 28   – Gesprächsformen: Kugellager
                                                             – argumentieren, Stellung beziehen

Kuckuck, Kuckuck 30–43   **T**

Der Ruf und das Aussehen des Kuckucks	32	**Analysierendes Schreiben (Typ 4)**
Einen Sachtext mit dem Textknacker knacken	34	– Sachtexte analysieren und interpretieren
Im Sturzflug ins fremde Nest	35	– fragen- und aufgabengeleitet aus Texten Informationen ermitteln
Andere informieren	37	– Textaussagen deuten, bewerten
Das kann ich! Einen Sachtext lesen	38	– diskontinuierliche Texte
Das wiederhole ich! Schlüsselwörter finden	39	
Weiterführendes: Einen Sachtext mit Grafiken lesen	40	
Extra Sprache: Ludwig behauptet, dass ...	42	Verbstellung in dass-Sätzen

Training: Den Textknacker anwenden 44–47   **Analysierendes Schreiben (Typ 4)**
- Kaiserpinguine – Spezialisten für das Leben in der Kälte 45   – Sachtexte analysieren und interpretieren

Komm mit, mach mit! 48–61   **T**   **K**

Was kann man noch in der Freizeit tun?	52	**Kurzvortrag vorbereiten, Präsentation**
„Am liebsten wie ein Superstar tanzen!"	52	– adressaten- und situationsgerecht formulieren, präsentieren
Ein Hobby vorstellen	54	– eine Präsentation auswerten
Das kann ich! Einen Kurzvortrag halten	56	
Das wiederhole ich! Einen Vortrag überarbeiten	57	
Weiterführendes: Eine Spielanleitung verstehen und schreiben	58	beschreiben: eine Spielanleitung
Extra Sprache: Was kommt wohin?	60	Präpositionen

Training: Ich stelle das Cheerleading vor 62–65   **Kurzvortrag vorbereiten, Präsentation**
- Das Cheerleading – eine interessante Sportart 62

zusätzliche Seiten zur Differenzierung, zum Anwenden und Weiterüben, zum Fördern und Fordern

Auf den Spuren des Barbiers — 66–79

Den Beruf Barbier kennen lernen	68	**T**
Ein Markttag mit einem Barbier	70	**Informierendes Schreiben (Typ 2)**
Ein Tag im Leben des Barbiers Johannes	70	– auf der Basis von Materialien in einem funktionalen Zusammenhang sachlich berichten
Über den Markttag berichten	72	– im Präteritum berichten
Das kann ich! Berichten	74	
Das wiederhole ich! Im Präteritum berichten	75	
Weiterführendes: Über einen Museumsbesuch berichten	76	für die Schülerzeitung berichten
Extra Sprache: Als die Heinzelmännchen noch halfen	78	Verben im Präteritum
Training: Berichten	80–83	**Informierendes Schreiben (Typ 2)**
Über einen Vorfall berichten	80	sachlich berichten

Beste Freunde — 84–97

Was ist Freundschaft?	86	**T K**
Freundschaften mit Internet und ohne Internet	88	**Argumentierendes Schreiben (Typ 3)**
„Ich habe über 600 Freunde!"	88	– begründet Stellung beziehen
Einen Leserbrief schreiben	90	– Leserbrief
Das kann ich! Einen Leserbrief schreiben	92	– Pro- und Kontra-Argumente
Das wiederhole ich! Sätze verknüpfen	93	– Argumentieren: Meinungen formulieren und begründen
Weiterführendes: Ein Freundschaftstest	94	Selbsteinschätzung
Extra Sprache: Wie kann eine Freundschaft sein?	96	Modalverben
Training: Meinungen äußern und begründen	98–101	**Argumentierendes Schreiben (Typ 3)**
Auf eine Mitteilung antworten	98	Stellung beziehen: Brief
In einem Brief Stellung nehmen	100	

Fantastisches — 102–115

Eine fantastische Welt gestalten	102	**T M**
Eine fantastische Geschichte lesen	104	**Einen literarischen Text durch szenisches Spiel analysieren und interpretieren**
Gioconda Belli: Die Gestalter aller Dinge	104	– Mimik und Gestik funktional einsetzen
Eine Szene spielen	108	– gestaltend lesen und spielen
Das kann ich! Einen Text szenisch spielen	110	
Das wiederhole ich! Ohne Worte sprechen	111	
Weiterführendes: Gedichte über Schmetterlinge	112	Gedichte lesen
Extra Sprache: Tiere, die fantastisch sind	114	Relativpronomen
Training: Eine Geschichte von Münchhausen spielen	116–119	**Mediale Produktionen konzipieren und umsetzen: Szenisch spielen**
Münchhausens Helfer bei einer Wette	116	

Inhalt

Medien und Gattungen

Medien: Blicke in die Welt 120–125
Nachrichtensendungen sehen und verstehen 122

Analysierendes Schreiben (Typ 4)
mediale Texte analysieren

Training: Sich im Internet informieren 126–129
Eine Suchmaschine nutzen 126
Informationen gezielt auswählen 128
    Wale stranden bei „gefährlichem" Wind 129
    Drama um gestrandete Wale 129

Informationsquellen gezielt nutzen: Das Internet
– eine Suchmaschine nutzen
– Ergebnisse bewerten und begründet auswählen

Spannung von Anfang an 130–143
Das Geheimnis des Karfunkelsteins 131
    Thomas Endl: Karfunkelstadt: Der Turm der tausend Schatten 131
Entscheide selbst: Die Pyramide 134
    Fabian Lenk: Die Pyramide der 1000 Gefahren 134
Weiterführendes: Das Geheimnis des grauen Klassenzimmers 140
    R. L. Stine: Die Geisterschule 140
Weiterführendes: Nicks spannende Abenteuer 142
    René Goscinny: Bonbon 142

Analysierendes Schreiben (Typ 4)
– literarische Texte analysieren und interpretieren
– fragen- und aufgabengeleitet aus Texten Informationen ermitteln, deuten und bewerten
– eine Figur beschreiben
– Jugendbuchauszüge lesen, mit- und weitererzählen
– ein Buch vorstellen

Training: Spannende Geschichten schreiben 144–147
Eine Geschichte lesen und weiterschreiben 144
    Wo ist Lupo? 144
Eine eigene spannende Geschichte erzählen 146

Erzählendes Schreiben (Typ 1)
auf der Basis von Materialien oder Mustern erzählen

Sagenhafte Orte 148–155
Eine Sage aus Deutschland 148
    Wie das Siebengebirge entstand 149
Eine Sage aus Litauen 150
    Der eiserne Wolf 150
Eine Sage aus Tschechien 152
    Wie Karlovy Vary / Karlsbad gegründet wurde 152
Weiterführendes: Eine Sage aus Irland 154
    Der Damm des Riesen 154
Weiterführendes: Merkmale von Ortssagen 155

Analysierendes Schreiben (Typ 4)
– Sagen analysieren und interpretieren
– fragen- und aufgabengeleitet aus Texten Informationen ermitteln
– Sagen nacherzählen
– Paralleltexte verfassen
– Merkmale von Sagen

Training: Eine Sage schreiben 156–159
Eine Turmsage planen und schreiben 157
Eine Turmsage überarbeiten 159

Produktionsorientiertes Schreiben (Typ 6)
eine Sage planen, schreiben und überarbeiten

Fabelhafte Wettrennen ... 160–167

T

Eine Fabel aus Europa ... 160
   Die Wette vom Kaulbarsch und dem Lachs ... 160
Eine Fabel aus Afrika ... 162
   Das Wettrennen ... 162
Eine Fabel aus Asien ... 164
   Vom Fuchs und dem Karpfen ... 164
Eine Fabel schreiben ... 166
Weiterführendes: Fabeln vergleichen ... 167

Produktionsorientiertes Schreiben (Typ 6)
- Fabeln nacherzählen, gestaltend vorlesen und umschreiben
- eine Fabel planen, schreiben und überarbeiten
- Merkmale von Fabeln

Training: Eine Fabel überarbeiten ... 168–171
   Das Huhn und die Taube ... 168
Weiterführendes: Die Fabel ausbauen ... 171

Überarbeitendes Schreiben (Typ 5)
einen Text überarbeiten, Textänderungen begründen

Gedichte über den Wind ... 172–177

S **T**

Den Wind sehen und hören ... 172
   Hanns Cibulka: Variationen über den Wind ... 172
   Heinrich Heine: Der Wind zieht seine Hosen an ... 173
Reime in Gedichten ... 174
   Sieglinde Jug: Luftikus ... 174
   Ludwig Uhland: Frühlingsglaube ... 175
Bilder in Gedichten ... 176
   Christoph Meckel: Mitte Oktober ... 176
Bildgedichte ... 177
   Eugen Gomringer: wind ... 177
   Max Bense: wolke ... 177

Gedichte untersuchen: Vers, Strophe, Reim
- Merkmale von Gedichten
- sprachliche Mittel verwenden: Personifikation
- Gedichte gestaltend vortragen
- konkrete Poesie erschließen

Gedichte über Freundschaft ... 178–181

S **T**

Georg Bydlinski: Wann Freunde wichtig sind ... 179
Hans Retep: Du bist wie das Meer ... 180
Friedrich von Logau: Kennzeichen eines rechten Freundes ... 181

Gedichte ausdrucksvoll vorlesen und auswendig lernen
Merkmale von Gedichten

Leseecke: Abenteuerliche Bücher ... 182–187

T **M**

Rätselhafte Abenteuer ... 182
   Jason Lethcoe: Wings. Der mysteriöse Mr. Spines ... 182
Magische Abenteuer ... 184
   Marliese Arold: Magic Girls. Der verhängnisvolle Fluch ... 184
Abenteuer auf vier Pfoten ... 186
   Erin Hunter: Warrior Cats. In die Wildnis ... 186

Jugendbücher kennen lernen
- Jugendbuchauszüge lesen
- Vermutungen zum Inhalt anstellen
- Leseerwartungen aufbauen

Inhalt

Nachschlagen und üben

Der Aufgabenknacker 188-189
T M
Aufgaben verstehen

Texte lesen und verstehen: Der Textknacker 190-195
Der Textknacker – Schritt für Schritt 191
Eine Geschichte „knacken" 192

- Einfache Lesestrategien unterscheiden und einsetzen
- Texte aufgaben- und fragengeleitet untersuchen

Der Buchknacker 196-199
Das Buchcover und der Klappentext 196
Ein Ausschnitt aus dem Buch 197
   Huang Beijia: Seidenraupen für Jin Ling 197
Das Buch vorstellen 199

- einen Jugendbuchauszug mit einfachen Lesestrategien erschließen
- Buchvorstellung

Ideensammlung: Die Mindmap 200-201
Planungsübersichten erstellen: Mindmap

Texte überarbeiten 202-205
Die Schreibkonferenz 202
Einen Text überarbeiten 203
   Eine Spielanleitung 204

Überarbeitendes Schreiben (Typ 5)
einen Text überarbeiten und die vorgenommenen Textänderungen begründen

Gemeinsam planen und arbeiten 206-207
Planungsübersichten erstellen: Arbeitsplan, Checkliste

Im Lexikon nachschlagen 208-209
Einem Lexikoneintrag Informationen entnehmen 209
   Pyramiden 209

Informationsquellen gezielt nutzen: Das Lexikon
informationsentnehmend lesen

Eine Geschichte vorlesen 210-211
Cornelia Funke: Potilla 210

ausdrucksvoll vorlesen

Eine Einladung schreiben 212-213
eine Einladung planen, schreiben und überarbeiten

Kreatives Schreiben 214-215
Zu Bildern schreiben 214
Gedichte schreiben 215

Erzählendes Schreiben (Typ 1)
auf der Basis von Materialien oder Mustern erzählen

Rechtschreiben

Schrift und Schreiben 216–219	S
Schön schreiben – lesbar schreiben 216	**Grundlagen der Rechtschreibung**
Ein Lernplakat gestalten 217	– die Handschrift trainieren
Einen Text abschreiben 218	– richtig abschreiben
Das Partnerdiktat 219	

Die Trainingseinheiten 220–235	
1. Trainingseinheit 220	Großschreibung von Nomen, zusammengesetzte Nomen, Wortfamilie *sehen*
Gemeinsam geht es 220	
2. Trainingseinheit 222	Wörter mit ie, zusammengesetzte Verben, Wortfamilie *fliegen*, Komma bei *weil*
Zugvögel 222	
3. Trainingseinheit 224	Adjektive auf -ig, -lich, -isch, Dehnungs-h, Wortfamilie *kommen*, Komma bei *denn*
Die Sage vom Riesenstein 224	
4. Trainingseinheit 226	Wörter mit ver-, be- und er-, Nominalisierung von Verben, Wortfamilie *halten*, Komma bei *wenn*
Wo ist Max? 226	
5. Trainingseinheit 228	Nomen mit -ung, -heit, -keit, Wortfamilie *stehen*, Komma bei Aufzählungen
So ein Pech 228	
6. Trainingseinheit 230	Wörter mit a/ä, au/äu, Wörter mit V/v, Wortfamilie *binden*, wörtliche Rede
Der Löwe und die Maus 230	
7. Trainingseinheit 232	Wörter mit kurzem Vokal, Tageszeiten, Wortfamilie *lassen*, Komma bei *dass*
Das Sternentor 232	
8. Trainingseinheit 234	Wörter mit kurzem Vokal, Nominalisierung von Adjektiven, Wortfamilie *sitzen*, wörtliche Rede
Anjas Traum 234	

Die Arbeitstechniken 236–247	Rechtschreibstrategien nutzen
Das Alphabet üben 236	
Im Wörterbuch nachschlagen 237	
Training mit Wörterlisten 238	
Das Dosendiktat 239	
Wörter ableiten 240	
Wörter verlängern 241	
Wörter bilden 242	
Dein Rechtschreib-Check 244	
Rechtschreibkorrektur am Computer 246	

Inhalt

Grammatik

Wortarten wiederholen 248–251
S

Auf dem Flohmarkt 248
Auf der Bühne 249
Im Kunstraum 250

Wortarten erkennen und unterscheiden
Funktionen von Wortarten untersuchen

Possessivpronomen verwenden 252–253

Verben verwenden 254–259

Mündlich erzählen im Perfekt 255
Schriftlich berichten im Präteritum 256
Perfekt und Präteritum üben 257
Von der Zukunft sprechen im Futur 258

Adjektive verwenden 260–263

Der Markt im Mittelalter 260
Zusammengesetzte Adjektive 262
Gesteigerte Adjektive 263

Präpositionen verwenden 264–265

Satzglieder verwenden 266–271

Das Subjekt und das Prädikat 266
Das Akkusativobjekt und das Dativobjekt 267
Die adverbialen Bestimmungen der Zeit und des Ortes 268
Satzglieder umstellen 270
Satzglieder üben und anwenden 271

grundlegende Strukturen des Satzes beschreiben

Zum Nachschlagen

Wissenswertes auf einen Blick 272–291
Verbformen im Überblick 292–293
Vollständige Gedichte und Texte 294–296
Alle Texte auf einen Blick 297

Textquellen / Bildquellen 298–299
Sachregister 300–301

Der Kernlehrplan: Lernerfolgsüberprüfung und Leistungsbewertung 302–303

Impressum 304

Vorschlag für die Stoffverteilung

Thematische und sachliche Verknüpfungen der einzelnen Kapitel miteinander

VERKNÜPFUNGEN

Die Themen / Medien und Gattungen	angehängte Trainingseinheiten	Nachschlagen und üben	Rechtschreiben	Grammatik
Zusätzliche Kapitel zur Differenzierung, zum Anwenden und Weiterüben, zum Fördern und Fordern				
1. Los geht's: Gemeinsam lernen S. 12–25	Gespräche führen S. 26–29	Der Aufgabenknacker S. 188–189	Richtig abschreiben S. 218–219 1. Trainingseinheit S. 220–221	Wortarten wiederholen S. 248–251
2. Sagenhafte Orte S. 148–155	Eine Sage schreiben S. 156–159		3. Trainingseinheit S. 224–225 Training mit Wörterlisten S. 238	
3. Kuckuck, Kuckuck ... S. 30–43	Den Textknacker anwenden S. 44–47	Im Lexikon nachschlagen S. 208–209	Schrift und Schreiben S. 216–217 2. Trainingseinheit S. 222–223	Possessivpronomen verwenden S. 252–253
4. Medien: Blicke in die Welt S. 120–125	Sich im Internet informieren S. 126–129		Wörter ableiten S. 240 Alphabet und Wörterbuch S. 236–237	
5. Leseecke: Abenteuerliche Bücher S. 182–187		Der Buchknacker S. 196–199		
6. Komm mit, mach mit! S. 48–61	Ich stelle das Cheerleading vor S. 62–65	Ideensammlung: Die Mindmap S. 200–201 Texte überarbeiten S. 202–205	4. Trainingseinheit S. 226–227 Dein Rechtschreib-Check S. 244–245	
7. Gedichte über den Wind S. 172–177		Kreatives Schreiben S. 214–215	Das Dosendiktat S. 239 Wörter verlängern S. 241	
8. Auf den Spuren des Barbiers S. 66–79	Berichten S. 80–83		5. Trainingseinheit S. 228–229 Wörter bilden S. 243	Verben verwenden: Perfekt, Präteritum S. 252–255 Adjektive verwenden S. 260–263
9. Spannung von Anfang an S. 130–143	Spannende Geschichten schreiben S. 144–147	Wiederholung: Der Textknacker S. 190–195 Eine Geschichte vorlesen S. 210–211	8. Trainingseinheit S. 234–235 Wörter bilden S. 242	Verben verwenden: Futur S. 258–259
10. Beste Freunde S. 84–97	Meinungen äußern und begründen S. 98–101	Eine Einladung schreiben S. 212–213	7. Trainingseinheit S. 232–233	Satzglieder verwenden S. 266–271
11. Gedichte über Freundschaft S. 178–181				
12. Fabelhafte Wettrennen S. 160–167	Eine Fabel überarbeiten S. 168–171		6. Trainingseinheit S. 230–231	Präpositionen verwenden S. 264–265
13. Fantastisches S. 102–115	Eine Geschichte von Münchhausen spielen S. 116–119	Gemeinsam planen und arbeiten S. 206–207	Rechtschreibkorrektur am Computer S. 246–247	

SCHULJAHRESVERLAUF

In Gruppen arbeiten, Gespräche führen, Regeln einhalten

Los geht's: Gemeinsam

1 Die Schülerinnen und Schüler arbeiten in einer Gruppe zusammen.
   a. Seht euch die Fotos an.
   b. • Was tun die Schülerinnen und Schüler im Einzelnen?
      • Wie ist ihr Gesichtsausdruck? Wie ist ihre Körperhaltung?
      Sprecht darüber.

1 Auf den Fotos sieht man …
Auf dem ersten/zweiten/dritten … Foto …
abgelenkt, albern, aufmerksam, konzentriert, müde, unkonzentriert, verzweifelt

lernen

Wir müssen die Aufgaben verteilen.

2 Wie sieht Gruppenarbeit bei euch aus? Erzählt.

3 In welchen Situationen sprecht ihr euch in der Gruppe ab? Erzählt.

In diesem Kapitel lernt ihr Regeln für die Gruppenarbeit kennen.

Über die Arbeit in Gruppen nachdenken

Gruppenarbeit ist eine besondere Form des Zusammenarbeitens.
Sie ist nicht immer einfach.

Einige Schülerinnen und Schüler arbeiten gut zusammen.

1 a. Seht euch die Fotos an.
   b. Welche Schülerinnen und Schüler arbeiten gut zusammen?
      Woran könnt ihr das erkennen?
      Sprecht darüber.

Andere Schülerinnen und Schüler arbeiten nicht gut zusammen.

2 Welche Schülerinnen und Schüler arbeiten noch nicht so gut zusammen?
    Warum klappt es hier nicht?
    Sprecht darüber.

Wenn es in der Gruppenarbeit nicht klappt, gibt es einen Grund.

3 a. Seht euch die Fotos an.
   b. Was gefällt den Schülerinnen und Schülern nicht?
      Beschreibt.
   c. Schreibt auf, was die Schülerinnen und Schüler
      vielleicht denken oder sagen.

> **Starthilfe**
> „Ich habe wirklich keine Lust." …

Standbilder bauen und erklären

Die Körperhaltung und der Gesichtsausdruck verraten viel darüber, ob sich jemand gut fühlt oder nicht.

4 Seht euch das Foto an.
- Wie sind die Körperhaltung und der Gesichtsausdruck?
- Woran könnt ihr erkennen, dass sich der Junge nicht gut fühlt?

Ein Standbild hilft, Gefühle auszudrücken und zu verstehen.

5 Stellt die Situation auf dem Foto als Standbild nach. Beachtet dabei die Arbeitstechnik.

Arbeitstechnik

Ein Standbild bauen

Mit einem Standbild könnt ihr eine Situation oder ein Gefühl darstellen.
- Entscheidet euch, **wer welche Person** darstellt.
- Achtet besonders auf die **Gestik** (die Körperhaltung) und die **Mimik** (den Gesichtsausdruck) der Personen.
- Die Darstellerinnen und Darsteller stellen sich **unbeweglich wie ein Standbild** auf. Niemand spricht.
- **Die anderen beraten** und korrigieren die Darstellerinnen und Darsteller.
- Alle **beschreiben, wie das Standbild** auf sie **wirkt**.
- Die Darstellerinnen und Darsteller **beschreiben, wie** sie **sich** mit dieser Gestik und Mimik **fühlen**.

6 Wie könnt ihr das Standbild ändern, damit es aussieht wie auf dem Foto?
   a. Die Darstellerin oder der Darsteller ahmt Gestik und Mimik des Jungen auf dem Foto nach.
   b. Die anderen korrigieren.
   c. Wie wirkt das Standbild nun? Beschreibt die Wirkung.

7 Gruppenarbeit!
Baut Standbilder zu anderen Fotos von den Seiten 12 und 13.

Einen Text lesen

Yasmin, Micha, Leon, Nadja und Sascha sollen in Gruppenarbeit einen Text lesen und zusammenfassen. Sie beginnen zu lesen.

Gruppenarbeit ist ganz schön schwer!

1 *Nadja klopft ständig mit dem Stift auf den Tisch.*
Sascha: Lass das!
Nadja: Ich mach doch nichts!
Sascha: Doch! Du klopfst ständig mit dem Stift
5 auf den Tisch. Das nervt!
Nadja rollt mit den Augen, legt den Stift aber weg und liest weiter.

2 *Micha legt als Erster den Text weg.*
Micha: So, fertig. Und nun? Ich hab nichts kapiert.
10 **Yasmin:** O Mann, Micha. Immer sagst du:
„Hab nichts kapiert". Du musst dir eben Mühe geben!
Micha *wütend*: Ich gebe mir Mühe. Ich hab eben
nichts verstanden. Wenn du so schlau bist,
dann kannst du mir ja erklären, was da steht!
15 **Leon** *genervt*: He, Leute, ich bin noch nicht fertig.
Könnt ihr mal leise sein?
*Daraufhin schweigen alle, bis auch Leon
mit dem Lesen fertig ist.*

3 **Nadja:** So. Und nun?
20 **Leon:** Was und nun? Die Aufgabe ist doch klar. Wir sollen
den Text kurz zusammenfassen und das Ergebnis
den anderen vortragen. Also, lasst uns anfangen.
Leon nimmt sich seinen Block und einen Stift in die Hand.
Micha: Ich hab nichts kapiert. Also lasst mich mal raus.
25 *Nadja nimmt auch ihren Block, zeichnet jedoch Kästchen
auf ihr Blatt und beginnt, mit Sascha zu spielen.*
Sascha: Ich hab das auch nicht verstanden.
Macht ihr das mal!
Yasmin: Eh, wir sollen doch als Gruppe arbeiten.
30 So geht das nicht. Wenn nur Leon und ich arbeiten,
ist das ja wohl keine Gruppenarbeit!
Leon: Na los, lasst uns anfangen.
Murrend schauen Micha, Nadja und Sascha auf ihre Texte.

4 Yasmin: Also, was habt ihr verstanden?
35 **Micha:** Gar nichts. Hab ich doch schon gesagt!
Leon: Na gut. Dann lasst uns den ersten Absatz
noch mal lesen und dann in eigenen Worten aufschreiben.
Alle lesen konzentriert den Absatz.
Micha: Ich verstehe hier das Wort nicht.
40 **Sascha:** Ich aber.

5 Leon: So, wer schreibt?
Micha: Na du. Du hast doch den Block schon vor dir.
Leon: Wieso ich? Immer muss ich schreiben.
Was ist mit dir, Nadja? Deine Schrift ist besser.
45 **Nadja:** Nee, ich schreib nicht. Mach du das mal.

6 Leon: Also?
Yasmin: Im ersten Absatz wird eine Pyramide in Ägypten
vorgestellt, mit Zahlen und Lage. Seht ihr das auch so?
Leon nickt. Nadja und Sascha albern herum und
50 *kämpfen um einen Stift. Micha malt auf seinem Block.*

7 *Frustriert arbeiten Yasmin und Leon weiter.*
Yasmin schaut in die Runde.
Yasmin: Toll wart ihr. Leon und ich haben die ganze Arbeit
allein gemacht. Ist ganz schön unfair!
55 **Micha:** Was willst du denn? Ihr wollt doch immer
alles alleine machen. Dann macht es auch alleine!
Beleidigt verschränkt Micha die Arme vor der Brust und
setzt sich mit seinem Stuhl etwas weiter weg.
Nadja: Können wir nun mit dem zweiten Absatz beginnen?
60 *Nach einigem Stöhnen und Meckern beginnen alle*
mit dem Lesen des zweiten Absatzes.

1 Wodurch stören manche Schülerinnen oder Schüler die Gruppenarbeit?
  a. Findet je ein Beispiel in den Absätzen **1** bis **7**.
  b. Schreibt die Namen und die Beispiele auf.

> **Starthilfe**
> Absatz 1: Sascha möchte lesen, aber Nadja …
> Absatz 2: Leon möchte …, aber …
> Absatz 3: …

2 Lest den Text mit verteilten Rollen.
  Tipp: Die *Regieanweisungen* helfen euch, die entsprechende Körperhaltung
  und Mimik einzunehmen.

Gruppenarbeit im Rollenspiel erproben

Rollenspiele können helfen, Arbeit in Gruppen besser zu machen.

1 Bereitet Absatz 3 als Rollenspiel vor.
   a. Verteilt die Rollen:
      Ihr braucht Nadja, Yasmin, Leon, Micha und Sascha.
   b. Wie fühlen sich Nadja, Yasmin, Leon, Micha und Sascha?
      Schreibt passende Adjektive auf.

2 Führt das Rollenspiel durch.
   • Macht die Gefühle der Personen deutlich:
     durch Betonung, Gestik und Mimik.
   • Beachtet auch die Regieanweisungen.

**Alle anderen beobachten das Rollenspiel.
Dabei hilft ein Beobachtungsbogen.**

Beobachtungsbogen: Gruppenarbeit		
	richtig	falsch
Nadja		zeichnet
Yasmin		
Leon	fasst die Aufgabe zusammen	
Micha		
Sascha		

3 Wertet das Rollenspiel mit Hilfe des Beobachtungsbogens aus.
   Was war richtig? Was war falsch?

Absatz 3 könnt ihr so umschreiben, dass die Gruppenarbeit gut verläuft.

4 a. Überlegt, wie man die Gruppenarbeit verbessern kann.
      • Was könnten Nadja, Yasmin, Leon, Micha und Sascha sagen?
      • Wie könnten ihre Mimik und ihre Gestik sein?
   b. Schreibt ein Gespräch mit Regieanweisungen auf.

5 Spielt euer Gespräch als Rollenspiel in der Klasse.

1 aufmerksam, genervt, lustlos, traurig, motiviert, verärgert, wütend

Regeln festlegen und Aufgaben verteilen

Damit Gruppenarbeit gelingt, halten alle Regeln ein und jeder erledigt seine Aufgaben.

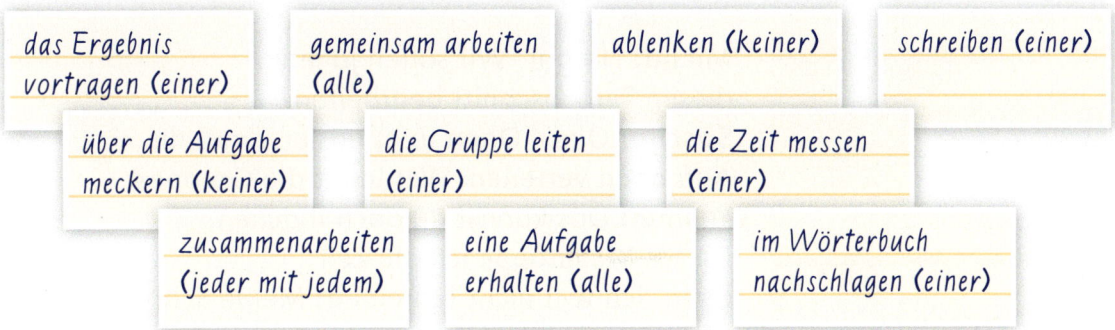

6 Ordnet die Stichworte in einer Tabelle.
   • Welche Stichworte sind Regeln für die Gruppenarbeit?
   • Welche Stichworte gehören zur Aufgabenverteilung?

> **Starthilfe**
>
> | Regeln für die Gruppenarbeit | Aufgabenverteilung |
> |---|---|
> | gemeinsam arbeiten (alle) | … |
> | … | |

7 Schreibt die Regeln für die Gruppenarbeit und die Aufgabenverteilung in ganzen Sätzen auf.

> **Starthilfe**
>
> Regeln für die Gruppenarbeit:
> Alle arbeiten gemeinsam.
> …
> Aufgabenverteilung:
> Einer trägt das Ergebnis vor. …

8 Gestaltet ein Plakat mit den Gruppenregeln.

> **Arbeitstechnik**
>
> **Ein Plakat gestalten**
>
> • Wählt ein **Papierformat** aus.
> • Findet eine passende **Überschrift**.
> • Entscheidet, welcher **Text** und welche **Bilder** auf das Plakat sollen.
> • Überlegt, wie ihr **Überschrift**, **Text** und **Bilder** auf dem Plakat **verteilt**.
> • Schreibt **lesbar** und **groß** genug.
> • Nehmt andere Stifte für **Hervorhebungen**.

7 ablenken – er lenkt ab, messen – er misst, nachschlagen – er schlägt nach, vortragen – er trägt vor, zusammenarbeiten – er arbeitet zusammen

Das kann ich!

Regeln für eine Gruppenarbeit

Nadja, Yasmin, Leon, Micha und Sascha haben nun gelernt, wie die Gruppenarbeit besser klappt. Oder?

Micha: Na gut. Wir sollen ja jetzt diesen Textabschnitt bearbeiten.
Sascha: Okay. Dann lasst uns erst mal die Aufgaben verteilen. Wer leitet die Gruppe?
5 **Yasmin:** Das kannst du doch machen. Dieses Mal stoppe ich die Zeit.
Leon: Ich will nicht schreiben! Meine Schrift ist sowieso schlecht.
Nadja: Du hast noch gar nicht geschrieben, also
10 bist du jetzt an der Reihe. Ich nehme das Lexikon.
Micha: Ach ja, Leon. Ich wollte noch wissen, wie das Training gestern war. Warst du da?
Leon: Klar, das war gut. Wir haben einen Neuen.
Sascha: He, Leute, das könnt ihr später klären.
15 Los jetzt.
Alle lesen konzentriert den Text. Dann beginnen sie mit der Zusammenfassung.
Nadja: Tut mir leid, Leute, aber ich bin heute echt müde. Könnt ihr mal kurz ohne mich arbeiten?
20 **Sascha:** Nichts da! Wir arbeiten alle!
Nadja stöhnt.

1 Vergleicht die Gruppenarbeit mit den Regeln auf dem Plakat.
- Was ist gut gelungen?
- Gegen welche Regeln wurde verstoßen?
- Was könnten die fünf beim nächsten Mal besser machen?

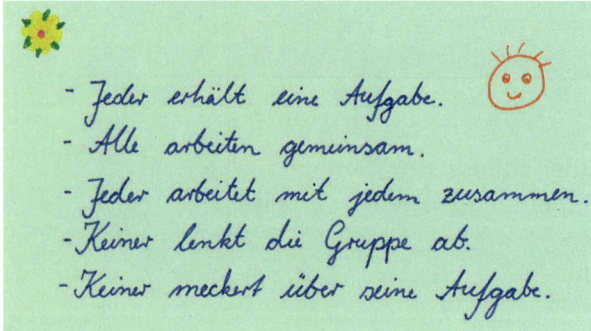

- Jeder erhält eine Aufgabe.
- Alle arbeiten gemeinsam.
- Jeder arbeitet mit jedem zusammen.
- Keiner lenkt die Gruppe ab.
- Keiner meckert über seine Aufgabe.

Das wiederhole ich!

Miteinander sprechen

Streit entsteht oft durch falsche Wortwahl.

2 a. Lest immer zwei nebeneinander stehende Sprechblasen vor.
   b. Sprecht über die Wortwahl. Begründet auch.
   • Welche Sätze klingen freundlich?
   • Welche Sätze klingen unfreundlich?

Auch wenn die Ergebnisse der Gruppenarbeit
vorgestellt werden, können unfreundliche Sätze fallen.

3 Warum sind die Sätze unfreundlich?
   a. Schreibt die Sätze an die Tafel.
   b. Streicht die unfreundlichen Wörter.

4 Formuliert die Sätze so um, dass sie freundlich klingen.
   Tipp: Beginnt die Sätze mit **Ich**.

Weiterführendes

 Das Gruppen-Puzzle

Sachtexte sind manchmal lang und schwer zu verstehen.
Mit dem Gruppen-Puzzle wird jeder zum Experten.

Der folgende Sachtext stammt aus einem Geschichtsbuch.
Die Aufgabe heißt: Fasst den Sachtext zusammen.

Die Pyramiden – Ägyptens größte Bauwerke

1 Die größten Pyramiden Ägyptens entstanden 2510 bis 2457 v. Chr.[1] Diese waren teilweise bis zu 30 Meter hoch und damit höher als manche Kirchtürme in unserer heutigen Zeit. Eine Pyramide sollte einen verstorbenen Pharao noch
5 nach seinem Tod schützen, denn die Ägypter glaubten, dass der Pharao auch nach seinem Tod für seine Untertanen sorgen würde. Deshalb wurden diese Bauwerke auch „Häuser für das ewige Leben" genannt. Kleine Pyramiden, die oft vor den großen standen, waren für die Königinnen
10 und Prinzessinnen.

2 Für den Bau der Pyramiden wurden viele Tonnen Steine gebraucht. Dafür musste man die Steine im Steinbruch zunächst brechen. Dort arbeiteten viele Gefangene, Handwerker und Arbeiter. Die Blöcke waren sehr groß und
15 schwer – sie wogen jeweils 2,5 Tonnen. Ein kleiner Steinblock war etwa so schwer wie ein Auto.
Die Arbeiter zogen die schweren Steinblöcke auf Schlitten und Holzrollen. Dafür machten sie den Sand nass, denn dadurch war das Ziehen der Schlitten leichter.

20 **3** Die bekannteste Pyramide ist die Cheops-Pyramide, benannt nach dem Pharao Cheops. Sie ist 147 Meter hoch, eine Seite ist 230 Meter lang. Die Grundfläche entspricht 7 bis 8 Fußballfeldern. Etwa 2,5 Millionen Steinblöcke wurden damals benötigt. An dieser Pyramide wurde
25 etwa 20 Jahre lang gebaut. Zeitweise waren etwa 100 000 Arbeiter an dieser Pyramide beschäftigt. Die Cheops-Pyramide steht noch heute im Pyramidenfeld von Giseh mit zwei weiteren kleineren Pyramiden der Herrscher Mykerinos und Chephren.

[1 v. Chr.: vor Christi Geburt

So arbeitet ihr in einem Gruppen-Puzzle:

1. Schritt: Bildet Stammgruppen. Jedes Mitglied einer Stammgruppe soll zum Experten für einen Absatz werden.

Stammgruppen

1 a. Bildet Dreiergruppen.
   b. Verteilt die Absätze 1 bis 3.
   c. Jeder liest seinen Absatz einmal durch.

2. Schritt: Die Experten für jeden Absatz treffen sich in Expertengruppen.

Expertengruppe

2 Setzt euch in den Expertengruppen zusammen.
   Beachtet die Regeln für die Gruppenarbeit.

→ Regeln für die Gruppenarbeit: Seite 20

3 Lest den Absatz nun genau mit Hilfe des Textknackers.

→ der Textknacker: Seite 274

4 Fasst den Absatz zusammen.
   • Schreibt Stichworte auf.
   • Schreibt Erklärungen für unbekannte Wörter auf.
   • Wollt ihr etwas anschaulicher machen? Zeichnet oder ergänzt Bilder.

3. Schritt: Die Experten kehren in ihre Stammgruppen zurück. Nun sind drei Experten in jeder Stammgruppe, ein Experte für jeden Absatz.

Stammgruppen

5 Jeder Experte informiert seine Stammgruppe über seinen Absatz.
   Verwendet dazu eure Stichworte, Worterklärungen und Zeichnungen.

6 Die anderen fragen nach, wenn sie etwas nicht verstanden haben.

→ das Gruppen-Puzzle auf einen Blick: Seite 280

Extra Sprache: Personalpronomen verwenden

Ich – du – wir!

Gemeinsam geht vieles einfach besser.
Das kannst du in diesem Gedicht lesen.

Wir Irmela Brender

Ich bin ich und du bist du.
Wenn ich rede, hörst du zu.
Wenn du sprichst, dann bin ich still,
weil ich dich verstehen will.

5 Wenn du fällst, helf ich dir auf,
und du fängst mich, wenn ich lauf.
Wenn du kickst, steh ich im Tor,
pfeif ich Angriff, schießt du vor.

Spielst du pong, dann spiel ich ping,
10 und du trommelst, wenn ich sing.
Allein kann keiner diese Sachen,
zusammen können wir viel machen.

Ich mit dir und du mit mir –
Das sind wir!

1 Lest das Gedicht mit verteilten Rollen vor.
Sprecht die Zeilen 13 und 14 zusammen.

2 Schreibe das Gedicht ab.

3 Markiere alle Personalpronomen
ich und die dazugehörigen
Verbformen farbig.

> **Starthilfe**
> Ich bin ich und du bist du.
> Wenn ich rede, hörst du zu.
> …

4 Markiere alle Personalpronomen
du und die dazugehörigen
Verbformen in einer anderen Farbe.

> **Starthilfe**
> Ich bin ich und du bist du.
> Wenn ich rede, hörst du zu.
> …

2 3
ich bin	wir sind	ich – mich – mir
du bist	ihr seid	du – dich – dir
er/sie/es ist	sie sind	

5 Und wenn wir mehrere sind?
Schreibe das Gedicht um.
Verwende die Personalpronomen **wir** und **ihr**.

> **Starthilfe**
> Wir sind wir und ihr seid ihr.
> Wenn wir reden, hört ihr zu.
> …

6 Und was tun Yasmin und Anton gemeinsam?
Verwende die Personalpronomen **sie** und **er**.

> **Starthilfe**
> Sie ist sie und er ist er.
> Wenn sie redet, hört er zu.
> …

7 Lies dein Gedicht einem Wahlpartner aus deiner Klasse vor.

Z Was geht noch gemeinsam besser?

Z 8 Sammle passende Tätigkeiten.

> **Starthilfe**
> tanzen, chatten, joggen, Hausaufgaben machen, …

Z 9 Schreibe ein eigenes Wir-Gedicht.
Verwende die Tätigkeiten aus Aufgabe 8.

Merkwissen

Die Wörter **ich**, **du**, **er – es – sie**, **wir**, **ihr**, **sie** sind **Personalpronomen**.
Sie ersetzen Nomen oder Wortgruppen, in denen Nomen vorkommen.
Die Personalpronomen können auch im Akkusativ und im Dativ stehen.

Nominativ	Akkusativ	Dativ
ich	mich	mir
du	dich	dir
er – es – sie	ihn – es – sie	ihm – ihm – ihr
wir	uns	uns
ihr	euch	euch
sie	sie	ihnen

---

 5 wir – uns – uns   ihr – euch – euch

 6 sie – sie – ihr   er – ihn – ihm

 8 Musik hören, Schach spielen, ins Kino gehen, Fahrrad fahren

Gespräche führen: Diskutieren

Training: Gespräche führen

Eine Diskussion untersuchen

Die Klasse 6a plant eine Klassenfahrt. Die Schülerinnen und Schüler sind sich über das Ziel nicht einig. Sie diskutieren.

Maja: Eine Insel ist ja wohl spitze! Es gibt Meer, Strand und Sonne!
Edgar *schreit*: Quatsch! Da kannst du doch nichts machen!
5 **Denise:** Auf einer Insel kannst du viel machen. Zum Beispiel am Strand liegen und Rad fahren.
Max: Finde ich auch. Wir können zelten.
Cem *wütend*: Hast du sie noch alle?! Ich schlafe doch nicht in einem Zelt!
10 Außerdem ist eine Insel voll langweilig.
Maja *genervt*: Leute, ich habe echt keine Lust mehr.
Edgar *unterbricht*: Na gut. Ich leite jetzt mal die Gruppe. Also, wer hat was zu sagen?
Maja: Ich nicht, mir hört sowieso keiner zu!
15 **Cem:** Eine Insel hast du ja an zwei Tagen erkundet. Dann kennst du alles. Nee, ich will auf jeden Fall ein Fußballturnier.
Edgar *genervt*: Du immer mit Fußball! Das nervt echt.
Maja: Macht ihr mal weiter. Mir ist es sowieso egal.
20 *Sie zeichnet auf ihrem Blatt und hört nicht mehr zu.*
Max: Lasst uns mal die Vorteile einer Insel sammeln.
Denise: Da gibt es einen Strand.
Maja *lachend*: Nee, echt? Eine Insel hat 'nen Strand?
Edgar: Lass es, Maja! Welche Vorteile gibt es noch?
25 **Cem** *lustlos*: Und Wasser!

1 Lest den Text mit verteilten Rollen.
Beachtet dabei die *Regieanweisungen*.

2 Worüber diskutieren die Schülerinnen und Schüler?
Formuliert das Thema der Diskussion.

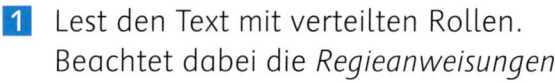

Starthilfe
Die Schülerinnen und Schüler diskutieren über …

Die Schülerinnen und Schüler haben unterschiedliche Meinungen.

3 Worüber sind sich die Schülerinnen und Schüler nicht einig?
Formuliert die beiden gegensätzlichen Meinungen.

> **Starthilfe**
> Meinung 1: Wir möchten auf eine …
> Meinung 2: …

4 Wer ist für (pro) eine Klassenfahrt auf eine Insel?
Wer ist gegen (kontra) eine Klassenfahrt auf eine Insel?
Begründet.
Tipp: Legt zunächst eine Folie über den Text und markiert Wichtiges.

Die Schülerinnen und Schüler begründen ihre Meinungen mit Argumenten.

5 Welche Gründe nennen die Schülerinnen und Schüler?
   a. Findet im Text Gründe für die Fahrt auf eine Insel (pro).
   b. Findet im Text Gründe gegen die Fahrt auf eine Insel (kontra).
   c. Fallen euch noch weitere Gründe für oder gegen eine Fahrt auf eine Insel ein? Sprecht darüber.
   d. Ordnet eure Ergebnisse in eine Tabelle ein.

> **Starthilfe**
>
> | Gründe für die Fahrt auf eine Insel (pro) | Gründe gegen die Fahrt auf eine Insel (kontra) |
> |---|---|
> | Es gibt Meer, Strand und Sonne. | … |

Einige Schülerinnen und Schüler stören die Diskussion.

6 a. Schreibt die störenden Aussagen bei der Diskussion auf.
   b. Schreibt auch das störende Verhalten auf.

> **Starthilfe**
>
> | Störende Aussagen | Störendes Verhalten |
> |---|---|
> | Zeile 3: Edgar: „Quatsch!" | Zeile 3: Edgar schreit |
> | … | … |

7 Wie können die Schülerinnen und Schüler besser miteinander diskutieren?
Schreibt Vorschläge auf.

3 Wir sind gegen …   Wir sind dagegen, dass …
Wir möchten nicht …   Wir möchten nicht, dass …

Miteinander diskutieren

Nun könnt ihr selbst diskutieren.

Es gibt viele Gründe (Argumente) für und gegen eine Klassenfahrt auf eine Insel. Was meint ihr?

1. a. Lest die Sprechblasen.
   - Welche Gründe gibt es für die Fahrt auf eine Insel?
   - Welche Gründe gibt es gegen die Fahrt auf eine Insel?
   b. Ergänzt die Gründe in Stichworten in der Tabelle von Seite 27, Aufgabe 5.

In einer Diskussion könnt ihr jemandem zustimmen oder widersprechen.

2. Mit welchen Sätzen äußert ihr Zustimmung oder Widerspruch? Ordnet zu.

> Das finde ich nicht.   Das finde ich auch.   Nein, ganz und gar nicht!
> Ja, genau!   Das denke ich nicht.   Das sehe ich auch so.
> Ich stimme dir zu.   Ich bin da ganz anderer Meinung.

Methode: Kugellager

Mit der Methode Kugellager könnt ihr gemeinsam üben, eure Meinung zu äußern und zu begründen.

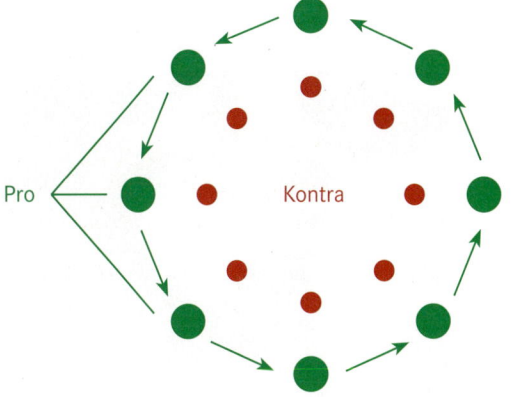

3 Vorbereitung:
- Teilt eure Klasse in zwei Gruppen ein: Eine Gruppe ist für eine Klassenfahrt auf eine Insel (pro) und eine Gruppe ist dagegen (kontra).
- Besprecht in der Gruppe noch einmal eure wichtigsten Gründe (Argumente).

So geht's:
- Bildet mit euren Stühlen zwei Kreise: einen Innenkreis und einen Außenkreis. Setzt euch so hin, dass ihr euch anseht.
- Im Außenkreis sitzt die Pro-Gruppe. Im Innenkreis sitzt die Kontra-Gruppe.
- Der Außenkreis beginnt. Äußert eure Meinung und begründet sie mit einem Argument.
- Die Partnerin oder der Partner gegenüber im Innenkreis widerspricht und nennt einen Grund.
- Dann ist der Außenkreis wieder dran und so weiter.
- Nach einer Minute rücken die Schülerinnen und Schüler im Außenkreis einen Stuhl weiter.
- Tauscht eure Argumente mit der neuen Partnerin oder dem neuen Partner aus.

Mit einer Checkliste könnt ihr eure Diskussion auswerten.

4 Wie ist die Diskussion verlaufen? Sprecht darüber. Verwendet die Checkliste.

Checkliste: Miteinander diskutieren	ja	nein
Wir haben uns gegenseitig ausreden lassen.	☐	☐
Wir haben uns gegenseitig nicht beleidigt.	☐	☐
Wir haben uns gegenseitig genau zugehört.	☐	☐
Wir haben nur zum Thema gesprochen.	☐	☐
Wir haben den anderen nicht ausgelacht.	☐	☐

3 Ich stimme dir zu, aber …   Das finde ich nicht, weil …
Das denke ich nicht! Denn …

Aus Sachtexten Informationen entnehmen und verwenden

Kuckuck, Kuckuck ...

ku ku!

cuckoo!

guguk!

Kuckuck!

cucú!

1. Ku - ckuck, Ku - ckuck, ruft's aus dem Wald. Las - set uns sin - gen,

1 Was seht ihr auf den Bildern? Beschreibt.

2 a. Lest die Wörter vor.
b. Sprecht oder singt das Lied.

1 der Kuckuck ➜ Ich sehe den/einen Kuckuck.

der/ein Kuckuck, die Kuckucke, der Kuckucksruf, die Kuckucksrufe,
das/ein Kuckucksnest, ein Junges, die Flöte, das Thermometer, die Abgase

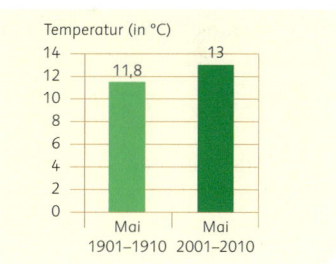

Die Veränderung der Temperaturen

3 Klassengespräch!
Welche Bilder könnt ihr genauer erklären?

In diesem Kapitel informiert ihr euch und andere über den Kuckuck und seine Lebensbedingungen.

 3 Mit der Flöte kann man …   Das Wort Kuckuck steht …

den Kuckucksruf spielen, im Nest hocken, füttern, vor hundert Jahren, heute, es wird wärmer, in verschiedenen Sprachen

Der Ruf und das Aussehen des Kuckucks

In vielen Sprachen wird der Kuckuck so genannt,
wie sein Ruf klingt.

| der Kuckuck | guguk | the cockoo | el cuco | kukavica |
| (deutsch) | (türkisch) | (englisch) | (spanisch) | (kroatisch) |

1 a. Lass dir die Namen vorlesen.
   b. Höre genau hin:
      Welche Gemeinsamkeiten und welche Unterschiede hörst du?

2 Und wie klingt der Kuckucksruf in den verschiedenen Sprachen?
   a. Schreibe die Namen des Kuckucks untereinander auf.
   b. Ordne die Kuckucksrufe vom Rand
      dem passenden Namen zu.
      Schreibe den Ruf jeweils neben den Namen.

ku ku!
cuckoo!
guguk!
Kuckuck!
cucú!

Der Ruf des Kuckucks wird in der Musik oft nachgeahmt,
so wie in diesem Lied.

1. Ku-ckuck, Ku-ckuck, ruft's aus dem Wald. Las-set uns sin-gen,
tan-zen und sprin-gen! Früh-ling, Früh-ling wird es schon bald.

Z 3 Singt gemeinsam die erste Strophe.

4 Was kündigt der Kuckucksruf an?
    Nennt die Stelle im Lied.

Z 5 Was wisst ihr alles über den Kuckuck?
    Tragt es in einer Mindmap zusammen.

Den Kuckuck kannst du nicht nur an seinem Ruf erkennen, sondern auch an seinem Aussehen.

das Kuckucksmännchen   das Kuckucksweibchen

6 Wie unterscheiden sich das Männchen und das Weibchen voneinander?
   a. Sieh dir die beiden Fotos 1 und 2 genau an.
   b. Beschreibe die Unterschiede.

Z 7 Auf dem Foto 3 wird ein junger Kuckuck gefüttert.
Worüber staunst du, wenn du das Foto siehst?
Tipp: Vergleiche das Foto 3 mit den Fotos 1 und 2.

W 8 Was hast du bisher über den Kuckuck erfahren?
Wähle aus:
- Du kannst einen zusammenhängenden Text schreiben.
- Du kannst auch ein Plakat mit Bildern gestalten.

---

6 das Gefieder – des Gefieders   dunkle Streifen
    die Brust – auf der Brust   grau-blau gefärbt
    die Oberseite   rostbraun gefärbt
    die Unterseite

Einen Sachtext mit dem Textknacker knacken

Der Sachtext auf Seite 35 informiert dich über den Kuckuck.
Der Textknacker hilft dir, den Sachtext zu verstehen.
Nach dem Lesen beantwortest du diese Frage schriftlich:
? Warum ist der Kuckuck ein ganz besonderer Vogel?

Das ist der Textknacker:

> 1. Schritt: Vor dem Lesen
> 2. Schritt: Das erste Lesen
> 3. Schritt: Den Text genau lesen
> 4. Schritt: Nach dem Lesen

1. Schritt: Vor dem Lesen
Du siehst dir den Text als Ganzes an.

1 a. Sieh dir die Seite 35 mit dem Sachtext an.
- Worauf fällt dein Blick als Erstes?
- Was erzählen dir die Bilder?
- Wie heißt die Überschrift?

b. Worum könnte es in dem Sachtext gehen?
Schreibe es auf.

2. Schritt: Das erste Lesen
Du überfliegst den Text.

2 a. Überfliege den Sachtext.
b. Welche Wörter und Wortgruppen fallen dir auf?
c. Passen diese Wörter zu deiner Frage ? ?
d. Schreibe auf, worum es in dem Sachtext geht.

3. Schritt: Den Text genau lesen
Du liest den Text genau und in Ruhe – Absatz für Absatz.
So findest du die wichtigen Informationen.

3 Lies den ganzen Sachtext auf Seite 35.

Im Sturzflug ins fremde Nest

1 Der Kuckuck lebt meist an Waldrändern oder in Hecken, z. B. in Gärten und am Rand von Städten. Im Frühling und im Sommer hört man ihn oft, sieht ihn aber selten.

2 Der erwachsene Kuckuck ernährt sich vor allem
5 von Schmetterlingsraupen und von anderen Insekten[1].
Die Schmetterlingsraupen sind für andere Vögel giftig,
aber nicht für den Kuckuck. So macht ihm niemand
die Nahrung streitig.[2]

3 Die frisch geschlüpften Jungen des Kuckucks würden
10 aber von den giftigen Raupen sterben. Deshalb kann
der Kuckuck seine Jungen nicht allein aufziehen.
Für die Aufzucht braucht der Kuckuck Wirtsvögel. Das sind
meist andere Singvögel, z. B. der Zaunkönig oder
das Rotkehlchen. Das Kuckucksweibchen legt
15 den Wirtsvögeln ein Ei ins Nest: Dazu fliegt
das Kuckucksmännchen im Sturzflug auf das fremde Nest
zu. Die Wirtsvögel werden aufgeschreckt und fliegen fort.
Und das Kuckucksweibchen legt ein Ei in ihr Nest.

20 **4** Das Kuckucksei sieht fast genauso aus wie die Eier
der Wirtsvögel. So werden die Wirtsvögel getäuscht und
brüten das fremde Ei aus. Sie füttern auch den jungen
Kuckuck. Dieser ist größer und stärker als die Jungen
der Wirtsvögel. Wenn der junge Kuckuck stark genug ist,
schiebt er die anderen Jungen aus dem Nest. Er lässt sich
25 so lange füttern, bis er selbst Nahrung suchen kann.

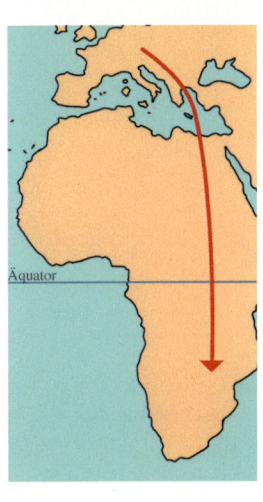

5 Aber der Kuckuck ist vom Aussterben bedroht. Er ist
ein Zugvogel. Sein Winterquartier liegt im Süden Afrikas,
etwa 12 000 km von uns entfernt. Deshalb merkt er auch
30 nicht, dass der Frühling in Europa immer früher beginnt.
Der Kuckuck kommt immer erst Mitte April zurück und wir
können seinen Ruf dann wieder hören. Viele Vögel haben
dann schon mit dem Brüten begonnen. Daher ist es für den
Kuckuck schwerer geworden, Wirtsvögel zu finden und
35 seine Eier rechtzeitig in fremde Nester zu legen. Wenn er
dann keine neuen Wirtsvögel findet, gibt es auch keine
jungen Kuckucke. Denn der Kuckuck kann selbst keine
Jungen aufziehen.

---

[1] **das Insekt:** Tiere mit einer Einkerbung am Körper, z. B. Käfer
[2] **die Nahrung streitig machen:** sich um die Nahrung streiten

Weiter mit dem 3. Schritt

4 Schreibe zu jedem Absatz eine Überschrift und die Schlüsselwörter auf.

5 Die Überschrift des Sachtextes heißt „Im Sturzflug ins fremde Nest".
Wer fliegt im Sturzflug ins fremde Nest? Warum?
Schreibe es auf.

6 Warum ist der Kuckuck vom Aussterben bedroht?
Erkläre es mit eigenen Worten.

Wörter, die du nicht verstanden hast, kannst du im Lexikon nachschlagen.

> **Zug|vo|gel, der** → Vögel, die bei uns im Winter nicht genug
> Nahrung finden, fliegen vor dem Beginn des Winters in den Süden.
> Zu diesen Vögeln gehören z. B. die Rauchschwalbe, der Kuckuck
> und der Kranich. Sie überwintern in Afrika und kehren im Frühjahr
> in ihre Brutgebiete zurück.

7 Was sind Zugvögel?
Schreibe eine kurze Erklärung auf.

4. Schritt: Nach dem Lesen
Du arbeitest mit dem Inhalt des Textes.
Nun kannst du diese Frage beantworten:
? **Warum ist der Kuckuck ein ganz besonderer Vogel?**

8 Schreibe einen kurzen Text.
Deine Notizen und die folgenden Fragen helfen dir dabei.

> • Wovon ernährt sich der Kuckuck?
> • Warum kann er selbst keine Jungen aufziehen?
> • Was tut der Kuckuck, um zu überleben?
> • Was sind Wirtsvögel?
> • Warum brüten sie die Kuckuckseier aus?
> • Warum findet der Kuckuck immer schwerer Wirtsvögel?

→ der Textknacker auf einen Blick: Seite 274

 4 *Diese Überschriften kannst du verwenden:*
Die Wirtsvögel des Kuckucks – Der Lebensraum des Kuckucks –
Der Kuckuck als Zugvogel – Die Aufzucht junger Kuckucke –
Die Ernährung des Kuckucks

Andere informieren

Du hast nun viel über den Kuckuck erfahren und kannst andere zu diesen Fragen informieren:

1. Wo lebt der Kuckuck?
2. Wie sieht der Kuckuck aus?
3. Wie ernährt sich der Kuckuck?
4. Wie vermehrt sich der Kuckuck?
5. Wo hält sich der Kuckuck im Winter auf?
6. Wodurch ist der Kuckuck gefährdet?

W Wähle aus:
- Du kannst allein ein Plakat gestalten. → Aufgabe 9
- Ihr könnt in der Gruppe eine Informationsmappe gestalten. → Aufgabe 10

9 Gestalte ein **Plakat** zum Kuckuck.
   a. Wähle vier Fragen zum Kuckuck aus.
      Schreibe einen kurzen Text über den Kuckuck.
   b. Gestalte dein Plakat mit Fotos oder Bildern.
      Beachte die Hinweise in der Arbeitstechnik

Arbeitstechnik

Ein Plakat gestalten

- Wähle ein **Papierformat** aus.
- Finde eine passende **Überschrift**.
- Entscheide, welcher **Text** und welche **Bilder** auf das Plakat sollen.
- Überlege, wie du **Überschrift**, **Text** und **Bilder** auf dem Plakat **verteilst**.
- Schreibe **lesbar** und **groß** genug.
- Nimm andere Stifte für **Hervorhebungen**.

10 Gestaltet eine **Informationsmappe** zum Kuckuck.
- Verteilt die Arbeitsaufträge.
  Jeder in der Gruppe beantwortet eine oder zwei Fragen.
  Schreibt jeweils einen zusammenhängenden Text.
- Ergänzt Fotos oder zeichnet Bilder.
- Ordnet zum Schluss alle Blätter in einer Mappe.
- Gestaltet ein Deckblatt und ein Inhaltsverzeichnis.

Das kann ich!

Einen Sachtext lesen

Du weißt nun mehr über den heimischen Kuckuck.
Dieser Sachtext informiert über Kuckucksarten auf der ganzen Welt.

? Was unterscheidet die anderen Kuckucksarten
von unserem heimischen Kuckuck?

1. Vor dem Lesen
2. Das erste Lesen
3. Den Text genau lesen
4. Nach dem Lesen

1 Lies den Text mit dem Textknacker.

Kuckucke auf der ganzen Welt

1 Kuckucke gibt es nicht nur in Europa. Auf der ganzen Welt sind verschiedene Kuckucksarten zu finden. Insgesamt gibt es etwa 130 Arten. Die Kuckucke haben sich in ihrer Lebensweise der Umgebung angepasst und können so überleben.

5 **2** Der Häherkuckuck lebt ähnlich wie unser
heimischer Kuckuck. Er fühlt sich in den Olivenhainen[1]
rund um das Mittelmeer besonders wohl. Das Weibchen
des Häherkuckucks legt mehrere Eier in die Nester von Elstern,
die sie ausbrüten. Der Häherkuckuck zieht im Winter
10 nur selten in den Süden.

3 Ganz anders lebt der Gelbschnabelkuckuck in Nordamerika.
Er brütet seine Jungen meist selbst aus.
Der Gelbschnabelkuckuck ist etwas kleiner als der Kuckuck,
der bei uns heimisch ist. Er bewohnt Waldränder und
15 Obstplantagen. Der Gelbschnabelkuckuck ist ein Zugvogel.

4 In Mexiko ist der Rennkuckuck beheimatet. Er lebt
in der Wüste. Der Rennkuckuck kann nur schlecht fliegen.
Bei Gefahr rennt er blitzschnell weg, daher kommt auch
sein Name. Weil der Rennkuckuck am Boden lebt,
20 ernährt er sich von Vogeleiern, Eidechsen, Schlangen und
auch von Früchten. Seine Jungen zieht
der Rennkuckuck selbst auf.

W 2 Nun kennst du den Text und kannst die Frage **?** beantworten.
- Du kannst die Kuckucke in Mini-Steckbriefen beschreiben.
- Du kannst die Kuckucke in einer Tabelle vergleichen.
- Du kannst einen kurzen Text schreiben.

[[1] **der Olivenhain:** eine Gruppe von Olivenbäumen, ähnlich wie ein kleiner Wald

Das wiederhole ich!

Schlüsselwörter finden

Schlüsselwörter sind besonders wichtige Wörter. Aber nicht immer sind die Schlüsselwörter hervorgehoben. Dann musst du sie selbst finden. Das kannst du mit diesem Text noch einmal üben.

3 Die Überschrift sagt dir etwas über das Thema des Textes.
  a. Lies die Überschrift.
  b. Schreibe die Frage in der Überschrift auf.

4 Überfliege den Text.

Warum ist der Kuckuck gefährdet?

1 Um Bauland zu gewinnen, werden immer mehr Wälder abgeholzt. Damit geht auch Lebensraum für viele Singvögel verloren. Diese sind oft die Wirtsvögel für den Kuckuck. Er braucht die Wirtsvögel für seinen Nachwuchs. Wenn es in der Nähe des Kuckucks
5 keine Wirtsvögel gibt, kann sich auch der Kuckuck nicht vermehren.

2 Der Kuckuck ist aber auch aus einem anderen Grund gefährdet. Durch die Erderwärmung beginnt der Frühling bei uns immer früher. Die Wirtsvögel haben oft mit dem Brüten schon begonnen, bevor der Kuckuck aus dem Süden zurück ist.
10 In Afrika merkt der Kuckuck nichts vom früheren Frühlingsbeginn bei uns. Er richtet sich nämlich nicht nach den Temperaturen, sondern nach der Länge der Tage und Nächte. Deshalb kommt er immer zur gleichen Zeit zurück nach Europa. Manchmal findet der Kuckuck dann andere Wirtsvögel, die später mit dem Brüten beginnen. Wenn er keine neuen Wirtsvögel findet,
15 gibt es keinen Kuckuck-Nachwuchs.

Im ersten Absatz sind die Schlüsselwörter hervorgehoben.

5 Schreibe die Schlüsselwörter aus Absatz **1** auf.

6 Finde die Schlüsselwörter in Absatz **2**.
  a. Lies den zweiten Absatz genau.
  b. Welche Wörter und Wortgruppen helfen dir, die Frage in der Überschrift zu beantworten? Lege eine Folie über den Text und markiere die Schlüsselwörter.
  c. Schreibe die Schlüsselwörter auf, die zur Frage passen.

Weiterführendes

Einen Sachtext mit Grafiken lesen

? Was hat der Frühlingsbeginn mit Luftverschmutzung zu tun?
In dem folgenden Sachtext erfährst du Genaueres darüber.
Der Textknacker hilft dir, den Sachtext zu verstehen.

1. Vor dem Lesen
2. Das erste Lesen
3. Den Text genau lesen
4. Nach dem Lesen

1 Lies den Sachtext mit dem Textknacker.

Frühling bald schon im Januar?

1 Für die Meteorologen beginnt der Frühling am 1. März. Im Kalender steht, dass Frühlingsanfang am 20. oder 21. März ist.
Dass es Frühling wird, erkennt man an Phänomenen[1],
5 die man regelmäßig beobachten kann.
Danach unterscheidet man drei Phasen des Frühlings.
Ein Phänomen für den Vorfrühling ist der Blühbeginn des Haselstrauchs. Der liegt heute etwa 13 Tage früher
als vor 30 Jahren. Auch die Schneeglöckchen blühen.
10 Dem Vorfrühling folgt der Erstfrühling.
Das wichtigste Phänomen für den Beginn des Erstfrühlings ist die Blüte der Forsythie. Sie beginnt heute
etwa 11 Tage früher. Auch die Stachelbeeren beginnen um diese Zeit, ihre Blätter auszutreiben.
15 Richtig Frühling wird es aber erst, wenn die Apfelbäume blühen. Und das ist das Phänomen für den Vollfrühling, der heute etwa 10 Tage früher beginnt.

Phase	Pflanzen	Blühbeginn 1961–1990	Blühbeginn 1991–2009
der Vorfrühling	der Haselstrauch	22. Februar	9. Februar
der Erstfrühling	die Forsythie	31. März	20. März
der Vollfrühling	der Apfelbaum	4. Mai	24. April

Der Frühlingsbeginn in Nordrhein-Westfalen

2 Woran liegt es, dass der Frühling immer früher beginnt?
Das hängt mit den steigenden Durchschnittstemperaturen
20 in den letzten 100 Jahren zusammen. Und dafür sind auch die Menschen verantwortlich. Sie produzieren nämlich immer mehr Kohlendioxid.

[[1] das Phänomen – die Phänomene: die Erscheinung

3 Das Kohlendioxid ist ein sogenanntes Treibhausgas, durch das die Luft verschmutzt wird. Die Erde wird von der Sonne erwärmt.
25 Wenn die Luft klar ist, kann sie die Wärme auch wieder in die Atmosphäre abgeben. Aber durch das Kohlendioxid wird die Wärme zurückgehalten und die Temperatur auf der Erde steigt.

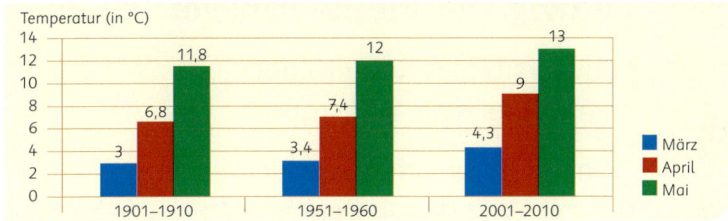

Die Veränderung der Durchschnittstemperaturen in den letzten 100 Jahren

4 Um das zu verhindern, werden z. B. umweltfreundliche Autos entwickelt. Sonnen- und Windenergie werden immer mehr
30 zur Stromerzeugung genutzt. Jeder Einzelne kann Strom sparen und das Licht ausschalten, wenn er einen Raum verlässt. Er muss die Heizung nicht unnötig aufdrehen, wenn er sich im Winter warm anzieht. Kürzere Wege kann er mit dem Fahrrad oder mit dem Bus zurücklegen. So kann jeder mithelfen,
35 dass weniger Kohlendioxid ausgestoßen wird.

Zu dem Sachtext gibt es eine Tabelle und ein Diagramm.

2 Was wird in der Tabelle erklärt?
  a. Lies noch einmal Absatz **1**.
  b. Schreibe Stichworte auf.

3 Was erklärt das Diagramm genauer?
  a. Lies noch einmal Absatz **2** und **3**.
  b. Beantworte diese Fragen in Stichworten:
    • Welcher Satz wird durch das Diagramm genauer erklärt?
    • Welche zusätzlichen Informationen erhältst du durch das Diagramm?

? Was hat der Frühlingsbeginn mit Luftverschmutzung zu tun?

4 Schreibe einen kurzen Text.
  • Wie hat sich der Frühlingsbeginn verändert?
  • Wie hängen der Frühlingsbeginn und die Temperaturen zusammen?
  • Wie können die Menschen verhindern, dass sich die Erde erwärmt?

Extra Sprache: Die Verbstellung in dass-Sätzen

Ludwig behauptet, dass ...

Papagei Ludwig ist die Attraktion im Kölner Zoo.
Warum? Er ist bekannt dafür, dass er lauter Unsinn erzählt.

Ludwig, der kleine Papagei   İpek Aslan

Ludwig sitzt im Kölner Zoo,
erzählt uns was. Wir staunen: Oh!

Ganz unglaubliche Geschichten,
die mit Witz davon berichten,
5 dass der Kuckuck rückwärts fliegt,
dass der Esel Federn kriegt,
dass die Amsel Löwen jagt,
dass der Tiger Sprüche sagt,
dass der Seehund Wüsten liebt,
10 dass das Nilpferd Pfötchen gibt,
dass die Eule Zähne kriegt,
dass der Eisbär auf dem Sofa liegt,
dass das Faultier früh aufsteht,
dass die Erde sich nicht dreht.

15 Lieber Ludwig, hör jetzt auf,
das ist Unsinn ja zuhauf[1].

1 Was denkt ihr über Ludwigs Behauptungen?
Sprecht darüber.

> Ich glaube nicht, dass der Kuckuck rückwärts fliegt.

> Ich denke nicht, dass der Esel ...

2 Lest das Gedicht vor.
Ihr könnt es ungläubig vorlesen oder staunend
oder lachend oder ...
Probiert es aus.

3 a. Schreibe das Gedicht ab.
b. Was tun die Tiere?
Markiere nur die Verben.

[1] **zuhauf:** eine große Menge

4 Du kennst noch mehr Tiere.
   a. Schreibe weitere Tiere auf.
   b. Was tun diese Tiere? Schreibe es auf.
      Tipp: Du kannst ein Wörterbuch oder Lexikon verwenden.

Starthilfe
Der Hamster läuft im Hamsterrad.
Der Pinguin schwimmt im Wasser.
…

5 Was behauptet jedoch Ludwig?
   • Verwende deine Sätze aus Aufgabe 4.
   • „Schüttle" die Tiere und die Tätigkeiten schön „durcheinander".
   • Schreibe **dass**-Sätze auf.

Starthilfe
Ludwig behauptet, dass der Hamster im Wasser schwimmt.
Ludwig behauptet, dass …

6 Schreibe ein eigenes Ludwig-Gedicht.
Verwende die Sätze aus Aufgabe 5.
Tipp: Nenne deine eigene Stadt.

Starthilfe
Ludwig sitzt im … Zoo,
…
dass der Hamster im Wasser schwimmt,
dass der Pinguin …

7 Ihr könnt das „Schüttelgedicht" von eurer Partnerin oder eurem Partner ordnen.
   a. Tauscht eure Gedichte aus.
   b. Schreibt die Gedichte mit den passenden Tätigkeiten auf.

8 Lest eure neuen Gedichte in der Klasse vor.

Merkwissen

Nach den Verben **sagen**, **denken**, **behaupten** und **meinen** folgen oft **dass**-Sätze.
Der **dass**-Satz wird durch Komma vom Hauptsatz abgetrennt.
Das gebeugte Verb steht am Ende des **dass**-Satzes.

Ludwig behauptet, **dass** die Amsel Löwen jagt.

4 der Elefant, die Giraffe, der Hamster, die Katze, das Nashorn, der Pinguin, das Wildpferd
beißt, fliegt, hüpft, knabbert, schwimmt, singt, springt, trabt

Einen Sachtext lesen und verstehen

Training:
Den Textknacker anwenden

Mit dem Textknacker kannst du den Sachtext auf Seite 45 lesen.
Zum Schluss beantwortest du diese Frage:
? Warum erfrieren Kaiserpinguine nicht in der Kälte?

1. Schritt: Vor dem Lesen

1 a. Sieh dir den Sachtext auf der Seite 45 als Ganzes an.
- Worauf fällt dein Blick als Erstes?
- Was erzählen dir die Bilder?
- Wie lautet die Überschrift?
Schreibe Stichworte dazu auf.
b. Worum könnte es in dem Sachtext gehen?
Schreibe es auf.

2. Schritt: Das erste Lesen

2 Überfliege den Sachtext auf der Seite 45.
- Fliege mit den Augen die geschwungene Linie entlang.
- Folge der Linie von links oben nach rechts unten ohne Unterbrechung.

3 Welche Wörter oder Wortgruppen hast du dir gemerkt?
a. Schreibe wichtige Wörter auswendig auf.
b. Passen diese Wörter zu deiner Frage ? ? Begründe.

Z 4 In einem Cluster kannst du erste Ideen
zur Beantwortung der Frage ? sammeln.

3. Schritt: Den Text genau lesen

5 Lies den Sachtext auf der Seite 45 in Ruhe – Absatz für Absatz.

3 Im Text findet man die folgenden Wörter: …

Kaiserpinguine – Spezialisten für das Leben in der Kälte

1 In der Antarktis ist es sehr, sehr kalt. Und doch leben dort Tiere, zum Beispiel die Kaiserpinguine. Warum erfrieren Kaiserpinguine nicht in der Kälte? Die Antwort ist: Die Kaiserpinguine sind
5 Spezialisten für das Leben in der Kälte. Durch die wunderbare Anpassung ihres Körpers und ihres Lebens an die extremen Temperaturen in der Antarktis können die Kaiserpinguine im Sommer bei bis zu minus 25 Grad und
10 im Winter bei bis zu minus 89 Grad leben.

2 Das dichte Federkleid der Pinguine ist wie ein warmer Mantel, der den ganzen Körper bedeckt und vor Kälte schützt. Unter den sichtbaren Federn haben sie zusätzlich
15 noch Daunen[1], die wie ein flauschiger Pullover wirken. Unter den Federn, den Daunen und unter der Haut hat der Kaiserpinguin eine Fettschicht, sie ist wie ein zweiter wärmender Mantel und schützt ihn zusätzlich
20 vor der Kälte.

3 Wenn ein Kaiserpinguin trotzdem friert, bewegt er sich: Er schlägt mit den Flügeln oder zittert. Dadurch wird ihm warm. Auch beim Schwimmen produziert der Pinguin
25 Wärme. Deshalb kann er kalte Nahrung hunterschlucken, Fische, Tintenfische und Krill[2].

4 Wenn Kaiserpinguine ihre Eier ausbrüten – sie brüten wie alle Vögel –, dann legt sich das Männchen das Ei auf die Füße und bedeckt es
30 mit seiner Bauchfalte. So hält das Männchen das Ei warm. Außerdem versammeln sich die brütenden Männchen in einer Gruppe und wechseln ständig ihre Plätze, mal stehen die einen in der warmen Mitte der Gruppe,
35 mal die anderen. Im Inneren der Gruppe wird es so bis zu 30 Grad warm.

[1] die **Daunen**: weiche, flauschige Federn unter dem sichtbaren Federkleid
[2] der **Krill**: kleine Krebse, die in riesigen Schwärmen im Wasser leben

Weiter mit dem 3. Schritt

Vier Absätze gliedern den Sachtext über die Kaiserpinguine.
Was in einem Absatz zusammensteht, gehört inhaltlich zusammen.

Zu jedem Absatz passt eine Überschrift:

> Warum können Kaiserpinguine in der Kälte überleben?

> Wärme in der Gruppe

> Wärme durch Bewegung

> Welchen warmen „Mantel" haben Kaiserpinguine?

6 Ordne die Überschriften den Absätzen zu.
Schreibe die Überschriften in der richtigen Reihenfolge auf.
Lasse unter jeder Überschrift zwei Zeilen Platz.

> **Starthilfe**
> Absatz 1: Warum können ...
> Absatz 2: ...

Manche Wörter sind zum Verstehen besonders wichtig.
Sie sind Schlüsselwörter.

7 Die Schlüsselwörter sind im Sachtext auf Seite 45 hervorgehoben.
Schreibe die Schlüsselwörter unter die Überschriften der Absätze.

> **Starthilfe**
> Absatz 1: Warum können ...
> z. B. ...

Die Bilder helfen dir, den Text zu verstehen.

8 Was erklären dir die Bilder am Rand?
Schreibe zu jedem Bild einen Satz.
Tipp: Lies im Text nach, welche Schlüsselwörter du dazu findest.

Manche Wörter werden unter dem Text erklärt.

9 Auf der Seite 45 werden zwei Wörter unter dem Text erklärt.
Schreibe die beiden Wörter mit ihren Erklärungen auf.

Manche Wörter werden im Text erklärt.

10 Kaiserpinguine leben in **extremen Temperaturen** in der Antarktis (Zeilen 7 bis 8).
Was sind extreme Temperaturen?
  a. Finde die Antwort im Text.
  b. Schreibe die Erklärung auf.

Schlage Wörter, die du nicht verstanden hast, im Lexikon nach.

11 Die Lexikonartikel erklären dir die Wörter **ausbrüten**, **der Tintenfisch** und **produzieren**.
  a. Lies die Lexikonartikel.
  b. Welches Wort gehört zu welcher Erklärung? Schreibe die Wörter und die passenden Erklärungen zusammen auf.

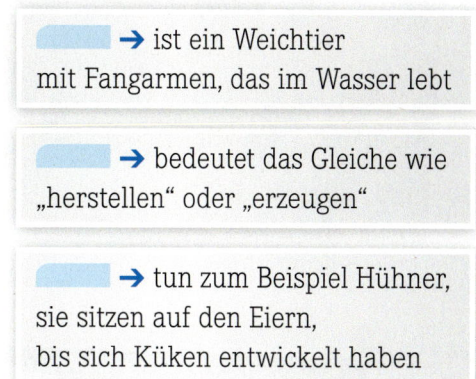

→ ist ein Weichtier mit Fangarmen, das im Wasser lebt

→ bedeutet das Gleiche wie „herstellen" oder „erzeugen"

→ tun zum Beispiel Hühner, sie sitzen auf den Eiern, bis sich Küken entwickelt haben

Z Welche Fragen hast du an den Text?

Z 12 Kaiserpinguine leben **in der Antarktis** (Zeilen 1 bis 2).
Wo liegt die Antarktis?
  a. Finde die Antarktis auf einer Weltkarte im Atlas.
  b. Schreibe auf, wo die Antarktis liegt.

Z 13 Welche Fragen hast du noch?
  a. Schreibe sie auf.
  b. Beantworte sie mit Hilfe eines Lexikons oder des Internets.

4. Schritt: Nach dem Lesen

Nun hast du den Text gelesen und kannst die Frage beantworten:
? Warum erfrieren Kaiserpinguine nicht in der Kälte?

14 Beantworte die Frage **?** schriftlich.
Verwende dazu deine Notizen aus den Aufgaben 6 bis 13.

Erlebnisse und Erfahrungen anschaulich vortragen

Komm mit, mach mit!

1 Ich turne gern an Geräten.
2 Ich gehe jeden Tag Fußball spielen.
3 Ich helfe auf der Jugendfarm.

1 Klassengespräch!
Was könnt ihr alles auf den Fotos sehen?
Beschreibt.

2 Was wisst ihr über die Hobbys der Schülerinnen und Schüler?
Sprecht darüber.

🔑 1 **Wo?**
auf dem Sportplatz/Fußballplatz, auf der Jugendfarm, in der Tanzschule, zu Hause
in dem ➔ im Sportverein/Turnverein

🔑 2 Wie heißt …?, Wo kann …?, Welche Gegenstände …?

5

Skaten – das ist toll!

Am liebsten möchte ich wie ein Superstar tanzen!

4

6

Ich spiele gern am Computer Schach.

3 Welche Hobbys kennt ihr noch?
Sammelt sie an der Tafel.

Z **4** Kennt ihr Menschen, die ihr Hobby zum Beruf gemacht haben?
Erzählt.

In diesem Kapitel informiert ihr euch darüber, welche Hobbys es gibt.
Und ihr stellt Selinas Hobby in der Klasse vor.

Was wir gern tun

Es gibt viele Hobbys.
Lena und Alexej machen ganz unterschiedliche Dinge.

Lena: Zweimal pro Woche gehe ich
zum Geräteturnen in den Verein. Da turnen
wir jedes Mal an anderen Geräten. Meine Eltern
bezahlen jeden Monat den Mitgliedsbeitrag
5 von 10 Euro. Ich finde es gut, dass ich dort
meine Freundinnen treffen kann.

Alexej: Ich spiele zu Hause gern Schach. Das hat mir
mein Großvater beigebracht, als ich fünf Jahre
alt war. Meistens spiele ich gegen den Computer,
10 weil meine Freunde das Spiel nicht können.
Das ist schade. Ich möchte in einen Schachklub
eintreten und mit anderen spielen.

1 Was erfahrt ihr über die Hobbys von Lena und Alexej?
Beantwortet die folgenden Fragen mündlich.

- Welches Hobby hat Lena?
- Wie oft geht Lena zum Geräteturnen?
- Wo turnt Lena?
- Welche Kosten entstehen?
- Was gefällt Lena besonders?

- Welches Hobby hat Alexej?
- Wo spielt Alexej Schach?
- Wer hat Alexej Schach beigebracht?
- Mit wem spielt Alexej Schach?
- Was gefällt Alexej nicht so gut?

2 Was erfahrt ihr noch über Lena und Alexej?
Stellt euch gegenseitig Fragen und beantwortet sie.

3 Welche Hobbys haben Lena und Alexej?
a. Wählt jeder eine Person aus: Lena oder Alexej.
b. Schreibt Stichworte zu Lena oder Alexej auf.

Nun habt ihr viel über Lena und Alexej erfahren.

4 Informiert euch gegenseitig über die Hobbys
von Lena und Alexej.
Ihr könnt eure Notizen verwenden.

Welches Hobby hast du?
Oder welches Hobby möchtest du gern haben?

5 Mache dir Notizen zu den folgenden Leitfragen.

- Wie heißt das Hobby?
- Wann kannst du es tun?
- Wo kannst du es tun?
- Kannst du es mit jemandem zusammen machen? Wenn ja, mit wem?
- Benötigst du besondere Gegenstände?
- Was kostet das Hobby (Mitgliedsbeitrag, Gegenstände, …)?
- Was gefällt dir besonders gut? Was gefällt dir nicht so gut?

6 Welche Hobbys habt ihr?
Oder welche Hobbys möchtet ihr gern haben?
Erzählt euch gegenseitig davon.
- Erzählt mit Hilfe eurer Notizen.
- Stellt auch Fragen.

Wie bist du auf dieses Hobby aufmerksam geworden?

Was ist besonders interessant an diesem Hobby?

Was war das Beste, was du bisher erlebt hast?

7 Was habt ihr erfahren?
Stellt eure Hobbys gegenseitig in der Klasse vor.

Starthilfe
Timos Hobby heißt …
Melis möchte gern …

5 Am besten gefällt mir, dass … / … gefällt mir am besten. / … gefällt mir nicht so gut.
gut – besser – am besten

Was kann man noch in der Freizeit tun?

? Welche Hobbys haben die Schülerinnen und Schüler der 6b?
In dem Text auf den Seiten 52 und 53 erfährst du es.
Der Textknacker hilft dir, den Text zu verstehen.

1. Vor dem Lesen
2. Das erste Lesen
3. Den Text genau lesen
4. Nach dem Lesen

1 Lies den Text mit Hilfe des Textknackers.

„Am liebsten wie ein Superstar tanzen!"

Eine Reportage von Lars Müller

1 Viele Erwachsene beklagen sich, dass Kinder und Jugendliche ihre Zeit nur noch vor dem Computer oder vor dem Fernseher verbringen. Ich wollte es genauer wissen und besuchte die Klasse 6b der Waldschule,
5 um herauszufinden, ob das stimmt.

2 Selina (11) geht jeden Mittwochnachmittag zur Jugendfarm. Vor einem Jahr hat ihre Freundin Jana sie einmal dorthin mitgenommen. Seitdem ist Selina total begeistert. „Hier darf ich alleine den Pony- und Ziegenstall
10 ausmisten", sagt sie stolz. „Das ist zwar anstrengend, aber ich freue mich immer, die Tiere zu sehen. Außerdem füttere ich immer die Meerschweinchen und die Kaninchen. Anschließend gehe ich mit einem der Hunde spazieren. Das gefällt mir am besten.
15 Das alles kostet mich gar nichts, nur ein bisschen Zeit."
Selina hat zu Hause keinen Platz für Tiere und ihre Eltern erlauben keine Haustiere. Auf der Jugendfarm kann sie ihrer Lieblingsbeschäftigung nachgehen.

3 „Puh", prustet Berkay (12), „den Stall ausmisten wäre
20 nichts für mich. Ich gehe lieber zweimal pro Woche zum Fußballtraining in den Verein. Das wollte ich schon, als ich klein war. Samstags haben wir oft ein Spiel." Dann trifft Berkay fast alle seine Freunde, denn auch die spielen mit ihm im Verein Fußball.
25 Berkay möchte später einmal Fußballstar werden und für die Nationalmannschaft spielen. Zum Geburtstag wünscht er sich Fußballschuhe, die fast 100 Euro kosten.

4 Alexej (12) spielt Schach. Sein Großvater hat ihm dieses Spiel beigebracht, als Alexej fünf Jahre alt war.
30 „Leider kann keiner meiner Freunde Schach spielen."
Pinar ruft dazwischen: „Mein Großvater spielt in der Türkei auch ein Spiel mit schwarzen und weißen Steinen und Würfeln, aber das ist nicht Schach, sondern Tavla. In Deutschland heißt es Backgammon."
35 Da Alexej leider nicht weiß, wo ein Schachverein ist, spielt er oft gegen den Computer – das ist immer eine spannende Herausforderung.

5 Lara (11) liebt es, zu Hause vor dem Spiegel zur Musik ihrer Lieblingsgruppe zu tanzen. „Am liebsten möchte ich
40 wie ein Superstar tanzen!" Die anderen Mädchen sind begeistert: „Das wäre voll cool." Lara erzählt, dass sie sich schon öfters mit anderen Mädchen getroffen hat, um gemeinsam zu tanzen. Samuel (12) war auch dabei, denn er kann gut breakdancen. „Ja, das stimmt", ruft
45 der Rest der Klasse und fordert Samuel auf, sein Können zu zeigen. Die Klassenlehrerin Frau Rüll bietet an: „Wenn ihr möchtet, gehen wir mal am Nachmittag in den Gymnastikraum, und ich helfe euch dabei, einen Tanz einzuüben." Die Mädchen finden das
50 großartig. Sie beschließen, eine Tanzgruppe zu gründen.

6 Dann erzählen noch weitere Schülerinnen und Schüler der Waldschule von ihren Hobbys. Mir wurde deutlich, dass sie ihre freie Zeit sehr unterschiedlich verbringen und nicht nur vor dem Fernseher oder Computer sitzen.

2 Finde im Text die Antworten auf die folgenden Fragen. Schreibe die Antworten auf.
? Welche Hobbys haben Selina, Berkay, Alexej und Lara?
• Wie sind Selina, Berkay, Alexej und Lara zu ihrem Hobby gekommen?
• Was gefällt Selina, Berkay, Alexej und Lara besonders gut an ihren Hobbys?

3 Welches von diesen Hobbys gefällt dir besonders gut? Begründe.

 3

Mir gefällt	Alexejs Berkays Laras Selinas	Hobby,	weil	es interessant ist. ich auch gern …
			denn	es ist interessant. ich … auch gern …

Ein Hobby vorstellen

In einem Kurzvortrag kannst du anderen ein Hobby vorstellen.
Deinen Kurzvortrag kannst du in fünf Schritten vorbereiten.

1. Schritt: Das Thema aussuchen und Informationen beschaffen
Du möchtest Selinas Hobby vorstellen.

1 Welches Hobby hat Selina?
   a. Lies noch einmal Absatz .
   b. Schreibe Selinas Hobby auf.

2. Schritt: Informationen aus einem Text entnehmen

2 Was erzählt Selina über ihr Hobby?
Schreibe Stichworte auf.

Im Internet findest du weitere Informationen über die Jugendfarm.

3 Lies den folgenden Text mit dem Textknacker.

> **Herzlich willkommen auf den Internetseiten der Jugendfarm Bonn**
>
> Die Jugendfarm ist eine offene Freizeiteinrichtung für Kinder und Jugendliche im Alter von 6 bis 14 Jahren.
> Bei uns können Kinder Tiere pflegen, füttern, misten, streicheln, reiten, Buden bauen, basteln, malen, werken, Kioskverkäufer sein, Fußball spielen,
> 5 Abenteuer erleben und vieles mehr.
> Mit unserem Angebot wollen wir die Entwicklung der Kinder fördern und unterstützen.
>
>
>
> Öffnungszeiten der Farm
> Dienstag bis Freitag: 14:30 Uhr – 19:00 Uhr
> 10 Samstag: 12:00 Uhr – 18:00 Uhr
>
> Der Eintritt ist natürlich frei. :-)

4 Welche weiteren Informationen findest du auf der Internetseite?
Schreibe Stichworte auf.

3. Schritt: Den Kurzvortrag gliedern und die Notizen ordnen
Du wählst nun die wichtigsten Informationen für deinen Kurzvortrag aus.

5 Schreibe die folgenden Fragen auf Karteikarten.

> • Welches Hobby hat Selina?
> • Wo übt Selina ihr Hobby aus?
> • Wie ist sie dazu gekommen?
> • Was braucht sie dafür?
> • Was ist besonders interessant? Warum?
> • Was gefällt Selina besonders gut?

6 Wähle die wichtigsten Informationen über Selinas Hobby aus.
  a. Lies noch einmal deine Notizen zu den Aufgaben 2 und 4.
  b. Beantworte die Fragen auf den Karteikarten in Stichworten.
     Schreibe nur die wichtigsten Informationen auf.
  c. Ordne deine Informationen in einer passenden Reihenfolge.

Z 7 Möchtest du Bilder oder Fotos zeigen?
  a. Wähle passende Materialien aus.
  b. Überlege, was du zu den einzelnen Materialien sagen möchtest.

4. Schritt: Eine Einleitung und einen Schluss formulieren

8 Überlege dir eine interessante Einleitung.
Schreibe einen Einleitungssatz auf.

9 Warum ist Selina so begeistert von ihrem Hobby?
Schreibe einen Schlusssatz auf.

5. Schritt: Den Kurzvortrag üben

10 Übt, eure Kurzvorträge möglichst frei zu sprechen.
  a. Einer hält seinen Kurzvortrag.
     Der andere hört aufmerksam zu.
  b. Was war gut? Was kann verbessert werden?
     Gebt euch gegenseitig Tipps.

→ Tipps zum freien Vortragen: Seite 279
→ Kurzvortrag auf einen Blick: Seite 279

8 Ich möchte euch heute Selinas Hobby vorstellen.
Selina geht gern auf die Jugendfarm.

Das kann ich!

Einen Kurzvortrag halten

Du kannst nun deine Klasse in einem Kurzvortrag über Selinas Hobby informieren.

1 Bereite deinen Kurzvortrag vor.
   a. Ordne deine Karteikarten.
   b. Lege auch weitere Materialien bereit.

2 Halte deinen Kurzvortrag in der Klasse.
   Tipps: • Frage am Ende die Zuhörer, ob sie noch Fragen haben.
   • Bedanke dich für die Aufmerksamkeit.

Arbeitstechnik

Frei vortragen

- **Stelle dich** so hin, dass **alle dich sehen** können.
- Versuche, **frei zu sprechen** und wenig abzulesen.
- Sprich **langsam** und **deutlich**.
- **Sieh** beim Sprechen die Zuhörer **an**.
- Zeige an passenden Stellen **Bilder** und **Materialien**.

Die anderen hören genau zu.
Dabei hilft euch eine Checkliste.

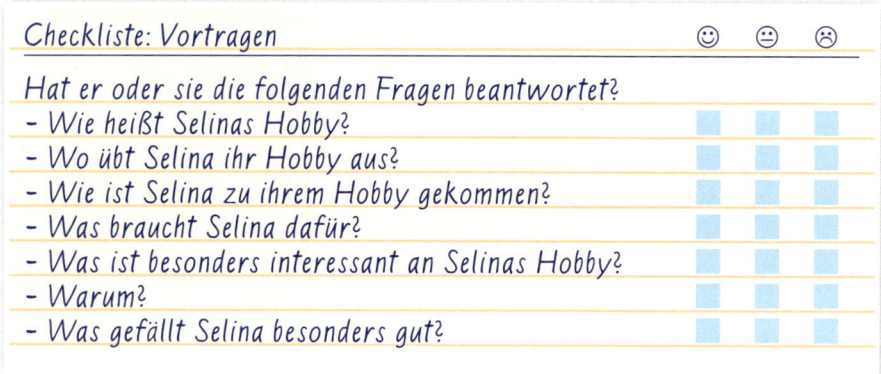

3 Wertet den Kurzvortrag gemeinsam aus.
   • Verwendet eure Checklisten.
   • Besprecht zunächst, was euch gut gefallen hat.
   • Gebt Tipps, was man noch verbessern könnte.

Das wiederhole ich!

Einen Vortrag überarbeiten

Sam spielt in seiner Freizeit am liebsten Tischtennis.
Nun informiert er die Klasse über sein Hobby.
Die Klasse hört aufmerksam zu.

4 Lies die Karteikarten, die Sam für seinen Kurzvortrag verwendet hat.

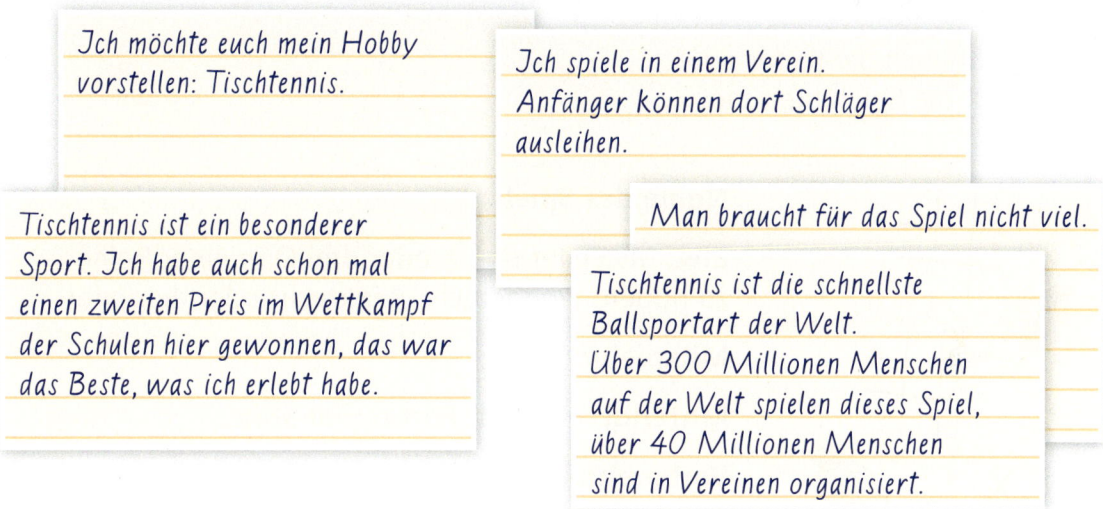

Sams Vortrag kannst du anschaulicher halten.
Die Klasse sagt zuerst, was ihr gut gefällt.

5 Was ist gut an Sams Vortrag?
Schreibe es auf.

Dann fragt die Klasse nach, was sie nicht verstanden hat.

> Von wem hast du das gelernt?

> Was braucht man denn für das Spiel?

6 Was könnte Sam antworten?
Schreibe es auf.
  a. Ergänze Informationen an den passenden Stellen.
  b. Schreibe Sams Kurzvortrag mit den zusätzlichen Informationen auf.

7 Halte den überarbeiteten Kurzvortrag vor der Klasse.

 6 einen Tischtennisschläger, Bälle, eine Platte
von meiner Schwester/einem Freund/…

Weiterführendes

Sachlich beschreiben:
Eine Spielanleitung verstehen und schreiben

Miriam und Jana haben auch ein Hobby.
Sie spielen gern Schreibspiele.
Dieses Hobby ist schnell zu organisieren,
macht Spaß und es kostet nichts.

1 a. Seht euch die Bilder an.
b. Lest die Spielanleitung.

Name des Spiels:

Ziel: als Erster drei X oder drei O in einer Reihe zu haben: waagerecht, senkrecht oder diagonal

Mitspieler: zwei

Material: ein Blatt Papier und Stifte

Vorbereitung: zwei waagerechte und zwei senkrechte Linien auf ein Blatt Papier zeichnen

Durchführung:
- Der erste Spieler zeichnet ein X in ein Feld.
- Der zweite Spieler zeichnet ein O in ein Feld.
- Abwechselnd zeichnen dann beide Spieler ihre Zeichen in die Felder.
- Gewonnen hat, wer drei Zeichen in einer Linie anordnen konnte.

Ihr versteht Spielanleitungen besser, wenn ihr sie ausprobiert.

2 Spielt das Spiel zu zweit.

3 Findet einen Namen für das Spiel.

4 Und wenn das Spielfeld drei waagerechte Linien und drei senkrechte Linien hat?
Schreibe die Spielanleitung auf.

1 waagerecht: —, senkrecht: |, diagonal: / \

Karl, Pablo, Sevim und Julia spielen gern Bingo.

1️⃣ Karl fragt: „Wer spielt mit beim Buchstabenbingo? Wir brauchen mindestens vier Spieler." – „Ah ja, Bingo heißt Tombala in der Türkei", sagt Sevim. Auch Pablo und Julia möchten mitspielen.

5 Karl fragt: „Wer möchte das Alphabet still für sich aufsagen und wer sagt Stopp?" Pablo und Sevim sind bereit.

2️⃣ Nun bereiten alle ihr Spielfeld vor: Sie zeichnen zehn Felder auf ein Blatt
10 Papier und schreiben in jedes Feld einen Buchstaben. Dann geht es los. Pablo sagt still für sich das Alphabet auf, bis Sevim „Stopp" sagt. Pablo sagt den letzten Buchstaben laut.

15 Wenn die Spieler den Buchstaben auf ihrem Blatt haben, streichen sie ihn durch. Endlich hat Julia alle Buchstaben durchgestrichen und ruft: „Gewonnen!"

U	R
S	G
E	K
J	T
H	W

Wie spielt man Bingo?

5 Schreibt eine Spielanleitung zu Bingo. Beantwortet dabei diese Leitfragen.

- Wie heißt das Spiel?
- Was ist das Ziel?
- Wie viele Mitspieler können mitspielen?
- Was braucht man für das Spiel?
- Wie wird das Spiel vorbereitet?
- Wie wird das Spiel gespielt?

Name des Spiels: Bingo
Ziel: ...
Anzahl der Mitspieler: ...
Material: ...
Vorbereitung: ...
Durchführung: ...

6 Überprüft, ob die Spielanleitung verständlich ist. Spielt dazu in Gruppen das Spiel nach der Anleitung.

7 Überarbeitet die Spielanleitung, wenn etwas unklar ist.

→ Tipps zum Überarbeiten: Seite 275

→ Spielanleitungen schreiben auf einen Blick: Seite 276

5 er sagt auf – aufsagen   sie bereiten vor – vorbereiten
sie streichen durch – durchstreichen

Extra Sprache: Präpositionen verwenden

Was kommt wohin?

Das Jugendzentrum richtet einen Mädchentreff ein.
Lorena übernimmt die Einrichtung.

Im Mädchentreff   İpek Aslan

Lorena denkt: So viele Sachen!
Was soll ich denn damit nur machen?
Wohin stelle, lege, hänge ich das bloß?
Dann fängt sie an, es geht schon los:

5 Sie stellt die Vase auf den Tisch.
Sie stellt den Stuhl neben den Tisch.
Sie legt den Teppich unter das Sofa.
Sie hängt das Bild über das Sofa.
Sie stellt die Lampe in die Ecke.
10 Sie stellt den Sessel in die Ecke.

Wohin damit? ist keine Frage mehr,
der Treff ist fertig – bitte sehr!

1 Lies das Gedicht laut vor.

2 Schreibe das Gedicht ab.

3 Was tut Lorena mit den Sachen?
Markiere in deinem Heft die Verben in der zweiten Strophe.

4 Wohin stellt, legt oder hängt Lorena die Sachen?
Markiere die Wortgruppen im Heft.

> **Starthilfe**
> Sie stellt die Vase auf den Tisch.
> …

auf den Tisch, unter das Sofa, in die Ecke

5 Wohin stellt, legt oder hängt Lorena weitere Sachen? Verwende die Wörter **auf**, **in**, **neben**, **über** und **unter**. Schreibe Wortgruppen auf.

der Fußboden
der Schrank
das Fenster
das Regal
die Fensterbank
die Tür

Starthilfe
auf den Fußboden, in …

6 Was kann Lorena noch wohin stellen, legen oder hängen? Schreibe Sätze auf.

Viktor richtet auch einen Raum für einen Treff ein.

W 7 Welche Sachen verwendet Viktor für die Einrichtung?
• Er kann die gleichen Sachen wie Lorena verwenden.
• Er kann auch andere Sachen verwenden.
Schreibe die Sachen mit ihren Artikeln auf.

8 Wohin stellt, legt oder hängt Viktor die Sachen? Schreibe Sätze auf.

Starthilfe
Er stellt den Schrank in die Ecke.
…

9 Schreibe ein eigenes Gedicht.
• Verwende deine Sätze aus Aufgabe 8.
• Finde auch eine passende Überschrift.

Starthilfe
Viktor denkt: So viele Sachen!
…

10 Lest eure neuen Gedichte in der Klasse vor.

> **Merkwissen**
>
> Die Wörter **auf**, **in**, **neben**, **über**, **unter** sind **Präpositionen**.
> Die Antwort auf die Frage **Wohin?** steht im **Akkusativ**.
> *Lorena legt das Buch auf den Tisch, unter das Sofa, in die Ecke.*

6

Sie	stellt legt hängt	den	Spiegel / Blumentopf	auf in neben über unter	den …
		das	Spiel / Poster		das …
		das	Gardine / Kerze		die …

61

Einen Kurzvortrag vorbereiten und halten

Training:
Ich stelle das Cheerleading vor

In einem Kurzvortrag kannst du andere über ein Thema informieren. Deinen Kurzvortrag kannst du in fünf Schritten vorbereiten.

1. Schritt: Das Thema aussuchen und Informationen beschaffen

Du möchtest deine Klasse über die Sportart Cheerleading informieren. Dazu möchtest du passende Informationen finden.

1 Wo kannst du Informationen zum Thema Cheerleading finden? Sammle Ideen in einem Cluster.

das Lexikon — das Cheerleading — das Internet
der Sportverein — ...

2. Schritt: Informationen aus einem Text entnehmen

Du hast diesen Text über das Cheerleading gefunden.
Der Textknacker hilft dir beim Lesen des Textes.

1. Vor dem Lesen
2. Das erste Lesen
3. Den Text genau lesen
4. Nach dem Lesen

2 Lies den Text mit dem Textknacker.

Das Cheerleading[1] – eine interessante Sportart

1 Das Cheerleading ist eine Sportart und kommt ursprünglich aus Amerika. Cheerleader unterstützen mit ihren Sprechchören die Teams von amerikanischen Sportarten wie Football, Baseball
5 und Basketball.

2 Als 1970 die amerikanischen Sportarten nach Deutschland kamen, wurde auch das Cheerleading in Deutschland bekannt. Heute gibt es in jeder größeren Stadt in Deutschland
10 verschiedene Cheerleadingteams.

[[1] das **Cheerleading** [sprich: tschierlieding]

3 In Amerika gibt es das Cheerleading schon lange. Schon im Jahr 1880 unterstützten Fans ihr Team mit Anfeuerungsrufen. Damals übten aber nur Männer das Cheerleading aus.
15 Erst 1920 wurden auch Frauen in die Teams aufgenommen. Seit 1930 gibt es die berühmten bunten Pompons[2]. Weil immer mehr Menschen Cheerleading lernen wollten, wurde es im Jahr 1950 ein eigenes Unterrichtsfach
20 an amerikanischen Schulen.

4 Cheerleading besteht aus Tanz, Turnen und Akrobatik. Darum brauchen Cheerleader Rhythmusgefühl für das Tanzen sowie Kraft und Kondition für das Turnen. Außerdem brauchen
25 sie Gelenkigkeit und Mut für die Akrobatik.

5 Die Cheerleadingteams bestehen oft fast nur aus weiblichen Mitgliedern. Inzwischen haben aber auch immer mehr Jungen Spaß an dieser Sportart. Es finden auch regelmäßig
30 Wettkämpfe zwischen den verschiedenen Teams statt. Die besten Teams qualifizieren sich für die deutsche Meisterschaft.

Nun kannst du wichtige Informationen notieren.

3 a. Schreibe die folgenden Fragen zu den Absätzen **1** bis **3** auf.
b. Beantworte die Fragen in Stichworten mit Hilfe des Textes.
Tipp: Lege zunächst eine Folie über den Text und markiere Wichtiges.

- Woher kommt das Cheerleading?
- Was ist Cheerleading?
- Wann kam das Cheerleading nach Deutschland?
- Wie entwickelte sich das Cheerleading in Amerika?

4 a. Stelle selbst Fragen an die Absätze **4** und **5**.
b. Beantworte die Fragen in Stichworten mit Hilfe des Textes.

[2 der **Pompon**: ein Knäuel aus Kunststoff, Folie, Papier oder Wolle

4 Aus was besteht …?, Was braucht …?, Wer ist …?, Welche Wettkämpfe …?

3. Schritt: Den Kurzvortrag gliedern und die Notizen ordnen

Du wählst nun die wichtigsten Informationen
für deinen Kurzvortrag aus.
Dann notierst du die Informationen auf Karteikarten.

5 Wähle die wichtigsten Informationen über das Cheerleading aus.
   a. Lies noch einmal die Fragen und deine Stichworte von Seite 63.
   b. Markiere zu jeder Frage die wichtigsten Stichworte.

6 Gliedere nun deinen Kurzvortrag.
   a. Schreibe jede Frage auf eine Karteikarte.
   b. Schreibe deine markierten Stichworte dazu.
   c. Finde eine passende Reihenfolge für deine Fragen.
   d. Nummeriere zum Schluss die Karteikarten.

Damit deine Zuhörer aufmerksam zuhören können,
kannst du zu deinem Vortrag eine Overhead-Folie zeigen.

7 Überlege, wie deine Folie aussehen soll.
   • Wie heißt die Überschrift?
   • Welche Stichworte möchtest du
     aufschreiben?
     Tipp: Das können auch deine Fragen sein.
   • Möchtest du Bilder auf die Folie zeichnen,
     kopieren oder drucken? Welche?
   • Wie möchtest du die Überschrift,
     die Stichworte und die Bilder anordnen?
   • Was möchtest du besonders hervorheben?
     Tipp: Unterstreiche oder verwende
     eine andere Farbe.

8 Beschrifte nun deine Folie.
   Du kannst sie auch am Computer gestalten.
   • Schreibe groß und sauber.
   • Lasse nach jeder Zeile einen größeren Abstand.
   • Verwende nur wenige Farben.
   Tipp: Schreibe nicht mehr als 50 Wörter.

4. Schritt: Eine Einleitung und einen Schluss formulieren

9 Überlege dir einen interessanten Einleitungssatz.
Schreibe ihn auf eine Karteikarte.

10 Finde einen abschließenden Satz für deinen Kurzvortrag.
Schreibe ihn auf eine weitere Karteikarte.

5. Schritt: Den Kurzvortrag üben

Du wirst sicherer, wenn du deinen Kurzvortrag vorher übst.

11 Übe deinen Kurzvortrag so oft, bis du sicher bist.
- Sprich den Kurzvortrag laut.
- Sprich in ganzen Sätzen.
- Versuche, nur wenig abzulesen.

Jetzt kannst du deine Klasse über das Cheerleading informieren.

12 Halte deinen Kurzvortrag über das Cheerleading.
Beachte dabei die Arbeitstechnik.

> **Arbeitstechnik**
> **Frei vortragen**
> - Stelle dich so hin, dass alle dich sehen können.
> - Versuche, **frei** zu **sprechen** und wenig abzulesen.
> - Sprich **langsam** und **deutlich**.
> - **Sieh** beim Sprechen die Zuhörer **an**.
> - Zeige an passenden Stellen **Bilder** und **Materialien**.

Die Zuhörer machen sich Notizen zu dem Kurzvortrag.

13 Was habt ihr über das Cheerleading erfahren?
Stellt eure Notizen der Klasse vor.

→ „Einen Kurzvortrag vorbereiten" auf einen Blick: Seite 279

 9 Cheerleading war früher nichts für Mädchen. / Wusstet ihr, dass …?

 10 Ihr seht: Cheerleading ist eine spannende Sportart.

Auf der Basis von Materialien sachlich berichten

Auf den Spuren

Vor 300 Jahren in einer Stadt – alle kamen, wenn Markttag war.

der Stadtschreiber

der Barbier

1 Seht euch das Bild gemeinsam an.
   • Welche Personen könnt ihr entdecken?
   • Was tun die Menschen auf dem Markt?

2 Was kennt ihr? Was kennt ihr nicht?
   Erzählt.

1 er beobachtet – sie beobachten   er/sie kauft – sie kaufen   er/sie steht – sie stehen
   er/sie bezahlt – sie bezahlen   er/sie geht – sie gehen   er/sie verkauft – sie verkaufen
   er/sie preist an – sie preisen an sie sprechen miteinander   er/sie wartet – sie warten

des Barbiers

Auf dem Markt ist auch der Stand des Barbiers zu finden.

3 Seht euch den Stand des Barbiers an.
- Wer arbeitet dort?
- Was wollen die Menschen wohl von ihm?

In diesem Kapitel geht ihr auf Spurensuche.
Ihr berichtet über einen Tag im Leben des Barbiers Johannes.

Den Beruf Barbier kennen lernen

Ein Barbier hatte in früheren Zeiten viel zu tun.

👥 **1** Was tat ein Barbier alles?
Schreibt zu jedem Bild einen Satz auf.

Den Beruf Barbier wie im Mittelalter gibt es heute nicht mehr.
Aber die Tätigkeit **jemanden einseifen** gibt es heute noch als Redewendung.

Der Barbier seifte die Barthaare mit Seife ein, um sie weicher zu machen.

👥 **2** Warum seifte der Barbier jemanden ein? Lest die Information.

👥 **3** Jemanden einseifen – was könnte das heute bedeuten?
a. Seht euch das Bild an.
b. Was könnte die Redewendung heute bedeuten? Sprecht darüber.

✏ **1** er operierte, er rasierte, er stellte her, er untersuchte, er verband, er zog

Aus dem Beruf des Barbiers haben sich viele neue Berufe entwickelt.

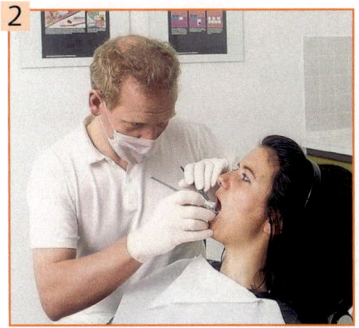
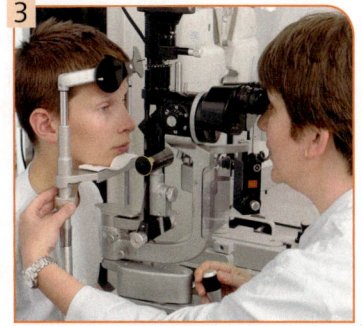

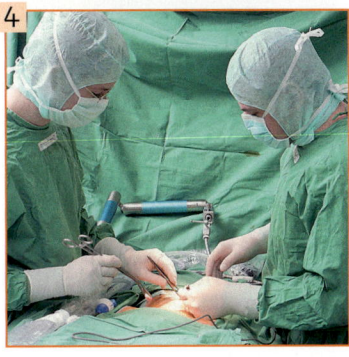
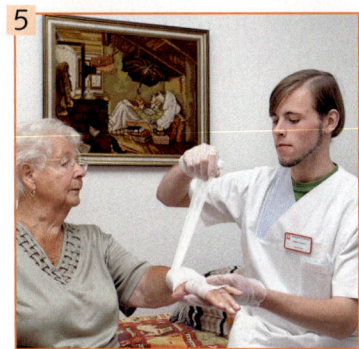

4 a. Welche Berufe erkennt ihr auf den Fotos? Was tut sie oder er? Beschreibt.
b. Schreibt zu jedem Foto einen Satz auf.

> **Starthilfe**
> Der Frisör schneidet …

Z Das Wort Barbier gibt es in vielen Sprachen.

Deutsch	Englisch	Französisch	Italienisch	Spanisch	Türkisch
der Barbier	the barber	le barbier	il barbiere	el barbero	berber

5 Wie heißt der Barbier in verschiedenen Sprachen?
a. Lest die Namen laut vor.
b. Hört genau zu: Was fällt euch auf?

4 der Apotheker – die Apothekerin, der Arzt – die Ärztin,
der Augenarzt – die Augenärztin, der Frisör – die Frisörin,
der Krankenpfleger – die Krankenschwester, der Zahnarzt – die Zahnärztin

Ein Markttag mit einem Barbier

1685 – der Barbier Johannes bot auf dem Markt seine Dienste an.
Der folgende Text erzählt darüber.
Der Textknacker hilft euch, den Text zu verstehen.

1. Vor dem Lesen
2. Das erste Lesen
3. Den Text genau lesen
4. Nach dem Lesen

1 Lest den Text mit dem Textknacker.

Ein Tag im Leben des Barbiers Johannes

1 „Der Barbier Johannes ist da!"
Der 12-jährige Josef lief zu seiner Mutter. „Jetzt wird Großvater endlich seine Zahnschmerzen los und Vater kann sich rasieren lassen."

5 **2** Am frühen Morgen des 20. Juni 1685 baute der reisende Barbier Johannes mit seinem Helfer Heinrich auf dem Marktplatz in Paderborn seinen Stand auf. Es war Markttag und der Barbier hoffte auf gute Geschäfte.

10 **3** Josef brachte seinen Großvater zum Markt. Es roch nach Wachs, Schafwolle, feuchtem Leder und Gewürzen. Händler boten lautstark ihre Waren an. Auch Heinrich, der Helfer des Barbiers, schlug auf seine Trommel und rief: „Haare schneiden und
15 barbieren[1] für kleines Geld, kommt, Leute, kommt! Meister Johannes hilft euch. Wunden verbindet er, Zahnweh heilt er, zur Ader lässt er[2]. Kommt, Leute!"

4 Josefs Großvater und Vater warteten vor dem Stand. Bald war der Vater an der Reihe.
20 Der Barbier machte das Gesicht des Vaters nass, seifte ihn sorgfältig ein und entfernte den langen Bart mit einem Rasiermesser. An der rechten Wange zögerte der Barbier. Weil die Backenzähne fehlten, war die Wange eingefallen. Deshalb nahm er
25 einen Löffel, steckte ihn dem Vater in den Mund und straffte so die Wange für die Rasur. Nun konnte der Barbier auch hier rasieren. „Siehst du, wie er ihn über den Löffel barbiert?", fragte Josef seinen Großvater.

[1] **barbieren:** rasieren
[2] **er lässt zur Ader:** er nimmt Blut ab. Früher glaubte man, so Krankheiten heilen zu können.

30 **5** Aber der Großvater hörte kaum zu. Ihm schlotterten die Knie.³ Endlich war er an der Reihe. Der Barbier bat ihn, sich zu setzen. „Nun öffne dein Maul ganz weit. Oh, deine Zähne sind aber übel." Mit einem Löffelstiel klopfte
35 der Barbier die Zähne nacheinander ab. Auf einmal zuckte der Großvater zusammen. „Aha, da haben wir ja den Übeltäter", freute sich Meister Johannes. „Heinrich", sagte er zu seinem Gehilfen, „schlage die Trommel." So wurden die Schmerzensschreie
40 übertönt. Während Heinrich die Trommel schlug, nahm Meister Johannes eine Zange und zog den schmerzenden Backenzahn. Als alles vorbei war, strahlte Josefs Großvater.

6 Zusammen gingen die drei nach Hause. Sie
45 waren froh: Der Großvater war endlich ohne Schmerzen und der Vater hatte ein glattes Gesicht.

7 Als die Dämmerung hereinbrach⁴, bauten die Händler ihre Stände ab und machten sich wieder auf die Wanderschaft. Auch Meister Johannes zog
50 zum nächsten Markt. Er hatte vielen Menschen geholfen und gutes Geld verdient.

Was erfahrt ihr über den Markttag?

2 Beantwortet die folgenden Fragen mündlich.
Tipp: Legt zunächst eine Folie über den Text und markiert die Antworten.
- Warum gingen Josef, der Großvater und der Vater zum Barbier?
- Warum schlug Heinrich am Anfang des Markttages die Trommel?
- Wie rasierte der Barbier den Vater?
- Was tat der Barbier beim Großvater?
- Warum schlug Heinrich die Trommel später noch einmal?

3 Was erfahrt ihr noch in dem Text?
Stellt euch gegenseitig weitere Fragen und beantwortet sie.

---

³ **Ihm schlotterten die Knie.:** Er zitterte vor Angst.
⁴ **als die Dämmerung hereinbrach:** als es dunkel wurde

Über den Markttag berichten

Der Stadtschreiber Friedrich Hölter wollte über den Markttag und über den Barbier Johannes berichten.
Dafür schrieb er Fragen auf.

- Wann fand der Markttag statt?
- Wo fand der Markttag statt?
- Wer arbeitete an dem Stand des Barbiers?

1 Beantworte die Fragen mit Hilfe des Textes.
  a. Schreibe jede Frage auf eine eigene Karteikarte.
  b. Lies noch einmal die Absätze **1** und **2**.
  c. Beantworte die Frage in Stichworten.
     Tipp: Die Schlüsselwörter helfen dir dabei.

Der Stadtschreiber wollte über die Arbeit des Barbiers noch genauer berichten.

- Wer kam zum Barbier?
- Was tat der Barbier Johannes alles nacheinander?
- Wie endete der Besuch beim Barbier für den Vater und für den Großvater?
- Wie endete der Markttag für den Barbier?

2 Beantworte auch diese Fragen auf einzelnen Karteikarten.
  • Schreibe Stichworte im Präteritum auf.
  • Schreibe nur rein sachliche Angaben auf.
  • Schreibe nur das Wichtigste in wenigen und kurzen Stichworten auf.
  • Erfinde nichts hinzu.

Starthilfe

Wer kam … ?
…
Was tat der … ?
– beim Vater: machte das Gesicht nass, seifte …
– beim Großvater: …

3 Überprüft eure Antworten mit einer Partnerin oder einem Partner.
  • Habt ihr alle Fragen beantwortet?
  • Sind die Angaben verständlich?
  • Sind die Angaben richtig?
  • Gibt es unwichtige oder unsachliche Angaben?

2 er barbierte, er half, er heilte, er ließ, er schnitt, er verband

Bevor Friedrich Hölter mit dem Schreiben begann, ordnete er die gesammelten Informationen.

4 In welcher Reihenfolge möchtest du
über den Markttag berichten?
  a. Überlege, was nacheinander geschah.
  b. Ordne deine Karteikarten in der passenden Reihenfolge.

> Wann?
> Wo?
> Wer?
> Was geschah?
> Wie endete …?

Nun konnte Friedrich Hölter über den Markttag berichten.

5 Berichte nun mit Hilfe deiner Karteikarten über den Markttag.
  • Beantworte die Fragen in ganzen Sätzen.
  • Schreibe die Sätze in der richtigen Reihenfolge auf.
  • Erfinde nichts hinzu.
  • Verwende unterschiedliche Satzanfänge.
  • Schreibe eine Überschrift über deinen Text.

Starthilfe
> …
> Am 20. Juni 1685 fand ein Markttag auf dem … in … statt.
> …
> Zuerst machte der Barbier das Gesicht des Vaters nass.
> Dann seifte …
> …

6 Überprüfe deinen Text mit Hilfe der Checkliste.

Checkliste: Sachlich berichten	ja	nein
Habe ich alle W-Fragen beantwortet?	☐	☐
Habe ich nur wichtige Angaben aufgeschrieben?	☐	☐
Habe ich rein sachlich berichtet?	☐	☐
Sind alle Angaben richtig?	☐	☐
Sind alle Angaben verständlich?	☐	☐
Habe ich die Reihenfolge beachtet?	☐	☐
Habe ich im Präteritum berichtet?	☐	☐
Habe ich unterschiedliche Satzanfänge verwendet?	☐	☐

7 Überarbeite deinen Text.
Achte auch auf die Rechtschreibung.

→ Tipps zum Überarbeiten: Seite 275
→ sachlich berichten auf einen Blick: Seite 276

 5 Zuerst …, Dann …, Danach …, Zum Schluss / Zuletzt …

Das kann ich!

Berichten

Auch die Marktfrau Grete bot ihre Waren auf dem Markt in Paderborn an.
Du kannst über ihren Markttag berichten.

Ein Tag im Leben der Marktfrau Grete

❶ Grete lebte auf einem Hof in der Nähe von Paderborn. Früh am Morgen des 20. Juni 1685 hatte sie sich auf den Weg zum Marktplatz in Paderborn gemacht. Sie freute sich auf
5 den Markttag. Auf dem Rücken trug sie einen schweren Korb mit Waren: Käse, Butter und Eier.

❷ Als Grete auf dem Markt angekommen war, räumte sie ihren Korb aus und stellte die Waren auf.
10 Kaum war der Markttag eröffnet, strömten die Menschen herbei. Alle wollten frische Eier, Butter und Käse kaufen. Grete verkaufte ihre mitgebrachten Waren in wenigen Stunden.

❸ Nun hatte sie Zeit, selbst über den Markt
15 zu schlendern und Waren einzukaufen. Grete ging zu einem Fischhändler und kaufte Fisch, denn den gab es nicht auf ihrem Hof. Dann fand Grete einen hübschen Tonkrug. Sie hatte sich schon lange einen gewünscht. Den Fisch und den Tonkrug
20 packte Grete in ihren Korb.

❹ Am Abend nahm Grete den Korb wieder auf ihren Rücken und ging den langen Weg zurück nach Hause. Sie war müde, aber glücklich, dass sie alle Waren verkauft und einen hübschen Tonkrug
25 gefunden hatte.

1 Was erlebte die Marktfrau Grete am Markttag? Berichte in vollständigen Sätzen darüber.
    Tipps: • Die W-Fragen helfen dir dabei.
            • Beschränke dich auf sachliche Angaben.
            • Verwende das Präteritum.

Wann?
Wo?
Wer?
Was geschah?
Wie endete …?

Das wiederhole ich!

Im Präteritum berichten

Wenn du berichtest, verwendest du das Präteritum.
Das kannst du hier üben.

Der Stadtschreiber Friedrich Hölter berichtete
über den Schuhmacher Christian.

2 Lies den ersten Teil des Textes.

Der Schuhmacher Christian

Der Schuhmacher Christian hatte seine Werkstatt am Marktplatz von Paderborn. Am Morgen des 20. Juni 1685 war wieder Markttag und viele Menschen kamen zu Christians Werkstatt. Einige kauften Schuhe. Andere brachten kaputte oder alte Schuhe zu Christian. Diese Schuhe reparierte Christian. Manche Menschen ließen sich auch neue Schuhe anfertigen. Dann brauchte Christian eine Schablone für die Teile der Schuhe.

3 In dem Text sind Verben im Präteritum hervorgehoben.
   a. Schreibe die Verben untereinander auf.
   b. Ergänze jeweils die Grundform (den Infinitiv).

So berichtete Friedrich Hölter weiter:

Wenn keine Käufer ____, ____ Christian
in seine Werkstatt und ____ an den neuen Schuhen.
Mit Hilfe der Schablone ____ er passende Lederstücke
und ____ sie zusammen. Zum Schluss ____ er
die Sohle und die Absätze. Nun ____ die Schuhe fertig.
Christian ____ an diesem Tag viele Schuhe.
Am Abend ____ er zufrieden die Werkstatt.

> kommen
> gehen
> arbeiten
> schneiden
> nähen
> befestigen
> sein
> verkaufen
> schließen

4 Schreibe den zweiten Teil des Textes
mit den Verbformen im Präteritum auf.

 3 bringen, haben, kommen, lassen, sein
 4 er ging, sie kamen, er schloss, er schnitt, sie waren

Über einen Museumsbesuch berichten

Die Klasse 6c war am 1. Juli 2011 mit ihrem Klassenlehrer, Herrn Hecker, auf Spurensuche im Westfälischen Landesmuseum für Handwerk und Technik in Hagen.
Einige Schülerinnen und Schüler erzählen, was ihnen besonders gut gefiel.

Abbas erzählt: „Am besten gefiel mir die Schmiede. Der Schmied erhitzte das Eisen über dem Feuer, bis es rot glühte. Dann bearbeitete er es auf dem Amboss mit einem Hammer. Ratet mal,
5 was er herstellte. Nägel! Und am tollsten war, dass ich einen Nagel mitnehmen durfte."

Inga erzählt: „Ich interessiere mich für Schuhe. Deshalb fand ich die alte Schuhmacherei ganz spannend. Ich konnte zusehen, wie der Schuster
10 Lederstücke mit Hilfe einer Schablone zuschnitt und sie zusammennähte. Am Schluss befestigte er noch die Sohle und die Absätze. Ich hätte nie gedacht, dass man früher einen Schuh so herstellte."

Mary erzählt: „Ich schreibe gern Briefe.
15 In der Papiermühle konnte ich sehen, wie man früher Papier herstellte. Da gab es ein Mühlrad mit einem Stampfwerk, das die Faserstoffe zerkleinerte. Aus dem Brei schöpfte der Papiermacher mit einem Sieb das Blatt und trocknete es. Am Ende
20 der Vorführung durfte ich ein Blatt mitnehmen."

1 Was erfährst du über den Schmied, den Schuhmacher und den Papiermacher?
Schreibe wichtige Tätigkeiten in Stichworten auf.
Tipp: Lege zunächst eine Folie über den Text und markiere Wichtiges.

Kristin möchte in der Schülerzeitung über den Museumsbesuch berichten.
Sie hat Fragen notiert.

> – Wann war der Museumsbesuch?
> – Wo war das Museum?
> – Wer nahm daran teil?
> – Was sahen und erfuhren einzelne Schülerinnen und Schüler?
> – Was geschah zum Schluss bei jedem Einzelnen?

2 Beantworte die Fragen.
Notiere Stichworte.

3 Welche weiteren Angaben könnten für die Leser interessant sein?
Notiere weitere Stichworte.

**Bevor Kristin mit dem Schreiben beginnt,
ordnet sie ihre Stichworte.**

4 In welcher Reihenfolge möchtest du
über den Museumsbesuch berichten?
Ordne deine Stichworte.

5 Berichte über den Museumsbesuch.
Tipps: • Schreibe sachlich, genau und knapp.
• Verwende das Präteritum.

6 a. Überprüfe deinen Text mit Hilfe der Checkliste.
b. Überarbeite deinen Text.

Checkliste: Berichten	ja	nein
Habe ich die W-Fragen beantwortet?	☐	☐
Habe ich knapp und genau geschrieben?	☐	☐
Habe ich rein sachlich berichtet?	☐	☐
Habe ich im Präteritum berichtet?	☐	☐

Z 7 In der Schülerzeitung ist nur Platz für sechs Zeilen.
Kürze deinen Text, ohne dass wichtige Angaben fehlen.

Extra Sprache: Verben im Präteritum

Als die Heinzelmännchen noch halfen

Einst lebten in Köln die Heinzelmännchen.
Nachts halfen sie den Menschen bei der Arbeit.

Die Heinzelmännchen   August Kopisch

Wie war zu Köln es doch vordem
mit Heinzelmännchen so bequem!
Denn war man faul, legte man sich
hin auf die Bank und pflegte sich: [...]
5 Und eh ein Faulpelz noch erwacht,
war all sein Tagwerk bereits gemacht.

Beim Bäckermeister war nicht Not,
die Heinzelmännchen backten Brot.
Die faulen Burschen legten sich,
10 die Heinzelmännchen regten sich –
und ächzten daher
mit den Säcken schwer!
Und kneteten tüchtig
und wogen es richtig
15 und hoben
und schoben
und fegten und backten
und klopften und hackten.
Die Burschen schnarchten noch im Chor:
20 Da rückte schon das Brot, das neue, vor!

1 Lerne das Gedicht auswendig.

→ Tipps zum Auswendiglernen: Seite 272
→ das vollständige Gedicht: Seite 294–295

2 a. Schreibe die zweite Strophe ab.
b. Markiere die Verben in deinem Heft.

Starthilfe

Beim Bäckermeister war nicht Not,
die Heinzelmännchen backten Brot.
...

3 a. Schreibe die Verben untereinander auf.
b. Ergänze jeweils den Infinitiv (die Grundform).

> **Starthilfe**
> war – sein, backten – ..., ...

4 Wer bekam noch Hilfe von den Heinzelmännchen? Entscheide dich.

5 Was taten die Heinzelmännchen?
a. Sammle passende Verben.
b. Schreibe die Präteritumformen auf.
Tipp: Du kannst in der Verbtabelle auf Seite 292 nachschlagen.

> **Starthilfe**
> tragen – sie trugen, ...

6 Schreibe ein eigenes Heinzelmännchen-Gedicht. Verwende deine Verben aus Aufgabe 5.

> **Starthilfe**
> ...
> Die Zimmerleute legten sich,
> die Heinzelmännchen regten sich –
> und trugen die Leiter,
> kletterten immer weiter,
> ...

7 Schreibe dein Gedicht in schöner Schrift ab.
- Du kannst den Text auch am Computer schreiben.
- Du kannst ein Bild dazu zeichnen.

8 Lies dein Gedicht in der Klasse vor.

Merkwissen

Wenn du über Vergangenes **schriftlich** erzählst oder berichtest, verwendest du meist das **Präteritum**: *backen – sie backten*.
Bei manchen Verben ändert sich im Präteritum der Vokal: *kommen – sie kamen*.

3 heben, schieben, vorrücken, wiegen

4 der Barbier, der Metzger, der Schuhmacher, der Zimmermann

5 bleiben, brechen, bringen, fallen, finden, geben, greifen, hämmern, heben, helfen, klettern, lassen, nähen, rechnen, sägen, schneiden, schreiben, tragen

Sachlich berichten

Training: Berichten

Über einen Vorfall berichten

Dieser Text erzählt von einem Spaziergang, der sehr teuer wurde.
Du kannst über den Vorfall berichten.

Ein teurer Spaziergang

1 Am 16. Mai 2011 kam es im Stadtwald von Bad Lippspringe zu einer verhängnisvollen Begegnung. Gegen 15:00 Uhr verließ der Rentner
5 Hans Stracke gut gelaunt sein Haus. Er hatte seinen Mantel zu Hause gelassen, denn das Wetter war schön. Begleitet wurde er wie immer von seiner treuen Katze Frida. Zur gleichen Zeit machte sich
10 auf der anderen Seite des Waldes die zwölfjährige Anna Schäfer mit ihrem Dackel Wotan auf den Weg.

2 Gegen 15:20 Uhr trafen die beiden Paare aufeinander. Wotan witterte die Katze und
15 rannte zu ihr. Frida bekam Angst und kletterte schnell auf einen etwa 15 Meter hohen Baum. Der Dackel bellte und lief freudig weiter. Er fühlte sich als Sieger.

3 Nun gerieten Herr Stracke und Anna
20 aneinander. „Hättest du deinen Hund an der Leine geführt, würde meine Frida jetzt nicht da oben sitzen. Schau doch, das arme Tier zittert vor Angst und traut sich nicht herunter." – „Wer geht
25 schon mit einer Katze spazieren! Das ist ja lächerlich!" – „Ich hole die Polizei!" So gab ein Wort das andere. Herr Stracke versuchte, seine Katze vom Baum herunterzulocken, aber nichts half.

30 **4** Eine Stunde später saß Frida immer noch auf dem Baum. Herr Stracke hatte alles probiert, doch seine Katze reagierte nicht. Da blieb nur noch eine Lösung: Herr Stracke griff zum Handy und benachrichtigte
35 die Feuerwehr.

5 Mit Blaulicht kam wenige Minuten später ein Feuerwehrwagen angebraust. Brandmeister Lange entschied: „Dem Tier muss geholfen werden." Die Drehleiter
40 wurde ausgefahren und ein Feuerwehrmann kletterte auf der Leiter hoch zu Frida. Als diese den Retter erblickte, erschrak sie, sprang mit einem Satz vom Baum herunter. Herr Stracke umarmte erleichtert sein Tier
45 und zusammen gingen sie nach Hause.

6 Drei Tage später brachte der Briefträger die Rechnung von der Feuerwehr. Der Einsatz kostete 300 Euro. Erbost griff Herr Stracke zum Telefon und rief Annas Eltern an.
50 Herr Schäfer beruhigte ihn und sagte dann: „Der Vorfall tut uns leid. Selbstverständlich übernehmen wir die Kosten. Wir sprechen noch heute mit unserer Versicherung."

Was geschah?

1 Was geschah am 16. Mai 2011?
Erzähle es mit eigenen Worten.

Anna soll der Versicherung genau berichten, was geschah.

2 Warum soll Anna darüber berichten, was am 16. Mai 2011 geschah?
• Lies noch einmal den Absatz **6**.
• Schreibe die Antwort auf.

Starthilfe
Anna soll ..., weil der Einsatz ...
Die Versicherung soll ...

Berichten – Schritt für Schritt

Du kannst nun genau über den Vorfall berichten.
Du sammelst zunächst die wichtigen Angaben.

Wann geschah etwas?
Wo geschah etwas?
Wer war beteiligt?

1 a. Lies noch einmal Absatz **1**.
b. Beantworte die Fragen in Stichworten.
Tipps: • Die hervorgehobenen Schlüsselwörter helfen dir dabei.
• Schreibe nur wenige und kurze Stichworte auf.

Im Text findest du wichtige und unwichtige Angaben zum Vorfall.

Was geschah der Reihe nach?

2 Welche Angaben sind für die Versicherung wirklich wichtig?
a. Schreibe den Absatz **2** ab.
b. Streiche alle unwichtigen Wörter und Wortgruppen durch.

3 Was geschah weiter?
a. Lies noch einmal die Absätze **3** bis **5**.
b. Schreibe die wichtigen Angaben in Stichworten auf.
• Schreibe Stichworte im Präteritum auf.
• Schreibe nur rein sachliche Angaben auf.

Was für ein Schaden entstand?

4 a. Lies noch einmal Absatz **6**.
b. Schreibe die wichtigen Informationen in Stichworten auf.

5 Überprüft und überarbeitet eure Antworten gemeinsam.
• Habt ihr alle W-Fragen beantwortet?
• Habt ihr nur kurze Stichworte mit rein sachlichen Angaben aufgeschrieben?

3 4 er bellte, sie gingen, er kam, sie kletterte, er rannte, er rief an, sie saß, sie sprang

Nun kannst du in einem zusammenhängenden Text über den Vorfall berichten.

6 Schreibe einen zusammenhängenden Text.
- Beantworte die W-Fragen.
- Schreibe auf, was nacheinander geschah. Achte auf die richtige Reihenfolge.
- Schreibe in vollständigen Sätzen im Präteritum.

Wann?
Wo?
Wer?
Was geschah?
Was für ein Schaden?

Starthilfe

Der Vorfall geschah am … um … im … von Bad Lippspringe. Beteiligt waren … Mein Hund … Die Katze von … Herr Stracke rief … Der Einsatz kostete …

 7 Überprüft und überarbeitet eure Berichte mit der Checkliste.
a. Tauscht eure Berichte aus.
b. Überprüft die Berichte mit Hilfe der Checkliste. Besprecht dabei leise schwierige Stellen.
c. Überarbeitet eure Berichte. Achtet auf die Rechtschreibung.

Checkliste: Über einen Vorfall berichten	ja	nein
- Habe ich alle W-Fragen beantwortet?		
- Habe ich Unwichtiges gestrichen?		
- Habe ich rein sachlich berichtet?		
- Habe ich die Reihenfolge beachtet?		
- Stimmen die Angaben?		
- Habe ich im Präteritum berichtet?		

Arbeitstechnik

Berichten

Berichten kannst du über ein Ereignis oder zum Beispiel über einen Tag.
Du beantwortest **genau** und **knapp** die W-Fragen:
- **Wann** geschah etwas?
- **Wo** geschah etwas?
- **Wer** war beteiligt?
- **Was geschah** der Reihe nach?
- **Was** für ein Schaden entstand?

Ein Bericht wird **im Präteritum** geschrieben.
Er enthält nur rein sachliche und richtige Angaben.

 6 sie erschrak, sie flüchtete, es geschah, sie kletterte, er rannte, er rief

In einem Leserbrief Stellung nehmen

Beste Freunde

1 Klassengespräch!
Was seht ihr auf den Bildern?
Was könnt ihr lesen?

2 Welche Bilder und Sprüche passen zu deinen Freundschaften?
Erzähle.

1 das Armband, das Profil, die Smileys [sprich: smailies], der Spruch

l'ami

l'amie

przyjaciel

Freundschaft ist wie ein Blatt im Wind.
Halt es gut fest, sonst fliegt es davon.

przyjaciółka

3 Welches Bild fehlt vielleicht noch? Beschreibe es deiner Klasse.

In diesem Kapitel schreibst du in einem Leserbrief deine Meinung zu Freundschaften.

3 Bei den Bildern fehlt noch …, Mir fehlt noch ein Bild zu …
Auf dem Bild kann man einen/ein/eine … sehen.

Was ist Freundschaft?

Das Wort Freundschaft gibt es in vielen Sprachen.

1. Aus welchen Ländern kommen die Fahnen?
   Wie heißen die Sprachen dazu?
   Schreibt die Sprache und die zugehörigen Wörter auf.

2. In welchen Sprachen kennst du das Wort **Freundschaft** noch?
   Schreibe die Sprachen und die Wörter auf.

Freundschaft kann vieles bedeuten.

> Mit meiner Freundin möchte ich gerne in die Stadt gehen, lachen und viel Spaß zusammen haben. Und meine Freundin soll ein Geheimnis für sich behalten können.

> Mit meinen Freunden bin ich gerne draußen. Immer entdecken wir bei uns im Viertel noch was Neues. Und wenn es Stress gibt, sind meine Freunde auf meiner Seite.

3. Klassengespräch!
   Was bedeutet Freundschaft für Thea und Onur?
   Was bedeutet Freundschaft für euch?

---

1 Großbritannien – englisch, Frankreich – französisch, Kroatien – kroatisch, Polen – polnisch, die Türkei – türkisch

Was ist für euch am wichtigsten in einer Freundschaft?
Mit einer Punktabfrage könnt ihr es herausfinden.

4 Was ist für euch am wichtigsten?
  a. Sammelt zehn Stichworte an der Tafel.
  b. Jeder darf zwei Klebepunkte vergeben.
     Klebt jeder neben eure beiden wichtigsten
     Stichworte einen Klebepunkt.
  c. Was ist für viele von euch wichtig?
     Sprecht darüber.

Wie viele Freunde wünschst du dir? Drei? Zehn? Hundert?
Immer mehr Menschen suchen sich auch Freunde im Internet.

Die neuesten Studien zeigen, dass heutzutage
98 Prozent der Jugendlichen zwischen 10 und
18 Jahren das Internet nutzen. Im Durchschnitt
hat jeder Jugendliche 150 virtuelle Freunde.
5 Ein Drittel der Jugendlichen zwischen 14 und
17 Jahren gab bei einer Umfrage an, dass sie
durch das Internet nicht alleine sind.

Aber im Internet ist kaum etwas geheim.
Experten warnen immer wieder davor,
10 persönliche Dinge im Internet zu schreiben.
Auch private Fotos und Daten wie Name oder
Adresse sind oft von viel mehr Menschen
zu sehen, als die Nutzer glauben.

5 Klassengespräch!
  a. Beantwortet die folgenden Fragen.
     • Was gab ein Drittel der Jugendlichen bei der Umfrage an?
     • Wovor warnen die Experten?
  b. Habt ihr Freunde im Internet?
     Erzählt.

 4 miteinander telefonieren, gemeinsam Geburtstag feiern, nicht alleine sein,
die gleiche Musik hören, Zeit miteinander verbringen, zusammen durchs Viertel ziehen

Freundschaften mit Internet und ohne Internet

Hundert Freunde im Internet? Oder lieber drei Freunde gleich nebenan?
Zwei Freundinnen haben dazu unterschiedliche Meinungen.
Der Textknacker hilft euch, den Artikel zu verstehen.

1. Vor dem Lesen
2. Das erste Lesen
3. Den Text genau lesen
4. Nach dem Lesen

1 Lest den Artikel mit dem Textknacker.

„Ich habe über 600 Freunde!"

Im Internet kann man heutzutage fast alles machen. Mit ein paar Klicks kann man einkaufen. Man kann Bücher lesen und sich die Erde von oben anschauen. Und man kann
5 in Sekundenschnelle neue Kontakte knüpfen. Aber wie wichtig sind Internetfreundschaften? Hülya und Sanne sind seit dem Kindergarten befreundet. Doch jetzt gibt es immer wieder Krach zwischen den beiden. „Hülya hat kaum noch Zeit für mich", beschwert sich Sanne. Denn Hülya
10 ist täglich gut drei Stunden online, um mit ihren Freunden zu chatten. 650 Kontakte hat sie mittlerweile bei verschiedenen Gemeinschaften im Netz. „Mit so vielen Freunden bin ich nie allein! Wenn mich nämlich jemand nervt oder enttäuscht, habe ich noch genug andere Freunde", freut sich Hülya. „Viele von meinen Freunden sind aus meiner alten Schule,
15 meiner neuen Klasse und der Parallelklasse." Auch vom Tischtennis kennt sie einige.
Hülya ist meistens schon vor der Schule im Internet unterwegs. Dafür steht sie dann sogar eine halbe Stunde früher auf. Am Nachmittag lernt sie bei öffentlichen Chats oft neue Leute kennen. Ein Leben
20 ohne Internet kann sie sich heute nicht mehr vorstellen. „Wenn wir bei den Großeltern sind, kann ich oft tagelang nicht online gehen", erzählt sie. „Ich verpasse dann alles, was bei meinen Freunden so los ist."
Sanne hat sich neue Freundinnen gesucht, mit denen sie sich auch mal im Freibad treffen kann. „Eine von denen hat mir letztens den Kopfsprung
25 beigebracht!" Oder sie verabreden sich am Stadtpark zum Inlineskaten.
„Freunde von nebenan sind doch viel besser. Auf die kann ich mich immer verlassen", findet Sanne.
Und was meint ihr? Wo habt ihr eure Freundschaften?

Was erfahrt ihr über Freundschaften mit Internet und ohne Internet?

 2 Beantwortet die folgenden Fragen in Sätzen:
- Was macht Hülya mit ihren Freunden?
- Was macht Sanne mit ihren Freundinnen?
- Warum freut sich Hülya über ihre vielen Freunde?
- Woher kennt Hülya ihre Freunde?

Tipp: Legt zunächst eine Folie über den Text und markiert Wichtiges.

Das Jugendmagazin hat zwei Leserbriefe zu dem Artikel abgedruckt.

Ich finde, dass Hülya recht hat, denn mit so vielen Freunden ist man nie allein. Zum Beispiel ist immer jemand online oder ich habe eine neue Nachricht. Ich habe sogar noch viel mehr Freunde als Hülya.
5 Es sind über tausend. Viele von ihnen kenne ich von meinem Onlinespiel.
Außerdem sind Internetfreunde toll, denn sie nerven mich nicht mit ihren Problemen. Probleme interessieren mich nicht, ich bin doch kein Sorgentelefon. Im Internet
10 kann ich den Freund dann blocken.
(Khan, 13 Jahre)

Ich bin eigentlich froh, dass es das Internet gibt. Denn im Internet kann ich viele Jugendliche finden, die auch gerne Detektivgeschichten lesen. Wir können über die neuesten Bücher reden.
Aber meine beste Freundin Maya wohnt bei mir in der Nähe. Wir verstehen uns ohne Worte. Manchmal schauen wir uns nur an und müssen beide lachen.
(Jessy, 12 Jahre)

 3 Beantwortet die folgenden Fragen mündlich.
- Wann blockt Khan einen Internetfreund?
- Worüber redet Jessy mit den Jugendlichen im Internet?

 4 Im Artikel und in den Leserbriefen erfahrt ihr noch viel mehr.
 Stellt euch gegenseitig weitere Fragen und beantwortet sie.

 4 Wer … ?, Wann … ?, Wo … ?, Warum … ?

Einen Leserbrief schreiben

In einem Leserbrief kannst du zu einem Artikel deine Meinung schreiben und begründen. — Meinung

Hülya, Sanne, Khan und Jessy haben unterschiedliche Meinungen zu Freundschaften.

1   a. Lies noch einmal den Artikel und die Leserbriefe.
   b. Wer hat welche Meinung?
      Schreibe jeweils einen Satz auf.

   Starthilfe
   Hülya findet …
   …

2   Hülya, Sanne, Khan und Jessy begründen
   ihre Meinungen mit Argumenten. — Grund
   • Was sind Gründe für Internetfreunde?
   • Was sind Gründe für Freunde von nebenan?
   Sammelt die Gründe in einer Tabelle.

   Starthilfe

Gründe für Internetfreunde	Gründe für Freunde von nebenan
Man kann viele Freunde haben und ist nie allein. …	…

3   Fallen euch noch weitere Gründe für Internetfreunde
   oder für Freunde von nebenan ein?
   Ergänzt sie in eurer Tabelle.

Mit Beispielen kannst du deine Gründe (Argumente) noch veranschaulichen. — Beispiel

Hülya und Khan nennen unterschiedliche Beispiele für den gleichen Grund.

4   „Mit so vielen Freunden ist man nie allein!"
   a. Welches Beispiel nennt Hülya? Schreibe es auf.
   b. Welches Beispiel nennt Khan? Schreibe es auf.
   c. Welches Beispiel überzeugt dich mehr? Begründe.

Was ist deine Meinung?
Du kannst nun deine Meinung in einem Leserbrief aufschreiben.

5 Welche Freundschaften sind dir wichtig?
Internetfreunde oder Freunde von nebenan?
Schreibe deine **Meinung** auf.

> **Meinung**
> Grund
> Beispiel

6 a. Wähle für deine Meinung passende **Gründe** aus.
 • Wähle Gründe aus der Tabelle von Aufgabe 2 aus.
 • Du kannst auch eigene Gründe finden.
b. Schreibe Sätze mit **denn** oder **weil** auf.

> Meinung
> **Grund**
> Beispiel

Starthilfe
Ich finde …, denn man ist … .
Ich finde …, weil man … ist.

7 Mit einem **Beispiel** werden Gründe noch anschaulicher.
a. Finde zu einem deiner Gründe ein treffendes Beispiel.
b. Schreibe das Beispiel in einem oder zwei Sätzen auf.
Kennzeichne das Beispiel mit:
zum Beispiel, **beispielsweise** oder **nämlich**.

> Meinung
> Grund
> **Beispiel**

8 Schreibe nun deinen eigenen Leserbrief.
 • Verwende dazu deine Ergebnisse aus den Aufgaben 5 bis 7.
 • Die Arbeitstechnik hilft dir dabei.

Arbeitstechnik
Einen Leserbrief schreiben
• Schreibe in der **Einleitung** deine **Meinung** auf.
• Nenne deine **Gründe** und **Beispiele** im **Hauptteil**.
• **Verknüpfe** deine Sätze durch passende Wörter,
z. B. **weil** und **denn**.

9 a. Überprüft gegenseitig eure Leserbriefe.
Achtet dabei auch auf die Rechtschreibung.
b. Überarbeitet eure Leserbriefe.

→ Tipps zum Überarbeiten: Seite 275
→ mehr Tipps zum Leserbrief: Seite 277

---

5 Ich bin der Meinung, dass … ist/sind.
Ich finde, dass … ist/sind.   Ich finde …

91

Das kann ich!

Einen Leserbrief schreiben

Auch Leo möchte einen Leserbrief zu dem Artikel schreiben.
Er überlegt, was er über Freundschaften denkt.

Du kannst Leos Leserbrief schreiben.

- Im Chat findet man keine besten Freunde.
- Ich kenne meine besten Freunde aus dem Fußballverein und manche schon aus dem Kindergarten.
- Richtige Freunde wissen, wenn ich mal schlecht drauf bin.
- Internetfreunde sind keine richtigen Freunde.
- Und mit Freunden von nebenan kann man auch mal was unternehmen.
- Ich spiele mit meinen Freunden gerne Kicker.

1 Welche Meinung hat Leo zu Freundschaften?
Schreibe seine Meinung in der Ich-Form auf.

Starthilfe
Ich finde, dass …

2 Leo überlegt sich Gründe (Argumente) und auch Beispiele dafür.
   a. Welches Beispiel und welcher Grund passen zusammen? Ordne zu.
   b. Schreibe die Gründe und die Beispiele zusammen auf.

3 Verknüpfe Leos Sätze miteinander.
   • Verwende für Gründe **weil**, **da** oder **denn**.
   • Kennzeichne auch die Beispiele mit passenden Wörtern.

4 Schreibe Leos Leserbrief auf.

3 denn, weil, zum Beispiel, nämlich

Das wiederhole ich!

Sätze verknüpfen

In fast jedem Text sind die Sätze miteinander verbunden.
Hier kannst du üben, wie du Sätze mit **weil**, **da** oder **denn** verknüpfst.

Ich habe viele Freunde.

Ich möchte nie allein sein.

5 Die beiden Sätze von Hülya haben etwas miteinander zu tun.
Verknüpfe die beiden Sätze.
Schreibe dazu die Lückensätze vollständig auf.

Ich habe viele Freunde, **weil** _____ sein möchte.
Ich habe _____, **da** _____ möchte.
Ich habe _____. **Denn** ich möchte _____.

6 Verknüpfe auch die folgenden Sätze miteinander.
Verwende dabei abwechselnd **weil**, **da** und **denn**.

Ich mag meine Freundin. + Ich kann meiner Freundin vertrauen.

Mein Freund ist toll. + Ich kann mit meinem Freund lachen.

Freunde sind wichtig. + Niemand ist gerne allein.

Ich habe einen besonderen Freund. + Er hat mich vor der Klasse verteidigt.

Ohne meine Freundin wäre ich sitzengeblieben. + Sie hilft mir immer in Mathe.

7 Schreibe drei eigene Sätze mit **weil**, **da** und **denn** auf.
Tipp: Du kannst auch ein anderes Thema als Freundschaft wählen.

Ein Freundschaftstest

Deine Freunde haben mit dir immer viel Spaß?
Deine Freunde können sich immer auf dich verlassen?
Mit dem folgenden Test erfährst du, welcher Freundschaftstyp du bist.

1 a. Lies die Fragen.
b. Schreibe jede Frage mit der Antwort auf, die auf dich zutrifft.

Test: Welcher Freundschaftstyp bist du?	
1.	Du hast eine CD verliehen und bekommst sie nicht zurück. Was nun?
L	Kein Problem. Ich vergesse auch immer, andere Sachen zurückzugeben. War das überhaupt meine CD?
W	Das macht doch nichts. Dann hören wir die CD zusammen bei der Freundin oder dem Freund. Das macht genauso viel Spaß.
Z	Das kann mir nicht passieren. Ich verleihe meine Sachen nur an zuverlässige Leute oder gar nicht. Es gibt ja immer nur Ärger.
2.	Du hast Probleme. Wem erzählst du davon?
Z	Meiner besten Freundin oder meinem besten Freund. Ihr oder ihm kann ich vertrauen. Genauso, wie sie oder er mir vertrauen kann.
L	Jedem. Wenn mich etwas beschäftigt, kann ich gut darüber reden. Auch wenn ich die Leute nicht so gut kenne.
W	Niemandem. Meine Freunde sind zum Spaßhaben da. Ich will doch nicht die gute Stimmung kaputtmachen.
3.	Deine Freundin oder dein Freund ist in letzter Zeit anders als sonst, irgendwie komisch. Was tust du?
W	Ich gehe mit ihr oder ihm ins Kino oder zum Sport. Oder wir spielen ein Videogame. Hauptsache Ablenkung!
Z	Ich spreche sie oder ihn gleich drauf an und frage, was los ist. Vielleicht braucht sie oder er meine Hilfe.
L	Ich lasse sie oder ihn ein paar Tage in Ruhe. Das geht bestimmt bald wieder vorbei.
4.	Du möchtest etwas unternehmen. Was machst du als Erstes?
Z	Ich rufe meine beste Freundin oder meinen besten Freund an.
W	Im Freizeittreff sind sicher ein paar Freundinnen oder Freunde von mir. Mit denen ist es meistens ganz lustig. Da gehe ich hin.
L	Ich schicke ein paar Leuten eine Nachricht, ob sie was machen wollen. Und dann warte ich ab, wer sich meldet.

5.	Du hast keine Lust, zu der Verabredung mit deinen Freundinnen oder Freunden zu gehen. Und nun?
L	Ich gehe einfach nicht hin. Es sind doch genug andere da.
W	Ich gehe trotzdem hin. Meistens ist es dann doch ganz witzig.
Z	Ich verabrede mich nur, wenn ich auch Lust dazu habe. Wenn ich absage, haben aber alle Verständnis dafür.
6.	Du hast dich mit einer Freundin oder einem Freund gestritten. Wie verhältst du dich?
W	So richtig böse sind wir uns nie lange. Wir unternehmen etwas zusammen, lachen viel und verstehen uns dann wieder.
L	Wir werden uns schon wieder irgendwann verstehen. So lange mache ich etwas mit anderen Freundinnen oder Freunden.
Z	Ich versuche, mit ihr oder ihm zu reden. Wir werden uns dann hoffentlich irgendwann wieder vertragen.
7.	Eine Freundin oder ein Freund hat dir ein Geheimnis erzählt. Nun seid ihr nicht mehr so eng befreundet. Was tust du?
L	Wenn wir keine guten Freundinnen oder Freunde mehr sind, muss ich das Geheimnis auch nicht für mich behalten.
W	Geheimnisse vergesse ich meistens gleich wieder. Wenn es etwas Witziges war, dann bringe ich damit andere zum Lachen.
Z	Ich behalte das Geheimnis auf jeden Fall für mich. Ich sage nie etwas weiter.

Wenn du alle Fragen beantwortet hast und die Antworten notiert hast, erfährst du nun, welcher Freundschaftstyp du bist.

2 a. Zähle zusammen, wie oft du W, L und Z gewählt hast.
b. Lies die Auflösung zu deinem häufigsten Buchstaben.

L Der oder die lockere Freund/in
Du hast viele lockere Freundschaften, hältst aber nicht so viel von Zuverlässigkeit.
Tipp: Eine engere Freundin oder ein engerer Freund ist aber auch wichtig!

W Der oder die witzige Freund/in
Mit dir kann man immer etwas unternehmen und viel Spaß haben.
Tipp: Freundinnen oder Freunde sollten auch mal über etwas Ernstes reden können.

Z Der oder die zuverlässige Freund/in
Du bist sehr zuverlässig und deine Freundinnen oder Freunde können dir vertrauen.
Tipp: Ein bisschen Lockerheit und Spaß können in Freundschaften auch guttun.

Extra Sprache: Modalverben **dürfen, können, müssen**

Wie kann eine Freundschaft sein?

Freundschaften können unterschiedlich sein.
Wie eine Freundschaft sein darf, sein muss oder sein kann,
erfährst du in diesem Gedicht.

Freundschaft Joachim Ringelnatz

Es darf eine Freundschaft formell[1] sein,
muss aber genau sein.
Eine Freundschaft kann rau sein,
aber muss hell sein.
[…]

Mehr möchte ich nicht darüber sagen.
Denn ich sitze im Speisewagen
und fühle mich aus Freundschaft wohl
bei „Gedämpfter Ochsenhüfte mit Wirsingkohl"[2].

1 Lies das Gedicht einer Freundin oder einem Freund vor.

2 Sprecht über diese Fragen:
- Wie darf eine Freundschaft sein?
- Wie muss eine Freundschaft sein?
- Wie kann eine Freundschaft sein?

3 Was denkt der Sprecher im Gedicht über Freundschaft?
a. Schreibe das Gedicht ab.
b. Markiere alle Verbformen.

> **Starthilfe**
> Es darf eine Freundschaft formell sein,
> …

4 Wobei fühlt sich der Sprecher im Gedicht aus Freundschaft wohl?
Unterstreiche die passende Textstelle im Heft.

[1] **formell:** förmlich, geschäftlich, in sehr höflicher Form
[2] **gedämpfte Ochsenhüfte mit Wirsingkohl:** ein Essen

5 Wie darf, muss und kann eine Freundschaft für dich sein?
   a. Finde passende Adjektive.
   b. Schreibe sechs Sätze auf.
      Verwende dabei **darf**, **muss** und **kann**.
   c. Markiere die Verbformen.

> **Starthilfe**
> Eine Freundschaft darf fröhlich sein.
> …

6 Was darf, muss und kann deine Freundin oder dein Freund tun?
Schreibe Sätze auf.

Meine Freundin Mein Freund	darf	mich nicht anlügen.
		mich nicht allein lassen.
	muss	nett zu mir sein.
		zu mir halten.
	kann	mit mir Sport machen.
		mit mir ins Kino gehen.

N 7 Wobei kannst du dich aus Freundschaft wohlfühlen?
   a. Sammle passende Tätigkeiten.
   b. Ersetze den letzten Vers des Gedichtes.

> **Starthilfe**
> Und fühle mich aus Freundschaft wohl beim …

8 Schreibe dein eigenes Freundschafts-Gedicht.
   • Verwende deine Ergebnisse aus Aufgabe 5.
   • Du kannst auch deine Ergebnisse aus Aufgabe 7 verwenden.

> **Starthilfe**
> Es darf eine Freundschaft fröhlich sein, muss aber …
> …

9 Lies dein Gedicht in der Klasse vor.

Merkwissen

Nach **dürfen**, **können** und **müssen** steht ein weiteres Verb.
Das weitere Verb steht in der Grundform (im Infinitiv).
Meine Freundin **darf** mich nicht **anlügen**.
Mein Freund **muss** zu mir **halten**.
Eine Freundschaft **kann** lustig **sein**.

---

5 ehrlich, fröhlich, lustig, schwierig, sportlich
7 beim Fußballspielen, beim Kinobesuch, beim Sport

In einem Brief begründet Stellung nehmen

Training:
Meinungen äußern und begründen

Auf eine Mitteilung antworten

Das Internetcafé der Parkschule wurde geschlossen.
In einer Mitteilung informiert die Schulleiterin darüber.

1 Lies die Mitteilung mit dem Textknacker.

1. Vor dem Lesen
2. Das erste Lesen
3. Den Text genau lesen
4. Nach dem Lesen

Internetcafé geschlossen

Liebe Schülerinnen und Schüler,

in der vergangenen Woche hat die Schulkonferenz über das Internetcafé beraten. Die Mehrheit meint, dass das Internetcafé bis auf Weiteres[1] geschlossen werden soll.
5 Dafür gibt es einen Grund:
Ihr wisst, dass es für die Nutzung des Internetcafés Regeln gibt. Einige Schülerinnen und Schüler haben sich nicht an diese Regeln gehalten – und das nicht nur einmal, sondern immer wieder. Zum Beispiel haben sie sich bei Anbietern für Spiele und
10 Downloads angemeldet. Sie haben dort E-Mail-Adressen und persönliche Adressen angegeben. Einige Eltern und die Schule haben dadurch viele Werbemails bekommen. Auch Rechnungen von unbekannten Firmen sollten sie bezahlen.
Aus diesem Grund ist die freie Nutzung des Internetcafés
15 für längere Zeit nicht erlaubt.

Mit freundlichen Grüßen

Ilse Samet
Schulleiterin

---

2 Klassengespräch!
Worum geht es in der Mitteilung?

[1] **bis auf Weiteres:** für eine unbestimmte Zeit

Die Schulleiterin Frau Samet hat die Meinung
der Schulkonferenz aufgeschrieben.

Meinung / Grund / Beispiel

3 Was meint die Mehrheit der Schulkonferenz?
Schreibe einen Satz auf.

Starthilfe
Die Mehrheit der Schulkonferenz
meint, dass das Internetcafé …

Frau Samet begründet die Meinung der Schulkonferenz.

Meinung / **Grund** / Beispiel

4 Welchen Grund (welches Argument) nennt Frau Samet?
Schreibe den Grund auf.

Frau Samet nennt auch ein Beispiel.

Meinung / Grund / **Beispiel**

5 Welches Beispiel nennt Frau Samet?
    a. Lies den Text noch einmal genau.
    b. Schreibe das Beispiel auf.

Die Schülerinnen und Schüler der Klasse 6c
möchten sich an Frau Samet wenden.

Wir könnten auch einen Brief schreiben. Den Brief kann Frau Samet in Ruhe lesen.

Lasst uns mit Frau Samet sprechen. Sie soll wissen, was wir zu der Schließung meinen. Vielleicht wird das Internetcafé ja dann wieder geöffnet.

6 Sprecht über die folgenden Fragen.
    • Welche Vorteile und welche Nachteile hat ein mündliches Gespräch?
    • Welche Vorteile und welche Nachteile hat ein Brief?
Begründet.

In einem Brief Stellung nehmen

Die Klasse 6c will einen Brief an Frau Samet schreiben.
Aber was soll in dem Brief stehen?

1 Durch die Schließung werden alle bestraft. Das ist ungerecht.

2 Und ich arbeite an meinen Hausaufgaben oder bereite mich auf den Unterricht vor.

3 Ich lese immer nur meine E-Mails.

4 Nun können wir nicht mehr die Mittagspause nutzen, um uns zu informieren.

5 Die meisten von uns haben doch die Regeln eingehalten.

6 Das Internetcafé sollte möglichst schnell wieder öffnen.

7 Nicht alle haben zu Hause einen Internetanschluss. Informationen müssen sie dann woanders besorgen.

1 Klassengespräch!
Ordnet die Sprechblasen den folgenden Fragen zu.
- Welche **Meinung** haben die Schülerinnen und Schüler?
- Welche **Gründe** (Argumente) nennen sie?
- Welche **Beispiele** nennen sie?
- Welche Bitte haben sie?

Starthilfe
Meinung: Durch die Schließung …
…

2 Welche Meinung haben die Schülerinnen und Schüler?
Schreibe die Meinung auf.

| Meinung |
| Grund |
| Beispiel |

3 Warum sollte das Internetcafé wieder geöffnet werden?
Schreibe zwei wichtige Gründe (Argumente) auf.
Tipp: Du kannst auch eigene Gründe aufschreiben.

| Meinung |
| **Grund** |
| Beispiel |

4 Welche Beispiele kannst du zu deinen Gründen nennen?
a. Ordne die Beispiele den passenden Gründen zu.
b. Schreibe weitere eigene Beispiele auf.

| Meinung |
| Grund |
| **Beispiel** |

2 Wir finden …, Unserer Meinung nach …

Du kannst nun den Brief an Frau Samet schreiben.

5 Beginne deinen Brief mit dem Briefkopf.
   a. Schreibe den Ort und das Datum auf.
   b. Schreibe eine Anrede auf.

> Köln, 15.5.2012
>
> Liebe Frau Samet,
>
> wir haben erfahren, dass das Internetcafé geschlossen wurde. Das finden wir ▁▁▁.

6 Schreibe eine Einleitung.
   - Schreibe auf, warum du den Brief schreibst.
   - Schreibe dann die Meinung der Klasse 6c auf.

7 a. Lies noch einmal deine Gründe (Argumente) aus Aufgabe 3.
   b. Schreibe mit deinen Gründen Sätze mit **weil** oder **denn** auf.

> **Starthilfe**
> Das Internetcafé sollte …, weil nicht alle … haben.
> Die Schließung ist ungerecht, denn die meisten haben …

8 Schreibe die passenden Beispiele zu den Gründen.
   a. Lies noch einmal deine Beispiele aus Aufgabe 4.
   b. Schreibe die Beispiele zu deinen Gründen. Verknüpfe deine Sätze durch passende Wörter wie **zum Beispiel**, **beispielsweise** oder **nämlich**.

9 Schreibe zum Schluss die Bitte der Klasse 6c auf.

10 Beende deinen Brief mit dem Gruß und deiner Unterschrift.

11 a. Überprüft eure Briefe gegenseitig. Achtet dabei auch auf die Rechtschreibung.
   b. Überarbeitet eure Briefe.
   → Tipps zum Überarbeiten: Seite 275

12 In welchen weiteren Situationen könnt ihr andere in einem Brief von eurer Meinung überzeugen? Sprecht darüber.

→ „In einem Brief Stellung nehmen" auf einen Blick: Seite 277

---

 9 Wir bitten Sie … / Bitte prüfen Sie, ob … / Wir würden uns freuen, wenn …

 10 Mit freundlichen Grüßen / Mit besten Grüßen

Einen literarischen Text szenisch interpretieren

Fantastisches

Eine fantastische Welt gestalten

Vor langer Zeit lebten fünf Freunde.
Sie arbeiteten in einer Insektenwerkstatt.
Zusammen erfanden sie viele Insekten.

1 Welche Insekten erfanden die Freunde?
- Seht euch das Bild an.
- Lest auch die Sprechblasen.
- Erfindet Namen für die Insekten.

2 Welches Insekt hättest du gern erfunden?
a. Zeichne dein Insekt.
b. Beschreibe dein Insekt.

🖉 **1** der Grashüpfer, der Marienkäfer, das Glühwürmchen, die Ameise, die Grille
🖉 **2** die Biene, die Fliege, die Hummel, die Libelle

Ich erfinde ein kleines, starkes Insekt und es soll ... heißen.

Ich werde eins mit einem Panzer wie eine kleine Schildkröte machen, rot mit schwarzen Punkten, einen ...

Wir könnten ein Insekt erfinden, das wie ein Känguru durch das Gras hüpft, und es ... nennen.

In diesem Kapitel lest ihr gemeinsam eine fantastische Geschichte.
Zum Schluss könnt ihr die Geschichte spielen.

Zum Lesen der fantastischen Geschichte braucht ihr
eine fantastische Atmosphäre in der Klasse.

3 Wie könnt ihr diese Atmosphäre in der Klasse schaffen?
Sammelt eure Ideen an der Tafel.

leise Musik — *eine fantastische Atmosphäre* — *das Licht verändern* — *verdunkeln* — *...*

103

Eine fantastische Geschichte lesen

Nun seid ihr bereit für die fantastische Geschichte von Rodolfo und seinen Freunden.

Die Gestalter aller Dinge Gioconda Belli

1 Vor langer Zeit lebten Rodolfo, Gwendolin, Kalle, Paganini und Fedora. Sie waren Freunde und arbeiteten in einer Insektenwerkstatt.
5 Zusammen erfanden sie viele Insekten, die auf unserer Erde leben. Gwendolin erfand das Glühwürmchen, Kalle die Grille und Paganini den Grashüpfer. Rodolfo, der Kreativste von allen,
10 erfand die Ameise und den Marienkäfer. Er träumte davon, ein ganz besonderes Insekt, ein Wesen wie ein Vogel und eine Blume zugleich, zu erfinden. Dieser Traum ließ ihn nicht mehr los.

1 a. Welche Insekten erfanden die Freunde? Nennt die Insekten.
   b. Wovon träumte Rodolfo? Beschreibt das Insekt.
   c. Was könnte Fedora erfunden haben? Tragt Ideen zusammen.

2 Lest den Anfang der Geschichte vor.
   a. Wählt eine Vorleserin oder einen Vorleser aus.
   b. Probiert beim Lesen verschiedene Möglichkeiten aus.
      • Betont besonders die hervorgehobenen Wörter.
      • Lest mal langsamer und mal schneller.
      • Lest mal lauter und mal leiser.

Rodolfo träumte davon, ein besonderes Insekt zu erfinden.

2 Es war sehr spät in der Nacht, und Rodolfo hatte viele Stunden gezeichnet, als er sich endlich seinem Ziel ganz nahe glaubte. Er hatte ein geflügeltes Insekt mit einem schimmernden Leib und metallisch glänzenden Flügeln entworfen. Er blies auf das Papier, und eine Libelle schwang sich in die Luft. Nachdem er sie auf seinen Finger zurückgeholt hatte, rief er leise seine Freundin Fedora.

3 Gemeinsam sahen sie dem Flug der Libelle im Mondlicht zu. „Sie ist sehr schön", sagte Fedora, „und wie schnell sie fliegen kann." – „Ja, sie ist schön", stimmte Rodolfo nachdenklich zu. „Aber so schön wie das Wesen in meinem Traum ist auch sie noch nicht." – „Vielleicht ist dein Traum zu anspruchsvoll. Du musst bescheidener werden und einsehen, dass nicht alle Träume wahr werden können." – „Aber Fedora, wir sind die Gestalter aller Dinge. Wir dürfen unsere Träume nicht aufgeben. Und genau darum muss ich es noch einmal versuchen", beharrte Rodolfo eigensinnig auf seinem Plan.

4 So nahm er seine Arbeit in der Werkstatt wieder auf. Er dachte nur noch an seinen Traum, und es kümmerte ihn wenig, dass man darüber lachte und ihn sogar für ein bisschen überheblich hielt. Seine Freunde aber machten sich Sorgen um ihn.

 3 Was möchte Rodolfo? Was möchte Fedora? Erzählt.

 4 Welche Sorgen könnte sich Fedora um Rodolfo machen? Spielt ein Gespräch zwischen Fedora und Rodolfo.

4 Ich mache mir Sorgen um dich, weil …   Ich befürchte, dass …
Ich habe Angst, dass …

Eine Szene ohne Worte darstellen

Rodolfo dachte nur noch an seinen Traum.

5 Verzweifelt ging er zu seinem Platz am See und legte sich ins Gras. Er wurde mit einem Mal so traurig, dass er viele bittere Tränen weinte. Der Morgen
50 dämmerte schon, als er erschöpft einschlief.

6 Da weckte ihn das Geräusch schwirrender Flügel, ganz nah an seinem Ohr. Er rieb sich die Augen, blickte um sich und sah einen Kolibri, der seinen langen Schnabel tief in den Kelch einer blauen Blüte
55 senkte. Der kleine Vogel schwirrte von Blume zu Blume, bis er allen Nektar ausgetrunken hatte. Dann flog er über das Wasser zu den Rosenbeeten auf der gegenüberliegenden Seite des Sees.

7 Rodolfo sah dem schillernden Vogel nach. In eben
60 diesem Moment fiel sein Blick auf das Spiegelbild des Kolibris, das wie ein Hauch auf dem Wasser schwebte. Die zarte Spiegelung schien aus sich selbst heraus zu leben: Sie flatterte hin und her und sah im Licht der ersten Sonnenstrahlen, die tausend Farben
65 auf das Wasser zauberten, immer wieder anders aus. Mal glich sie einem Vogel, dann wieder einer Blume.

8 Da ging Rodolfo ein großes Licht auf! Das war es, was er so lange gesucht hatte! Hier schwebte es vor seinen Augen auf dem Wasser, als wäre es schon wahr.
70 Endlich wusste er, wie sein Entwurf aussehen musste, sein Geschöpf, das er 🌸 nennen wollte.

9 Er rannte in die Werkstatt und begann zu zeichnen und zu malen, ohne auch nur einmal innezuhalten. Mit zarten Strichen entwarf er Körper und Flügel
75 des 🌸. Damit die Flügel leicht und anmutig würden, fügte er sie aus vielen winzigen Schuppen zusammen, wie Dachschindeln aus Blütenstaub. Dann gab er dem kleinen Körper zierliche Füßchen und eine lange Zunge.

🌸 Was könnte das nur für ein Geschöpf sein … ?

Rodolfo wusste plötzlich, wie sein Geschöpf aussehen sollte.

1 Was hatte Rodolfo auf dem Wasser gesehen?
Beschreibt sein Geschöpf.

Rodolfos Gefühle könnt ihr ohne Worte darstellen.

2 Macht euch Notizen zu Rodolfos Gefühlen.
    a. Lest noch einmal Absatz **5**.
       Wie fühlte sich Rodolfo in der Nacht?
    b. Lest noch einmal Absatz **8**.
       Wie fühlte sich Rodolfo am Morgen?
Tipp: Die hervorgehobenen Wörter helfen euch.

3 Stellt Rodolfos Gefühle ohne Worte dar.
    Wählt aus: Absatz **5** oder Absatz **8**.
    a. Wie fühlte sich Rodolfo?
       Probiert die Körperhaltung und
       den Gesichtsausdruck aus.
    b. Besprecht, welche Darstellung
       am besten wirkt.

Rodolfos Gefühle verändern sich.
Probiert nun, die ganze Szene ohne Worte darzustellen.

4 In der Dreiergruppe!
Verteilt die Rollen:
• Einer von euch stellt Rodolfo dar.
• Der Zweite spielt den Kolibri.
• Der Dritte beobachtet und gibt Tipps.

5 Stellt jeden Absatz von **5** bis **9** einzeln dar.
Versucht, alles ohne Worte darzustellen.
Tipp: Eure Notizen aus Aufgabe 2 helfen euch.

6 Übt so lange, bis ihr alle fünf Absätze gut darstellen könnt.

7 Spielt die ganze Szene vor der Klasse.

Eine Szene spielen

Die nächste Szene spielt in einer Höhle im Wald.
Rodolfo hat seine Arbeit beendet.

80 **10** Schließlich rief er seine Freunde Fedora, Kalle,
Paganini und Gwendolin zusammen und führte sie
in die Höhle im Wald. Er entzündete viele Kerzen,
um den Raum zu erleuchten, und blies dann
vor den erstaunten Augen der anderen
85 auf seine Zeichnung. Da erhob sich
ein orangefarbener Schmetterling, mit leuchtend
gelben Streifen auf seinen Flügeln, vom Papier.

11 „Eine fliegende Blume!" rief Paganini.
„Ein winzig kleiner Vogel", staunte Kalle,
90 und Gwendolin sagte schließlich: „Du hast es
tatsächlich geschafft!" – „Und wir haben fast nicht
mehr geglaubt, dass es dir gelingen würde",
sagte Fedora beschämt. „Man sollte sich nie
über die Träume anderer lustig machen!"
95 Alle umarmten Rodolfo, und sie weinten ein wenig
vor Freude. […]

12 „Er ist ein Insekt, aber er ist so zart wie eine Blume
und kann so fliegen wie ein Vogel. Die Menschen
werden seine Schönheit bewundern und sich
100 viele geheimnisvolle Geschichten über ihn erzählen.
Wir sollten dieses Wesen in vielen tausend Farben
entwerfen. Wenn ihr einverstanden seid, beantragen wir
eine eigene Werkstatt, nur für die Schmetterlinge."

**Diese Szene in der Höhle könnt ihr gut spielen.
Rollenkarten helfen euch dabei.**

1 Bereitet die Szene zum Spielen vor.
Ihr braucht fünf Darsteller: Rodolfo, Paganini, Fedora, Kalle und Gwendolin.

2 a. Schreibt den Text eurer Figur auf eine Rollenkarte.
b. Welche Wörter wollt ihr besonders betonen?
Markiert die Wörter auf eurer Rollenkarte.

3 Schreibt weitere Angaben auf die Rollenkarten:
- Was machten die Freunde, als Rodolfo ihnen seine Zeichnung zeigte?
- Wie sahen ihre Gesichter aus?
- Wie sprachen sie?

Bereitet euch auf das Spielen der Szene vor.

4 a. Lernt nun jeder für sich den Text auswendig.
b. Übt in kleinen Gruppen die Szene zu spielen.

5 Bereitet Beobachtungsbögen für die Zuschauer vor.
So könnt ihr euch Notizen zur Gestik und Mimik der Darsteller machen.

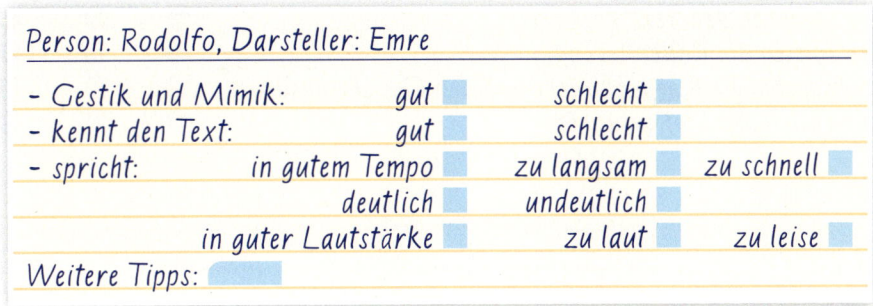

6 Spielt die Szene vor.

7 a. Was hat euch gefallen? Was möchtet ihr noch verändern?
Sprecht darüber.
b. Spielt die Szene noch einmal, bis ihr zufrieden seid.

Nun könnt ihr auch die anderen Szenen vor der Klasse aufführen.

> **Arbeitstechnik**
>
> **Eine Szene spielen**
>
> - Legt fest, welche **Figuren** es gibt. **Verteilt** die **Rollen**.
> - Schreibt den **Text** für jede Rolle auf einzelne **Rollenkarten**.
> - **Markiert** Wörter, die ihr **besonders betonen** möchtet.
> - Schreibt dazu, was eure **Figur tut**, was sie **fühlt** und **denkt**.
> - Lernt euren **Text auswendig**.
> - Übt gemeinsam, die Szene zu spielen: Setzt **Gestik** (Körpersprache) und **Mimik** (Gesichtsausdruck) ein.
> - **Besprecht**: Wie haben sich die Spieler in ihren Rollen gefühlt? Wie hat die Szene auf die Zuschauer gewirkt?

Das kann ich!

Einen Text szenisch spielen

Wie wäre es mit einem spielerischen Wettbewerb?
Welche Gruppe spielt die Höhlenszene am besten vor?
Mit Hilfe von Zuschauerkarten könnt ihr es entscheiden.

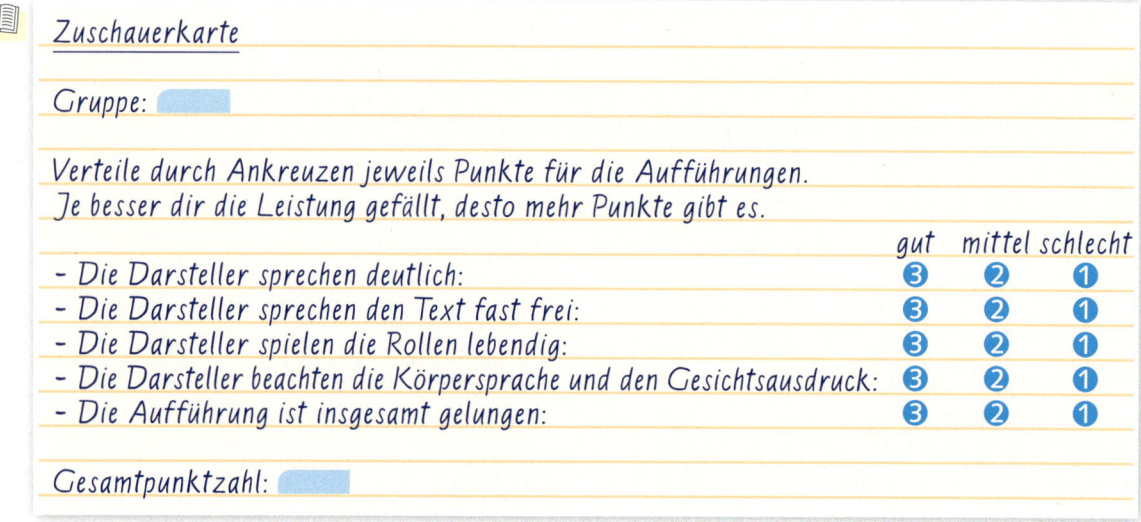

Die Gruppen spielen nun nacheinander die Szene vor.

1 Verteilt vor jeder Aufführung eine Zuschauerkarte an jeden Zuschauer.

2 Macht euch während der Aufführungen Notizen.
Kreuzt für jede Gruppe an, wie gut euch das Spiel gefallen hat.

3 Sammelt nach jeder Aufführung die ausgefüllten Zuschauerkarten ein.

Wertet anschließend die Zuschauerkarten aus.

4 Zählt die Punkte für alle Gruppen zusammen.
Die Gruppe mit den meisten Punkten hat gewonnen.

Das wiederhole ich!

Ohne Worte sprechen

In einer Spiegelpantomime könnt ihr ohne Worte sprechen.
Auch in Rodolfos Geschichte kommt ein Spiegelbild vor.

5 Lies noch einmal Absatz 7.

7 Rodolfo sah dem schillernden Vogel nach. In eben diesem Moment fiel sein Blick auf das Spiegelbild des Kolibris, das wie ein Hauch auf dem Wasser schwebte. Die zarte Spiegelung schien aus sich selbst heraus zu leben: Sie flatterte hin und her und sah im Licht der ersten Sonnenstrahlen, die tausend Farben auf das Wasser zauberten, immer wieder anders aus. Mal glich sie einem Vogel, dann wieder einer Blume.

6 Was tat die Spiegelung?
Wem glich das Spiegelbild des Kolibris?
Finde die Antworten im Text.

Nun könnt ihr selbst ein Spiegelbild darstellen.

7 Gestaltet eine Spiegelpantomime.
- Bildet Paare.
  Beide Partner stehen sich gegenüber.
- Bei dieser Übung sollte möglichst
  nicht gesprochen werden.
- Einer macht verschiedene Bewegungen und
  Gesichtsausdrücke vor.
- Der andere versucht, die Bewegungen möglichst
  gleichzeitig und genau nachzuahmen.
- Nach einer Weile werden die Rollen getauscht.

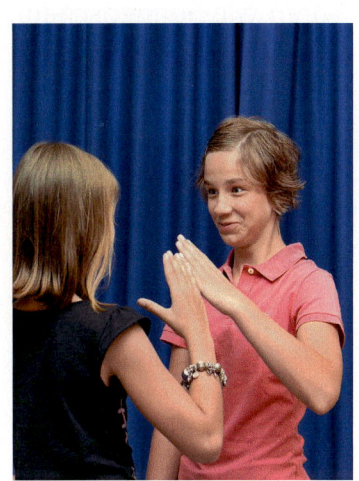

Nun könnt ihr die Spiegelpantomime am Absatz 7 ausprobieren.

8 Spielt Absatz 7 als Spiegelpantomime nach.

Gedichte über Schmetterlinge

Über Schmetterlinge wurden viele Gedichte geschrieben.
Einige Gedichte kannst du hier lesen.

1 Lies die Schmetterlings-Gedichte.

Der Schmetterling

Einen Schmetterling
– so zierlich schön –
habe ich heute
in unserem Garten gesehen.

5 Er flatterte
auf und ab
und brachte alles
um sich herum auf Trab.

Ich wollte ihn fangen,
10 doch nein – er war so klein,
und seine bunten Flügel
waren wie Sonnenschein.

Da flatterte er daher,
ganz leicht im Wind,
15 und die Zeit flog mit ihm fort,
so ganz geschwind.

Irgendwann – da hob er ab,
als ob er an einer Wolke hing,
und ich rief ihm noch hinterher:
20 „Auf Wiedersehen, mein Schmetterling!"

Der Schmetterling   Heinz Erhardt

Es war einmal ein buntes Ding,
ein sogenannter Schmetterling,
der war wie alle Falter
recht sorglos für sein Alter.
5 Er nippte hier und nippte dort,
und war er satt, so flog er fort,
flog zu den Hyazinthen
und guckte nicht nach hinten.
Er dachte nämlich nicht daran,
dass was von hinten kommen kann.
10 So kam's, dass dieser Schmetterling
verwundert war, als man ihn fing.

Schmetterling – Flatterding

Schmetterling – Flatterding,
flattert still – wie er will,
fliegt ganz hoch – höher noch,
schwebt im Kreis – keiner weiß.

5 Fliegt er weg – ins Versteck?
Bleibt er da – mir ganz nah?
Dreht er sich – sieht er mich?
Kommt er bald – macht er halt?

Schmetterling – Flatterding!
10 Jetzt, hurra – bleibt er da,
setzt sich her – freut mich sehr,
schüttelt sich – kitzelt mich,
bleibt dann still – wie ich will.
Schmetterling – schönes Ding.

W Welches Gedicht gefällt dir am besten?
Wähle eine der folgenden Aufgaben aus:
Du kannst ein Gedichtblatt oder → Aufgabe 2
einen Gedicht-Schmetterling gestalten. → Aufgabe 3
Oder du kannst das Gedicht auswendig lernen. → Aufgabe 4

W 2 Gestalte ein Gedichtblatt.
   a. Schreibe das Gedicht auf ein Blatt Papier.
      Schreibe in deiner schönsten Schrift.
   b. Zeichne ein passendes Bild dazu.

W 3 Gestalte einen Gedicht-Schmetterling.
   a. Zeichne einen großen Schmetterling
      auf ein farbiges Blatt Tonpapier.
   b. Schreibe das Gedicht auf die Flügel.
   c. Schneide den Schmetterling aus.
   Tipp: Hängt eure Schmetterlinge
         in der Klasse auf.

W 4 Lerne das Gedicht auswendig.

→ Tipps zum Auswendiglernen: Seite 272

Extra Sprache: Relativpronomen verwenden

Tiere, die fantastisch sind

Rodolfo und seine Freunde haben fantastische Tiere erfunden. Es gibt noch viel mehr Tiere, die fantastisch sind.

Fantastische Tiere   İpek Aslan

Der Ochsenspatz, der sehr laut brüllt,
hat sich mit bunten Federn ganz verhüllt.

Das Ziegenhuhn, das ganz laut schnattert,
kommt durch das große Tor geflattert.

Die Regengans, die laut miaut,
hat sich nicht aus dem Bau getraut.

1 Lerne das Gedicht auswendig.
Beachte dabei die Arbeitstechnik.

> **Arbeitstechnik**
>
> **Das Gedicht auswendig lernen**
>
> - **Lerne** die ersten zwei Zeilen **auswendig**.
> - **Decke** dann das Gedicht mit einem Blatt Papier **ab**.
> - **Sprich** die ersten zwei Zeilen **auswendig**.
> - Lege das Blatt so, dass du **nur die Tiere** sehen kannst.
> - **Nenne** nur die Tiere mit Artikeln der Reihe nach.
> - **Decke** das Gedicht wieder **auf**.
> - **Lerne** die weiteren Zeilen.

2 Trage das Gedicht auswendig vor.

3 a. Schreibe das Gedicht ab.
b. Markiere die Nomen mit Artikeln und die Relativpronomen.

Starthilfe

Der Ochsenspatz, der sehr laut brüllt, …

Artikel   Nomen   Relativpronomen

W 4 Schreibe ein eigenes fantastisches Gedicht
über fantastische Tiere.
- Du kannst die Satzschalttafel verwenden.
  Tipp: Die letzten Wörter jeder Strophe reimen sich.
- Du kannst dir auch selbst fantastische Tiere ausdenken,
  die fantastische Sachen machen.

Der	Eulenhund, Katzenfuchs,	der	auf der Wiese liegt, fröhlich muht, ganz laut bellt, in die Lüfte fliegt, singt und springt, über Steine hüpft,	hat das Löwenpferd besiegt. hat heute bei Frau Schmitt geschellt. hat mir von Weitem zugewinkt. hat nun ein buntes Fell gekriegt. ist gestern aus dem Ei geschlüpft. ist nach dem Melken ausgeruht.
Das	Gänseschwein, Löwenpferd,	das		
Die	Entenlaus, Nashornkuh,	die		

W 5 Schreibe dein Gedicht sauber auf.
- Du kannst dein Gedicht auch
  am Computer schreiben.
- Du kannst Bilder dazu zeichnen.

6 Lies dein Gedicht in der Klasse vor.

Merkwissen

Das **Relativpronomen** richtet sich **nach dem Nomen**,
auf das es sich bezieht:
Der Eulenhund, der laut brüllt, hat Hunger.

Das Löwenpferd, das fröhlich muht, ist gut gelaunt.

Die Grillenmaus, die auf der Wiese liegt, ist müde.

Eine Geschichte szenisch umsetzen

Training: Eine Geschichte von Münchhausen spielen

Münchhausen erzählte oft Lügengeschichten.
Die Geschichte von Münchhausen könnt ihr spielen.
Der Textknacker hilft euch, die Geschichte
zu verstehen.

1. Vor dem Lesen
2. Das erste Lesen
3. Den Text genau lesen
4. Nach dem Lesen

Münchhausens Helfer bei einer Wette

1 Ich hatte einmal einen Freund in der Türkei, der mich bat, etwas für ihn in Ägypten zu erledigen. Natürlich wollte ich das gern für ihn tun und machte mich sofort auf den Weg.

5 **2** Kurz hinter Istanbul traf ich einen Mann. Er hatte zwei riesige, schwere Gewichte an seinen Beinen. Ich fragte: „Warum tust du das?" – „Ach", antwortete der Mann, „ich bin vor einer halben Stunde in Wien losgelaufen. Und damit ich nicht zu schnell werde,
10 habe ich mir diese Gewichte an die Beine gehängt." Ich fand das gut. Von da an reiste der Mann mit mir. Er hieß Achilles.

3 Wir kamen an einer Wiese vorbei. Dort lag ein Mann auf Knien und presste sein Ohr fest auf den Boden.
15 Ich hielt an und fragte den Mann: „Was tust du da?" – „Ich höre das Gras wachsen", antwortete der Mann. Ich fand das gut. Von da an reiste der Mann mit mir. Er hieß Pan.

4 Wenig später lernte ich einen dritten Mann kennen.
20 Er stand auf einem Hügel und schoss Löcher in die Luft. Meine Neugier war groß und ich fragte ihn: „Warum tust du das?" – „Das ist doch ganz klar", antwortete der Mann. „Auf dem Straßburger Münster[1] saß eben noch ein kleiner Spatz. Ich habe ihn
25 mit einem Schuss vertrieben." Ich fand das gut. Von da an reiste der Mann mit mir. Er hieß Argus.

[1 **das Münster:** eine Kirche

5 Eines Tages trafen wir einen Mann mit ungeheuren Kräften. Er stand mitten in einem Wald und riss mit seinen Händen die Bäume aus der Erde, als würde er Grashalme umknicken. Ich fragte ihn: „Warum tust du das?" – „Ich habe meine Axt vergessen", antwortete der Mann. Ich fand das gut. Von da an reiste der Mann mit mir. Er hieß Herkules.

6 Nachdem ich mit meinen Männern aus Ägypten zurückgekehrt war, lud mich mein Freund in Istanbul zu einem wunderbaren Essen ein. Der Freund bot mir ein sehr gutes Brot an. „Nun, lieber Münchhausen, wie schmeckt dir dieses wunderbare Brot?", fragte er stolz. „Ich habe es geschenkt bekommen." – „Das Brot schmeckt sehr gut", antwortete ich. „In einer Stunde lege ich aber ein noch besseres Brot auf den Tisch." „Die Wette gilt", antwortete der Freund und lachte. „Wenn du gewinnst, bekommst du so viel Gold und Edelsteine, wie du tragen kannst."

7 Ich nahm die Wette an und rief nach meinen Männern. Ich schickte den schnellen Läufer Achilles los. Er sollte nach Wien laufen und frisches Brot holen. Doch als Achilles nicht zurückkam, rief ich Pan. Der presste sein Ohr an den Boden und sagte: „Ich höre, dass Achilles schläft und laut schnarcht." Dann rief ich Argus. Er blickte einmal scharf und sagte: „Ich sehe, dass Achilles mit dem Brot im Arm unter einem Apfelbaum schläft." Argus zielte, gab einen Schuss ab – und ein Apfel fiel direkt auf Achilles' Kopf und weckte ihn auf. Sofort lief Achilles los und war innerhalb einer Stunde da.

8 Nun hatte ich die Wette gewonnen und konnte Gold und Edelsteine aus der Schatzkammer holen. Ich rief den starken Mann Herkules. Er füllte die Taschen so voll, dass er kaum noch laufen konnte. Alle bekamen etwas davon ab: Achilles, Pan, Argus und Herkules.

1 Welche Geschichte erzählt Münchhausen?
Erzählt die Geschichte mit eigenen Worten gemeinsam.

In Münchhausens Geschichte kommen verschiedene Figuren vor.

👥 **2** Welche Figuren kommen in der Geschichte vor?
    a. Lest die Geschichte noch einmal.
    b. Schreibt die Namen der Figuren auf.

Jeder Absatz in Münchhausens Geschichte ist eine Szene.

👥 **3** Schreibt zu jeder Szene einen Satz, was in der Szene passiert.

> **Starthilfe**
> Szene 1 : Münchhausens Freund schickt ihn nach ...
> ...

👥 **4** a. Lest noch einmal genau Szene 1.
    b. Was könnten Münchhausen und sein Freund sagen?
       Schreibt das Gespräch auf.

> **Starthilfe**
> Freund: Münchhausen, du musst mir einen Gefallen tun!
> ...

👥 **5** Spielt die Szene 1 mit dem Gespräch.
    • **Wie** sprechen Münchhausen und sein Freund? Probiert es aus.
    • Welche Körperhaltung und welcher Gesichtsausdruck
      passen zu den Figuren? Probiert es aus.

**Ihr könnt die ganze Geschichte von Münchhausen spielen.
Ein Szenenplan hilft euch bei der Vorbereitung.**

👥 **6** Sammelt eure Ergebnisse aus den Aufgaben 3 und 4
    zur Szene 1 in einem Szenenplan.

> **Starthilfe**
>
> | | Welche Figur? | Was sagt die Figur? | Wie spricht die Figur? | Wie sind Körperhaltung und Gesichtsausdruck? |
> |---|---|---|---|---|
> | Szene 1 | der Freund aus der Türkei Münchhausen | „Münchhausen, du ... ... | ... ... | ... ... |

✏️ **4**   - Was soll ich ...?   - Bitte gehe für mich nach ... und erledige ...
       - Das tue ich gerne, lieber Freund.   - Danke, Münchhausen!

Ihr bereitet nun auch die Szenen 2 bis 7 vor.

7 Gruppenarbeit!
   a. Teilt euch in sechs Gruppen auf.
   b. Jede Gruppe übernimmt eine Szene.
   c. Schreibt das Gespräch zwischen den Figuren eurer Szene auf.
      Tipp: Überlegt, was die Figuren noch alles sagen könnten.
      Dann wird die Szene interessanter.

8 Übt in der Gruppe, eure Szene zu spielen.
   • **Wie** sprechen die Figuren? Probiert es aus.
   • Welche Körperhaltung und welcher Gesichtsausdruck passen zu den Figuren? Probiert es aus.

9 Sammelt eure Ergebnisse aus den Aufgaben 6 und 7 zu den Szenen 2 bis 7 im Szenenplan.

In Szene 8 gibt es keine wörtliche Rede.

10 Was könnte Münchhausens Freund in Szene 8 sagen?
Was könnte Münchhausen antworten?
Schreibt im Szenenplan gemeinsam auf, was sie sagen könnten.

Nun könnt ihr die ganze Geschichte spielen.

11 Legt gemeinsam fest, wer welche Rolle spielt.

12 Jeder bereitet nun seine Rolle vor.
   a. Unterstreiche deine Rolle in deinem Szenenplan.
   b. Lerne den Text für deine Rolle auswendig.

13 Übt das Spiel gemeinsam.
   a. Spielt die Geschichte einmal, ohne zu unterbrechen.
      Tipp: Haltet euren Text zunächst in der Hand.
      So könnt ihr nachlesen, wenn ihr etwas vergessen habt.
   b. Besprecht, was ihr vielleicht noch ändern wollt.

14 Spielt die ganze Geschichte.

→ „Eine Szene spielen" auf einen Blick: Seite 279

Medien nutzen: Eine Nachrichtensendung

Medien: Blicke in die Welt

Jeden Tag begegnen euch viele verschiedene Medien.

1 a. Seht euch die Fotos gemeinsam an.
   b. Sprecht über die folgenden Fragen.
   • Welche Medien kennt ihr?
   • Wozu nutzt ihr welche Medien?
   • Welche Medien nutzt ihr, um euch zu unterhalten?
   • Welche Medien nutzt ihr, um euch zu informieren?

1 Ich sehe einen/ein/eine … Das ist ein/ein/eine …

der Fernseher	das Handy	die CD
der MP3-Player	das Lexikon	die DVD
der PC	das Radio	die Zeitung

Ihr könnt euch mit Medien informieren.
In den Nachrichten erfahrt ihr, was in der Welt los ist.

2 Mit welchen Medien könnt ihr Nachrichten hören,
lesen und sehen?
Sammelt sie untereinander an der Tafel.

3 Sprecht über diese Fragen:
- Welche Medien nutzt ihr für Nachrichten?
- Wie oft nutzt ihr die Medien für Nachrichten?
- Warum nutzt ihr für Nachrichten manche Medien
  lieber als andere?

4 Welchen Medien vertraut ihr am meisten bei Nachrichten?
  a. Wählt jeder für sich zwei Medien aus,
     denen sie oder er besonders vertraut.
  b. Welche beiden Medien habt ihr ausgewählt?
     Klebt neben diese Medien an der Tafel
     jeweils einen Klebepunkt.
  c. Welchen Medien vertrauen die meisten von euch?
     Sprecht darüber.

5 Im Fernsehen und im Internet gibt es Nachrichtensendungen.
- Welche Nachrichtensendungen kennt ihr?
- Welche Nachrichtensendungen für Kinder und
  Jugendliche kennt ihr?
Sammelt sie an der Tafel.

5 Ich kenne den/das/die …

Nachrichtensendungen sehen und verstehen

Nachrichtensendungen informieren euch
über Geschehnisse in der Welt.
Bilder spielen dabei eine wichtige Rolle.

1 Diese Bilder wurden in einer Nachrichtensendung gezeigt.
  a. Seht euch die Bilder an. Beschreibt, was ihr seht.
  b. Worüber informieren euch die Bilder? Stellt Vermutungen an.

2 Was möchtet ihr genauer wissen?
  Schreibt Fragen zu den Bildern auf.

1 Am Strand liegen mehrere … Man kann … erkennen. Die Leute …

2 Wann …? Wo …? Wie viele …? Wie groß …? Wer …? Wie …? Warum …?

In den Nachrichten seht ihr etwas und hört ihr etwas.
Das Bild und der Ton gehören zusammen.

3 Der gesprochene Text informiert euch genauer über das,
was ihr auf den Bildern seht.
   a. Seht euch die Bilder an.
   b. Lest die Sprechblasen.

A Wir versuchen schon seit Stunden, die Tiere so nass wie möglich zu halten. Das ist wichtig, damit sie überleben.

B Vor der Küste von Neuseeland hatten sich gestern mehrere Grindwale auf der Suche nach Futter verirrt und sind im knietiefen Wasser gestrandet.

C An Land ist es zu trocken und zu warm für die Wale. Es geht ihnen schlecht und sie können sogar sterben. Einige Helfer versuchen, die Wale zu retten.

4 Welcher Text passt zu welchem Bild? Ordnet zu.
   a. Schreibt den Text in der richtigen Reihenfolge auf.
   b. Welche Wörter haben euch geholfen, die Texte zuzuordnen?
      Markiert sie.

In Nachrichtensendungen sprechen oft verschiedene Personen.

5 Text **B** wird von einem Nachrichtensprecher gesprochen.
   • Was sagt der Nachrichtensprecher noch?
   • Was sagt ein Helfer?
   a. Ordnet die Texte **A** und **C** richtig zu.
   b. Begründet eure Zuordnung.

Bei Nachrichtensendungen müssen die Bilder zum gesprochenen Text passen.

6 Am Ende der Nachrichtensendung wird noch mehr gesagt.
  a. Lest die Sprechblase.
  b. Seht euch die Bilder an.
  c. Welches Bild passt zu dem Text? Wählt ein Bild aus.

> Fast alle Wale konnten gerettet werden und schwimmen nun wieder im Meer. Die Helfer haben bis zur Flut durchgehalten und die Wale haben dann den Weg zurück ins Meer geschafft.

1
2
3

7 Vergleicht eure Ergebnisse in der Klasse.
  • Welches Bild habt ihr ausgewählt?
  • Welche Wörter im Text haben euch dabei geholfen?
  Begründet eure Entscheidungen.

Ihr kennt nun den ganzen Beitrag der Nachrichtensendung.
Manche Informationen habt ihr durch Bilder bekommen.
Andere Informationen habt ihr durch den Text bekommen.

8 Beantwortet die folgenden Fragen zur Nachrichtensendung schriftlich. Schreibt bei jeder Antwort dazu, ob ihr sie auf einem Bild oder im Text gefunden habt.

> • Was für Wale sind es?
> • Wie tief ist das Wasser an der Küste?
> • Wie sehen die Wale aus?
> • Warum sind die Wale an Land in Gefahr?
> • Was machen die Helfer?

9 Welche von euren Fragen aus Aufgabe 2 von Seite 122 könnt ihr jetzt beantworten? Schreibt Antworten auf.

8 glänzend, die Rückenflosse, schwarz, die Tücher

Ein Nachrichtenbeitrag wird meist von einer Sprecherin oder von einem Sprecher angekündigt.

> Guten Abend!
> Wie schön, dass ihr dabei seid!
> Wir beginnen unsere Sendung heute
> auf der anderen Seite der Erde:
> in Neuseeland.

Neuseeland: Wale gestrandet

10 Wie wurde der Beitrag über die Wale angekündigt?
Untersucht die Ankündigung des Nachrichtenbeitrags genauer.
- Was seht ihr auf dem Bild hinter der Sprecherin?
- Was könnt ihr im Text daneben lesen?
- Was erfahrt ihr in der ganzen Ankündigung in Bild und Text?
Sprecht darüber.

Wie werden Nachrichten gesprochen? Ihr könnt es zu zweit üben.

11 Lest den Text vor wie eine Nachrichtensprecherin oder wie ein Nachrichtensprecher.
a. Übt das Vorlesen. Achtet auf die passende Betonung.
b. Lest den Text in der Klasse vor.

→ Ausdrucksvoll vorlesen: Seite 273

 10 die Begrüßung, das Studio

Informationsquellen gezielt nutzen: Das Internet

Training:
Sich im Internet informieren

Eine Suchmaschine nutzen

Ihr möchtet mehr über gestrandete Wale in Neuseeland erfahren.
? Passiert es häufig, dass Wale in Neuseeland stranden?
Im Internet könnt ihr Informationen dazu finden.
Eine Suchmaschine hilft euch dabei.

1 Diese Suchmaschinen sind für Schülerinnen und Schüler besonders geeignet:
   www.helles-koepfchen.de   **www.blinde-kuh.de**
   Seht euch die Startseiten (die Homepages) im Internet an.

Unter der ersten Adresse wird diese Startseite angezeigt:

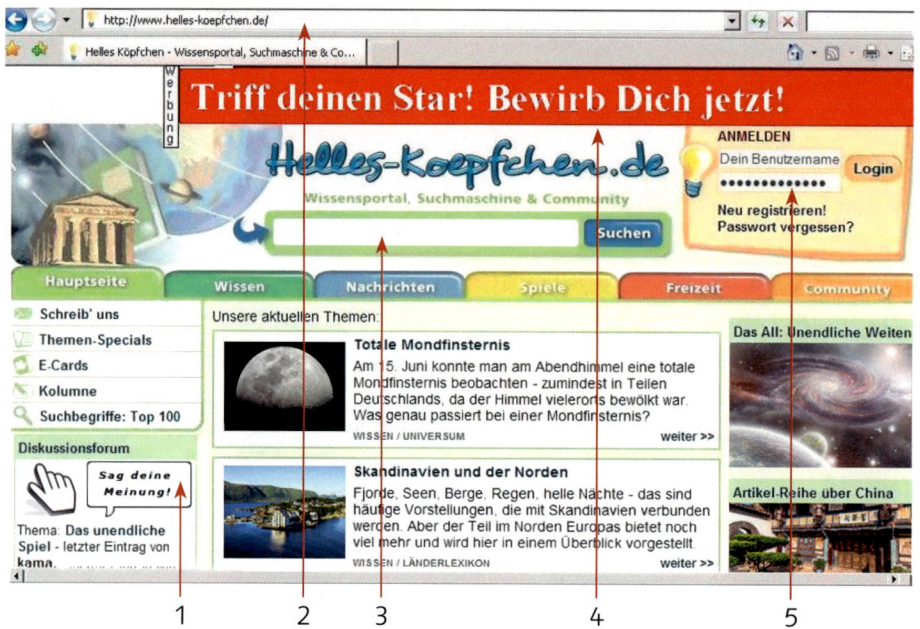

1   2   3   4   5

2 Was findet ihr wo auf der Seite?
   Schreibt die Zahlen 1 bis 5 mit den passenden Begriffen auf.

> das Adressfeld, das Forum, das Suchfeld, die Werbung,
> der Zugang (das Log-in) für Mitglieder

2 das Log-in (auch: Login): to log in (engl.) = sich anmelden

Ihr sucht nun nach dem Stichwort Wale.

 3 Probiert die Suche aus.
Gebt dazu das Stichwort **Wale** in das Suchfeld ein.

Die Suchmaschine zeigt dieses Suchergebnis an.

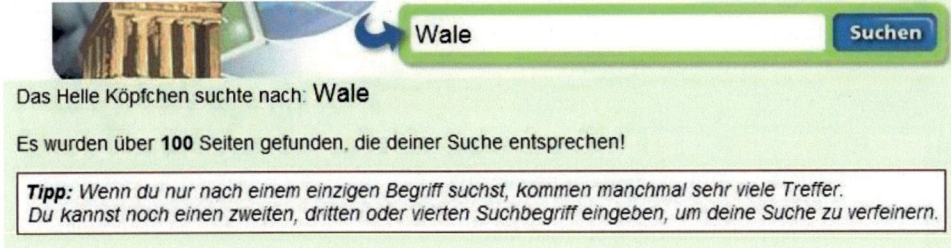

 4 a. Wie viele Seiten (Treffer) hat die Suchmaschine gefunden?
b. Welchen Tipp gibt die Suchmaschine?
Erklärt es mit eigenen Worten.
c. Welches weitere Stichwort könnt ihr noch eingeben,
um die Suche zu verfeinern?
Begründet.

5 Verfeinert eure Suche.
Gebt dazu im Suchfeld die Stichwörter
Wale und **Neuseeland** ein.

Die Suchmaschine zeigt dieses Suchergebnis an:

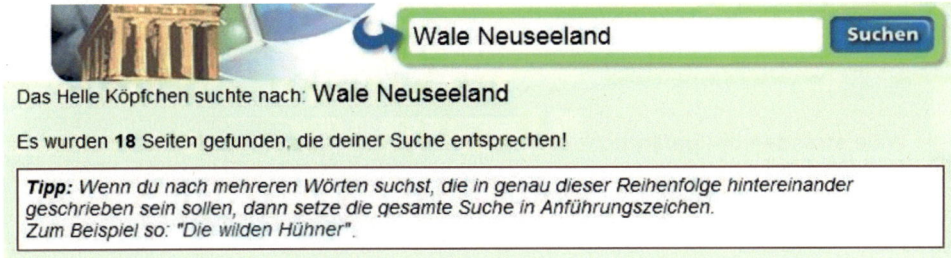

6 Wie viele Seiten (Treffer) hat die Suchmaschine nun gefunden?

7 Welchen Tipp gibt die Suchmaschine?
Erklärt es mit eigenen Worten.

Informationen gezielt auswählen

Die Suchmaschine hat viele Seiten gefunden.
Welche Seiten helfen euch, die Frage ? von Seite 126 zu beantworten?
Der Textknacker hilft euch bei der Auswahl.

1 Wendet die Schritte 1 und 2 vom Textknacker an.
- Lest die Überschriften.
- Überfliegt die Liste.

1. Vor dem Lesen
2. Das erste Lesen

1

Planet Wissen - Audio: Mysteriöse Klänge
...damit die Wanderungen der *Wale*, spüren Seebeben auf und...3.000 Kilometer östlich von *Neuseeland*. Ein Gebiet, in dem...

2

Drama um gestrandete Wale (auf wasistwas.de)
Tierschützer haben in Neuseeland 40 gestrandete Grindwale gerettet.
38 weitere Meeressäuger haben die Strandung nicht überlebt.

3

Planet Wissen - Neuseelands Natur
...schuf sein Meisterwerk - *Neuseeland.*" Wie sehr diese Legende...nach dem Gott des *Waldes* der neuseeländischen Ureinwohner, der...

4

Palkan: Der Wal
Wale sind keine Fische, sondern Säugetiere. Es gibt 80 verschiedene Arten im Meer: Den Blauwal, den Pottwal, den Schweinswal, den Buckelwal, den Schwertwal und noch viele mehr.

5

Wale stranden bei gefährlichem Wind (19.05.2005) - Nachrichten - GEOlino.de (auf Geolino)
Wale stranden bei gefährlichem Wind (19.05.2005) -
...Hauptspalte: - *Wale* stranden bei "gefährlichem" Wind (19.05.2005) Seite...

2 Zwei Seiten helfen euch, die Frage ? zu beantworten.
   a. Nennt die Überschrift der Seiten.
   b. Begründet eure Auswahl.

Ihr habt zwei Seiten gefunden, die geeignete Informationen
zu eurer Frage ? enthalten könnten.
Wenn ihr die Links zu den beiden Seiten anklickt,
öffen sich diese Internetseiten.

3 Überfliegt die beiden Texte.

Wale stranden bei „gefährlichem" Wind

Leblos liegen die grauen Kolosse im Sand. Im Wasser sind die Wale
elegante Schwimmer, stranden sie aber an Land, sind sie plötzlich
völlig hilflos. Tierschützer versuchen, die großen Meeressäuger
mit nassen Tüchern vor der gleißenden Sonne zu schützen.
Verzweifelt zerren sie an den riesigen Leibern, wollen sie zurück
ins Meer hieven.
Am Abend haben es nur drei der insgesamt 15 an der Küste
der australischen Insel Tasmanien gestrandeten Tiere geschafft.
Kein Einzelfall an den Küsten Südost-Australiens.

Drama um gestrandete Wale

Tierschützer haben in Neuseeland 40 gestrandete Grindwale gerettet.
38 weitere Meeressäuger haben die Strandung nicht überlebt.
Immer wieder stranden Wale, manchmal gibt es sogar
Massenstrandungen von Tiergruppen. Das passiert häufig
an der Ostküste Nordamerikas, in Australien oder Neuseeland,
wo die meisten Walstrandungen registriert wurden.
Die größte bekannte Massenstrandung von Walen fand 1918 statt:
Auf den Chatham-Inseln[1] starben damals rund 1000 Tiere.

4 Welche Wörter und Wortgruppen sind euch in den Texten aufgefallen?
   a. Schreibt sie auf.
   b. Welche Wörter und Wortgruppen geben euch
      mehr Informationen zu gestrandeten Walen in Neuseeland?
      Markiert sie im Heft.

5 Welcher der beiden Texte hilft euch, die Frage ? zu beantworten?
   Begründet.

[[1] die **Chatham-Inseln**: eine Inselgruppe, die zu Neuseeland gehört

Jugendbuchauszüge: Erzähltexte lesen und verstehen

Spannung von Anfang an

Diese zwei Bücher führen euch zu spannenden Geheimnissen in der Vergangenheit.
Die Buchcover und die Klappentexte verraten euch etwas darüber.

 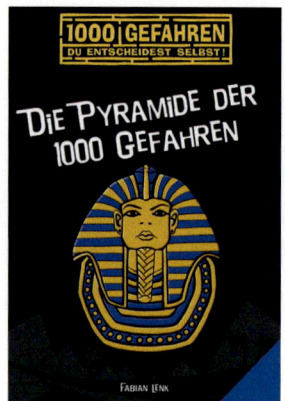

1 a. Seht euch die Bilder auf den Covern an.
Lest auch die Buchtitel.
b. Worum könnte es in den Büchern gehen?
Sprecht in der Klasse darüber.
c. Lest die Klappentexte 1 und 2.

1
Cool! Du darfst an einem Jugendcamp in Ägypten teilnehmen.
Als ein mysteriöser Ägypter dich in den Geheimgang einer Pyramide locken will, musst du dich entscheiden:
Bleibst du als braver Tourist bei deiner Gruppe oder versuchst du dich als Grabräuber und wirst vielleicht steinreich?

2
Wenn du deiner Urgroßmutter gegenüberstehst –
und sie ist nicht älter als du ...
Wenn du deine Stadt nicht verlässt –
aber sie ist plötzlich ganz anders ...
Wenn du nicht an Unerklärliches glaubst –
und es fordert dich dennoch heraus ...
... dann nimm dich in Acht –
denn dann bist du in der ... Karfunkelstadt.

2 Was verraten euch die Klappentexte über den Inhalt der Bücher?
Stellt Vermutungen an.

3 Ordnet die Klappentexte den Buchtiteln zu.
Begründet eure Zuordnung.

In diesem Kapitel lest ihr Ausschnitte aus diesen und zwei weiteren Büchern.
Ihr kommt dabei spannenden Geheimnissen auf die Spur.

2 Ich denke, dass ...   Ich glaube, dass ...
Ich vermute, dass ...

Das Geheimnis des Karfunkelsteins

Die Geschichte vom magischen Karfunkelstein
kannst du mit dem Textknacker lesen.
Nach dem Lesen kannst du das Buch vorstellen.

1. Schritt: Vor dem Lesen
Du siehst dir die Geschichte als Ganzes an.

4 a. Was erzählt dir das Bild? Schreibe es auf.
   b. Worum könnte es gehen? Schreibe deine Vermutung auf.

2. Schritt: Das erste Lesen
Du liest die Geschichte einmal still durch.

5 Lies den Text auf den Seiten 131 und 132 still.

Karfunkelstadt: Der Turm der tausend Schatten   Thomas Endl

Auf dem Schulhof gerieten Adrian, Henny und Jo
in einen Streit um den magischen Karfunkelstein.
Alle drei griffen danach.

1 Das rote Leuchten unter ihren Fäusten ließ allmählich
nach und verschwand schließlich ganz. Adrian vermutete,
dass dies etwas bedeuten musste. Aber er hatte keinen
blassen Schimmer, was. Er ahnte, dass sich viel mehr um
5 sie herum geändert hatte, als sie im Moment wahrnahmen.

2 Die Schule war nicht mehr da: ein massiver
Betonkomplex – einfach weg. Stattdessen Wiesen
und Bäume, soweit man überhaupt sehen konnte
in der Dunkelheit. Denn es gab keine Straßenlampe.
10 Auch keine Straße.

3 Nur den Turm.
Er war intakt und bewohnt, wie das Licht hinter
den Fenstern weit oben vermuten ließ. Adrian aber hatte
ihn bis eben nur als Ruine ohne Dach gekannt. Seit er
15 denken konnte, war der Zugang mit Brettern vernagelt
gewesen. Und drinnen hatten sich höchstens Ratten und
Spinnen herumgetrieben. […]

Jo und Henny gingen zur Apotheke,
die seit 200 Jahren Hennys Familie gehört.

4 In der Apotheke war es dunkel. Doch im Fenster daneben flackerte Licht und die Vorhänge waren
20 nicht zugezogen.
Vorsichtig warfen Jo und Henny einen Blick hinein. Das Licht kam von der Petroleumlampe, die auf einem Schreibtisch stand. Daneben lagen aufgeschlagene Kladden[1] und ein Aktenordner.
25 Ein zweiter war halb auf den Schoß einer Frau gerutscht, die wie tot im Sessel hing.
Das hochgesteckte Haar saß alles andere als perfekt, und das Rüschenkleid war zerknautscht. „Sie sieht Oma Mirbeth ähnlich", flüsterte Henny. […]

30 **5** In einem weißen Nachthemd, das jedem Gespenst Ehre gemacht hätte, trat ein Mädchen auf die Frau zu. Ihr Gesicht war hinter den langen blonden Haaren nicht zu erkennen. „Mama, wach auf! Du kannst hier nicht liegen bleiben", hörte man es
35 durch die dünnen Fensterscheiben. Sachte[2] stupste das Mädchen seine Mutter an, bis diese sich bewegte.
„Mama, die Lampe ist noch an und du schläfst."
Es klang nicht vorwurfsvoll. Eher besorgt.
„O Gott, Oda", antwortete die Mutter verschlafen.
40 „Du hast recht. Ich muss wirklich aufpassen.
Das ganze Haus könnte abbrennen.
Ach, und die Vorhänge habe ich auch vergessen.
Bist du so lieb?"

6 Während sich ihre Mutter langsam erhob,
45 nahm das Mädchen behutsam[3] die Lampe.
Dann drehte sie sich zum Fenster und blickte nach draußen. Erstaunen erschien auf ihrem Gesicht.
Dann Ungläubigkeit.
Mit großen Augen starrte sie Henny an
50 – und vor dem Haus stand Jo und blickte perplex[4] von einem der beiden Mädchen zum anderen.
Egal, wohin er sich wandte, er schien immer nur in Hennys leichenblasses Gesicht zu sehen.

[1] **die Kladden:** die Notizbücher
[2] **sachte:** sanft
[3] **behutsam:** vorsichtig
[4] **perplex:** verblüfft, verwirrt

3. Schritt: Den Text genau lesen
Du liest die Geschichte genau und in Ruhe – Absatz für Absatz.

6 Adrian, Henny und Jo sind plötzlich in der Vergangenheit.
   a. Lest die Absätze 1 bis 3 genau.
   b. Wie ist es in der Vergangenheit?
      Wie war es vorher in der Gegenwart?
      Schreibt auf, wie sich die Stadt verändert hat.

Starthilfe

	in der Vergangenheit	in der Gegenwart
die …	nicht mehr da, stattdessen …	ein massiver Betonklotz
die Straßenlampe	…	…
die Straße	…	…
der …	…	…

7 Welche beiden Personen sehen Henny und Jo in der Apotheke?
   a. Lest die Absätze 4 bis 6 genau.
   b. Sieht Henny sich selbst, ihre Mutter oder ihre Großmutter?
      Schreibt auf, woran ihr das erkannt habt.

8 Welche Wörter im Text kennt ihr nicht?
   a. Informiert euch im Internet über Petroleumlampen.
   b. Schlagt weitere unbekannte Wörter im Lexikon nach.

9 Würdest du das Buch gern lesen? Begründe.

4. Schritt: Nach dem Lesen
Was weißt du nun über das Buch?
Du kannst das Buch in deiner Klasse vorstellen.

10 Bereite eine Buchvorstellung vor.
    a. Lies noch einmal deine Notizen zum Buch.
    b. Gliedere die Buchvorstellung.
       Schreibe Überschriften auf Karteikarten, z. B. **Buchcover** und **Klappentext**.
    c. Ergänze passende Stichworte auf jeder Karteikarte.
    d. Wähle einen Textausschnitt zum Vorlesen aus.

11 Stelle das Buch in der Klasse vor.   → ein Buch vorstellen: Seite 273

10 das Buchcover, der Buchtitel, der Autor, der Klappentext,
    die Hauptpersonen, der Textausschnitt

Entscheide selbst: Die Pyramide

Diese Geschichte führt dich nach Ägypten.
Du darfst an einem Jugendcamp teilnehmen –
und alles wird ganz anders als erwartet.
Du entscheidest selbst, wie die Geschichte weitergeht.
Du kannst auch selbst miterzählen oder weitererzählen.
 Anregungen findest du auf ➜ Seite 139.

1 Lies die Textausschnitte mit den Schritten 1 bis 3 des Textknackers.
    1. Vor dem Lesen
    2. Das erste Lesen
    3. Den Text genau lesen
  a. Was fällt dir beim ersten Lesen auf?
  b. Lies dann noch einmal genau.
    • Du kannst selbst entscheiden, wie die Geschichte weitergeht.
    • Du kannst auch unterschiedliche Wege ausprobieren.

Die Pyramide der 1000 Gefahren   Fabian Lenk

Nach zwei Stunden allein im Camp wird es dir zu langweilig. Warum schaust du dir die Pyramide nicht auf eigene Faust an? Gesagt – getan! Du läufst zur Pyramide und schließt dich
5 einer Besuchergruppe an, die an einer Führung teilnimmt. […]
Langsam steigt ihr eine Treppe hinauf.
Euer Ziel ist die Königskammer. Du gehst als Letzter. Kurz vor der Königskammer zweigt
10 ein Schacht ab.
„Das ist nur ein Belüftungsschacht", sagt euer Führer und geht weiter. Du wirfst einen Blick hinein – und hältst inne. Hast du da nicht eine Stimme gehört? Während sich
15 die Gruppe entfernt, spitzt du die Ohren. Wieder vernimmst du einen leisen Ruf in einer fremden Sprache.

Wenn du dem Ruf folgst, lies weiter auf ➜ Seite 135 **A**.
Wenn du zum Pharaonen-Grab gehst, lies weiter auf ➜ Seite 135 **B**.

A Schon bist du in dem angeblich unwichtigen Lüftungsschacht. Prima: Niemand hat dich beobachtet.
20 Aber die Rufe kannst du nun nicht mehr hören. Du knipst deine kleine Taschenlampe an und gehst ein paar Meter vorsichtig weiter. Dann stößt du auf eine Tür, die mit seltsamen Zeichen verziert ist. Du siehst genauer hin und erkennst
25 den hundeköpfigen Gott Anubis und gleich daneben ein Bild vom Gott Osiris mit dem Vogelkopf. Plötzlich beginnst du zu frösteln. Anubis und Osiris sind die Götter der Toten, wie du aus deinen Büchern weißt! Behutsam öffnest du
30 die Tür. Eine Treppe führt hinab ins Dunkel.

Wenn du die Treppe hinuntergehst,
lies weiter auf ➔ Seite 136 **C**.
Wenn du lieber umdrehst,
lies weiter auf ➔ Seite 136 **D**.

B Ihr steht vor dem Sarkophag von Pharao Cheops. Du bist enttäuscht: Der Sarkophag ist leer.
20 „Als Forscher dieses Grab im 17. Jahrhundert fanden, waren sie sicher genauso enttäuscht, wie Sie es jetzt vielleicht sind", sagt euer Führer. „Grabräuber haben alles mitgenommen – sogar die Mumie!"
Na ja, wenigstens warst du hier. Gerade als du
25 dem Führer folgen willst, fragt dich ein anderer Tourist, ob du ein Foto von ihm machen könntest.
„Das ist verboten", antwortest du.
„Ach bitte, es geht doch ganz schnell",
bettelt der Mann. [...]
30 Du machst das Foto und das Blitzlicht flammt auf. Schon stürzt euer Führer heran. Als er sieht, was ihr da gerade treibt, wird er unheimlich wütend. Er zerrt euch aus der Pyramide und übergibt euch der Polizei. Du musst ein hohes Bußgeld zahlen.

Ende

C Die Stufen sind steil und rutschig. Nicht nur einmal gerätst du ins Straucheln. Aber die Neugier treibt dich weiter. Dann gelangst du in einen Saal, der von Fackeln erhellt wird. Du bekommst unglaubliche Angst:
35 Wer hat die Fackeln entzündet? Wer oder was lebt hier unten?
Ein Geräusch lässt dich zusammenzucken. Dein Blick fällt auf ein schwarzes Tor. Rechts und links davon wachen zwei große Holzfiguren mit Speeren. Das Herz
40 schlägt dir bis zum Hals. Die Figuren haben menschliche Körper, aber die Köpfe von schwarzen Hunden. Anubis-Figuren ...
Was geht hier vor? Jetzt hat sich die eine Figur ein bisschen bewegt!
45 Oh, mein Gott!, denkst du.
Das sind gar keine Statuen – die leben! 4

 Wenn du auf die Anubis-Figuren zugehst, lies weiter auf ➔ Seite 137 E.
Wenn du wegrennst, lies weiter auf ➔ Seite 137 F.

D Zügig gehst du zurück. Aber was ist das? Der Schacht nimmt kein Ende! Eigentlich hättest du längst wieder auf die Touristengruppe stoßen müssen! Panik beschleicht dich. Du beschleunigst deine Schritte.
35 Dann stehst du vor einer Wand. Eine Sackgasse! Das ist doch unmöglich! Du leuchtest deine Umgebung ab. [...]
Langsam dämmert es dir: Du bist offenbar in einem Labyrinth¹ gefangen! Stundenlang irrst du
40 umher, ohne einen Ausweg zu finden. Die Batterie deiner Taschenlampe wird immer schwächer. Großer Durst quält dich. Irgendwann erreichst du eine Halle. Ganz oben an der Decke schimmert Licht. Ist das etwa Tageslicht?, überlegst du.
45 Aber wie soll ich dort hinkommen? [...] 5

 Wenn du den Aufstieg wagst, lies weiter auf ➔ Seite 138 G.
Wenn du lieber auf dem Boden bleibst, lies weiter auf ➔ Seite 138 H.

[¹ das Labyrinth: eine Anlage mit vielen verschlungenen Wegen, in der man sich verlaufen kann

E Zögernd gehst du auf die Anubis-Figuren zu. Als du nur noch zwei Schritte entfernt bist, kannst du sehen, dass sie tatsächlich leben. Ihre kalten Augen funkeln
50 dich an. Dann richten sie ihre Speere auf dein Herz.
„Wo willst du hin?", fragen dich die Statuen mit den Hundeköpfen.
„Ich möchte wissen, was hinter diesem Tor liegt", antwortest du ihnen.
55 „Die Welt der Toten", sagen die Wächter.
Dir läuft ein eiskalter Schauer den Rücken hinunter. Warum drehst du eigentlich nicht um und haust ab?, fragst du dich. Doch du kennst die Antwort:
Weil du hier einer einmaligen Sache auf der Spur bist!
60 „Aus dieser Welt gibt es kein Zurück mehr", ergänzen die Wächter. 6

→ Wie es weitergeht, kannst du in dem Buch „Die Pyramide der 1000 Gefahren" lesen.

F Du rennst zurück zur Treppe, aber nach ein paar Schritten kommst du zur Besinnung.
„Was für ein mieser Trick", brüllst du in Richtung
50 der beiden Anubis-Figuren. „Ihr veranstaltet hier ein kleines Kostümfest und ich soll darauf reinfallen!"
Dein Lachen hallt in dem Raum wider. Dann willst du die Treppe nach oben laufen. Aber was ist das?
Da gibt es keine Treppe mehr! Du drehst dich um.
55 Der nächste Schreck: Auch die beiden Anubis-Figuren sind verschwunden. Stattdessen wabert schwarzer Nebel durch den Raum und hüllt dich ein. Der Rauch nimmt dir den Atem. Langsam sinkst du auf die Knie.
Jetzt ahnst du: Du hättest den Gott Anubis nicht
60 verhöhnen dürfen, aber die Einsicht kommt zu spät.
Das Letzte, was du siehst, sind zwei Wesen mit schwarzen Hundeköpfen, die sich über dich beugen. 7

Ende

G Ein großes Klettertalent warst du eigentlich nie. Aber jetzt, wo es darauf ankommt, entwickelst du ungeahnte Fähigkeiten. Geschickt kletterst du an den Steinen hinauf. Dein Herz klopft. Du schaust
50 nach oben und erkennst, dass du dich in einer Art Kamin befindest. Und oben – ganz oben – schimmert Tageslicht! „Ich werde es packen!", versuchst du dich zu überzeugen. Da bricht der Stein unter deinem linken Fuß weg! Du rutschst ab, kannst dich aber in letzter Sekunde
55 festhalten. Es kracht und der Stein unter deinem rechten Fuß verabschiedet sich ebenfalls! Nun hängt dein gesamtes Körpergewicht an deinen Händen. Deine Muskeln sind zum Zerreißen gespannt. Unter dir gähnt der Abgrund, aber du kämpfst weiter. Deine Füße
60 suchen nach einem neuen Halt, doch da ist absolut nichts! Deine Kräfte schwinden. Du befürchtest, dass die Pyramide auch dein Grab werden könnte. Plötzlich hörst du ein Geräusch. Du spähst über
65 die Schulter und siehst eine Gestalt auf dich zufliegen.

Ende

H Du wanderst durch das Labyrinth von Gängen und Schächten. Nach einer halben Stunde gibt deine Taschenlampe langsam ihren Geist auf. Du lässt dich jedoch nicht unterkriegen, sondern
50 tastest dich weiter durch die Pyramide. Irgendwann wirst auch du immer schwächer – wie die Batterie in deiner Taschenlampe. Mutlos setzt du dich hin und döst ein. Du dämmerst in das Reich der Toten hinüber.
55 Aber da – ein Geräusch! Ein Schaben, ein Scharren, ein Hämmern! Schlagartig bist du wach und klopfst gegen die Wand. Stille. Dann gedämpfte Stimmen. Dein Klopfen wird erwidert! Du kannst es nicht fassen! Wenig später löst sich ein Stein neben dir und
60 ein Gesicht taucht in der Mauerlücke auf.

Ende

Anregungen zum Miterzählen, Weitererzählen

 „Wieder vernimmst du einen leisen Ruf in einer fremden Sprache."
Wer könnte aus dem Schacht rufen?
Erzähle.

 „Eine Treppe führt hinab ins Dunkel."
Was fühlst und denkst du bei dem Anblick der Treppe?
Erzähle.

 „Du musst ein hohes Bußgeld zahlen."
Du hast kein Geld mehr.
Wie geht deine Geschichte nun wohl zu Ende? Erzähle.

 „Das sind gar keine Statuen – die leben!"
Anubis ist einer der Götter der Toten.
   a. Zeichne die Figur ab und schreibe ihren Namen dazu.
   b. Beschreibe Anubis.

 „Ist das etwa Tageslicht?, überlegst du. Aber wie soll ich dort hinkommen?"
Überlege dir eine Möglichkeit.
Erzähle deinen Aufstieg.

 „‚Aus dieser Welt gibt es kein Zurück mehr', ergänzen die Wächter."
Was denkst du in diesem Moment? Erzähle deine Gedanken.

 „Das Letzte, was du siehst, sind zwei Wesen
mit schwarzen Hundeköpfen, die sich über dich beugen."
Ob deine Erfahrungen mit deinen beiden Hunden zu Hause auch
bei den hundeköpfigen Göttern helfen?
Was könntest du ausprobieren? Erzähle.

 „Du spähst über die Schulter und siehst eine Gestalt auf dich zufliegen."
Wird dir die Gestalt helfen? Wird sie dir nicht helfen?
Erzähle das Ende deiner Geschichte.

 „Wenig später löst sich ein Stein neben dir und
ein Gesicht taucht in der Mauerlücke auf."
Ein Gesicht taucht auf! Freust du dich? Bekommst du Angst?
Erzähle das Ende deiner Geschichte.

Weiterführendes

Das Geheimnis des grauen Klassenzimmers

In ihrer neuen Schule entdeckten Tommy und Ben eines Tages einen geheimnisvollen Aufzug.

Der Textknacker hilft dir, die Geschichte zu verstehen. Nach dem Lesen kannst du eine Person beschreiben.

1. Vor dem Lesen
2. Das erste Lesen
3. Den Text genau lesen
4. Nach dem Lesen

Die Geisterschule R. L. Stine

1 Wir schnappten beide nach Luft, als das Licht anging. Dämmrig und grau zu Anfang. Ich blinzelte ein paar Mal und wartete darauf, dass das Licht heller würde. Doch das geschah nicht.
5 Ich schaute mich um. Ich war in einem Zimmer! In einem grauen Klassenzimmer. Ich ließ den Blick von der schwarzen Wandtafel zum kohlefarbenen Lehrerpult wandern. Zu den grauen Schülerbänken. Den hellgrau gefliesten Wänden. Und dann hinunter
10 zu dem schwarz-weiß gemusterten Klassenzimmerboden. „Das ist unheimlich", murmelte Ben. „Meine Augen …"

2 „Es liegt nicht an deinen Augen", versicherte ich ihm. „Das Licht in diesem Raum ist so schwach, dass es alles grau und schwarz aussehen lässt." – „Es ist, als wären wir
15 in einen alten Schwarzweißfilm geraten", meinte Ben. In das trübe Licht blinzelnd, schoben wir uns langsam auf die Tür des Klassenzimmers zu. „Lass uns von hier verschwinden", schlug ich vor. „Bevor das Licht wieder ausgeht."

20 **3** Wir hatten etwa den halben Weg zur Tür zurückgelegt, als ich wieder jemanden husten hörte. Und dann ertönte die Stimme eines Mädchens: „He …!" Ben und ich blieben stehen. Wir drehten uns um und sahen, wie ein Mädchen hinter einem Bücherschrank hervortrat.
25 Sie starrte uns an. Wir erwiderten ihren Blick. Sie sah irgendwie niedlich aus, mit kurz geschnittenem, schwarzem Haar und Ponyfransen, die ihr in die Stirn hingen. Sie trug einen altmodisch aussehenden Pullover mit V-Ausschnitt, einen langen Faltenrock
30 und schwarz-weiße Halbschuhe.

4 Ich öffnete den Mund, um „Hallo" zu sagen. Doch ich brachte keinen Ton heraus, als ich ihre Haut sah. Die Haut des Mädchens war so grau wie ihr Pullover. Und ihre Augen und Lippen waren ebenfalls grau.
35 Sie war wie der Raum. Sie war ebenfalls schwarz-weiß! Ben und ich schauten uns entgeistert an. Dann wandte ich mich wieder dem Mädchen zu. Sie drückte sich an den Schrank und beäugte Ben und mich misstrauisch.

Farben spielen in diesem Textausschnitt eine große Rolle.

1 Welche Farben haben das Licht, das Klassenzimmer, die Wandtafel, das Lehrerpult, die Schülerbänke, der Klassenzimmerboden?
Schreibe die Farben auf.

> **Starthilfe**
> das Licht: grau
> das Klassenzimmer: ...

2 Tommy und Ben treffen auf ein Mädchen.
Wie sieht das Mädchen aus? Beschreibe es.

> **Arbeitstechnik**
>
> **Eine Person beschreiben**
>
> Beschreibe die Person mit Hilfe der folgenden Fragen:
> • Wie sieht die Person **insgesamt** aus?
> • Wie sieht ihr **Gesicht** aus? Wie sind ihre **Haare**?
> • Wie sieht ihre **Kleidung** aus?
> • Gibt es etwas, was dir **besonders** an ihr **auffällt**?
> • Wie **wirkt** sie auf dich?

Das Mädchen			alt, jung.
Ihr Haar	ist		blond, braun, schwarz.
Ihre Haut			frisch, rosig, grau, braun.
Ihre Augen	sind		graublau, blau, grau, braun.
Ihre Lippen			grau, rot, rosa.
Sie trägt	einen	roten, schwarzen, blauen, grauen	Pullover.
Sie macht		frischen, fröhlichen, traurigen	Eindruck.

3 Warum hat das Mädchen diese Farben?
Was ist wohl in der Vergangenheit geschehen?
Schreibe deine Vermutung auf.

Weiterführendes

Nicks spannende Abenteuer

In der folgenden Geschichte erzählt der kleine Nick, was er erlebt hat, als er in Herrn Campanis Lebensmittelladen einkaufen ging.

1 Lies die Geschichte mit dem Textknacker. Wende zunächst die Schritte 1 und 2 an: Bilder, Überschrift, erstes Lesen.

Bonbon   René Goscinny

1 „Sieh da, mein Freund Nick!", hat Herr Campani gesagt.
„Hör mal, du kommst gerade zur rechten Zeit:
Ich kann dir was Großartiges schenken."
Und Herr Campani hat sich hinter den Ladentisch gebückt, und
5 als er wieder hochgekommen ist, hat er ein Kätzchen in den Händen
gehalten, ein ganz kleines Kätzchen, so niedlich!
Es schlief. Sein Name war Bonbon. […] Ich hab mich so gefreut –
ich kann gar nicht sagen, wie. Ich hab Bonbon in die Hände genommen,
er war ganz warm und ich bin nach Hause gerannt. […]

10 **2** Als ich nach Hause kam, hab ich gerufen: „Mama! Mama!
Schau mal, was Herr Campani mir geschenkt hat!"
Mama hat Bonbon gesehen, sie hat große Augen gemacht und
die Augenbrauen hochgezogen und sie hat gesagt:
„Aber das ist ja eine Katze! Nein, Nick, ich habe dir schon
15 hundertmal gesagt, dass ich keine Tiere im Haus haben will.
Du bringst das Tier wieder zu Herrn Campani zurück!"
„Oh, Mama – nein – Mama!", hab ich geschrien.
„Ich hab nie das Recht, mal was zu Hause durchzusetzen.
Und meinen Freunden, denen erlaubt man alles,
20 was man mir verbietet."

3 „Na gut", hat Mama gesagt. „Das ist ganz einfach.
Wenn deine Freunde das alles dürfen, dann brauchst du
ja nur einem von ihnen dein Kätzchen abzugeben."
Ich habe gemerkt, da ist nichts zu machen, und ich bin
25 mit Bonbon, der immer noch schlief, rausgegangen, und
ich habe mich gefragt, wen von meinen Freunden
ich fragen kann, ob er ihn behält. Da bin ich zu Otto gegangen.
Der ist ein guter Kumpel von mir und er isst dauernd irgendwas.

4 Otto ist an die Tür gekommen und er hatte
30 eine Serviette um den Hals. „Wir sind gerade
beim Kaffee", hat er gesagt. […] „Was willst du denn?"
Ich hab ihm Bonbon gezeigt und der hat angefangen
zu gähnen. Ich habe gesagt, er kann ihn haben,
er heißt Bonbon und er trinkt Milch und ich werde ihn
35 oft besuchen. „Ein Kater?", hat Otto gesagt.
„Nee. Das gibt nur Theater mit meinen Eltern.
Außerdem: Katzen gehen heimlich in die Küche und
fressen eine Menge Sachen auf, wenn man nicht aufpasst.
Mein Kakao wird kalt. Tschüss." Und Otto
40 hat die Tür zugemacht.

Nun kannst du den Text genau lesen und Fragen dazu beantworten.

2 Was erlebte Nick in Herrn Campanis Lebensmittelladen?
 a. Lies noch einmal Absatz **1**.
 b. Schreibe die Fragen ab und beantworte sie
  schriftlich.
  • Wer ist die Hauptperson?
  • Was schenkte Herr Campani Nick?

> **Starthilfe**
> Die Hauptperson heißt …
> Herr Campani schenkte Nick …

3 Nick kam mit Bonbon nach Hause.
 Lies die Absätze **2** und **3** und beantworte
 diese Fragen schriftlich:
 • Was wollte Nick?
 • Was wollte Nicks Mutter?

> **Starthilfe**
> Nick wünschte sich, dass …
> Die Mutter wollte nicht, dass …
> Nick war sehr …

4 Nick wollte einen Freund fragen, ob er Bonbon nimmt.
 Lies Absatz **4**. Beantworte diese Fragen schriftlich:
 • Warum entschied Nick, Otto zu fragen?
 • Was tat Otto gerade, als Nick ihn besuchte?
 • Wie reagierte Otto auf Nicks Bitte?

> **Starthilfe**
> Nick ging zu Otto, weil …
> Otto hatte keine Zeit, weil …

Z Nicks Geschichte könnt ihr selbst weitererzählen.

5 Was könnte Nick als Nächstes getan haben?
 a. Sammelt Ideen.
 b. Schreibt die Geschichte zu Ende.

Geschichten planen, schreiben, überarbeiten

Training:
Spannende Geschichten schreiben

Eine Geschichte lesen und weiterschreiben

Hast du die Geschichte vom kleinen Nick gelesen? → Nicks Geschichte: Seite 142–143
Dann weißt du: Man erlebt mit Haustieren spannende Abenteuer.
Die Geschichte von Flora kannst du selbst weiterschreiben.

📖 Wo ist Lupo?

❶ Es war schon fast dunkel, als ich von meinem Buch aufblickte. „Ach, du Schreck – Lupo!", dachte ich. Wie jeden Donnerstag wollte ich mit dem Hund von Frau Weber Gassi gehen. Wie der Blitz sprang ich auf, schlüpfte in meine Schuhe und
5 hastete die zwei Treppen zu unserer Nachbarin hinauf. „Da bist du ja, Flora", begrüßte mich Frau Weber.

Einleitung

❷ Ich griff behutsam nach der unauffälligen braunen Einkaufstasche. „Nicht so neugierig, junger Mann", lachte ich. (Das Lachen würde mir bald vergehen.)
10 Ich schob Lupos Schnauze zurück in die Tasche. „Du weißt doch: Man darf uns nicht erwischen." Hunde waren nämlich in unserem Haus verboten. Zum Glück war Lupo so winzig, dass ich ihn heimlich nach draußen schmuggeln konnte.

Hauptteil

15 ❸ Vor der Haustür traf ich meinen Vater. Schmunzelnd zeigte er mir eine große Kiste: „Ich habe dir etwas mitgebracht."
Neugierig stellte ich die Tasche ab und sah hinein: „Danke, Papa! Auf die Lampe habe ich mich schon
20 so gefreut." Mein Vater verschwand im Treppenhaus.

❹ Ich bückte mich nach der Tasche. Sie fühlte sich merkwürdig leicht an. Lupo wog zwar nicht viel, aber *so* leicht war er nun auch wieder nicht. Der Winzling hatte sich aus dem Staub gemacht. Mein Herz schlug etwas schneller.
25 Ich spürte leichte Panik und drehte mich wie wild um mich selbst. „Er kann noch nicht weit gekommen sein", dachte ich. „Aber wo soll ich zuerst suchen?" …

Am Anfang neugierig machen

1 Was erfährst du in der **Einleitung** der Geschichte?
   a. Lies noch einmal Absatz **1**.
   b. Schreibe die folgenden Fragen ab und beantworte sie schriftlich.
      Tipp: Lege eine Folie über den Text und markiere die Antworten.

> • **Wer** ist die Hauptperson?
> • **Wo** und **wann** spielt die Geschichte?
> • **Was wollte** die Hauptperson?

Im Hauptteil spannend erzählen

2 a. Lies noch einmal die Absätze **2** und **3**.
   b. Schreibe die Fragen ab und beantworte sie schriftlich.

> **Was geschah** als Nächstes?
> Wer kommt noch in der Geschichte vor?
> Welcher Satz in Absatz **2** macht dich besonders neugierig?

3 Beantworte die Fragen zu Absatz **4** schriftlich.

> • **Was passierte** auf einmal?
> • **Was fühlte** die Hauptperson? Was **dachte** oder **sagte** sie?
> • Welche **Satzanfänge** und welche **Adjektive** machen die Geschichte lebendig?

Wie geht die Geschichte von Flora weiter?

4 Schreibe die Geschichte weiter.
   • Verwende das Präteritum.
   • Verwende unterschiedliche Satzanfänge und „starke" Adjektive.
   • Gestalte den Höhepunkt besonders spannend.
     Die folgenden Fragen können dir dabei helfen.

> • Wo suchte Flora Lupo?
> • Wem begegnete sie? Wer half ihr bei der Suche?
> • In welcher aufregenden Situation könnte sie Lupo gefunden haben?
> • Was fühlte, dachte und sagte Flora?

5 Sind Flora und Lupo wieder glücklich zu Hause angekommen?   *Schluss*
Beende die Geschichte mit höchstens zwei bis drei kurzen Sätzen.

W Eine eigene spannende Geschichte erzählen

Du kannst nun selbst eine Geschichte erzählen.
W Wähle aus:
- Du kannst eine Geschichte über ein weiteres Abenteuer von Flora und Lupo schreiben.
  Die Vorschläge und Ideen von diesen Seiten helfen dir dabei.
- Du kannst dir aber auch eine ganz andere Geschichte ausdenken.

1 Plane deine Geschichte.
Mache dir dazu Notizen zu den Leitfragen.
Tipp: Verwende am besten Karteikarten.

Wer?
- Hauptperson: Flora
- Lupo

Wo?
bei einem Spaziergang
in

Wann?
in den Ferien

Was wollte die Hauptperson?
- einen neuen Teil des Parks erkunden

Was geschah?
- stolperte über
- fand ein   Kästchen aus
- weckte die Neugier
- spielte Detektiv: beobachtete,
- eine unheimliche Gestalt
-

Mit Hilfe deiner Notizen kannst du deine Geschichte schreiben.
Beginne mit der Einleitung.

2 Überlege dir einen passenden Anfang.
- Schreibe vollständige Sätze im Präteritum auf.
- Die Leitfragen helfen dir dabei.
- Überlege dir einen Satz, der neugierig macht.

Einleitung
Wer?
Wo?
Wann?
Was wollte
die Hauptperson?

Starthilfe
An einem sonnigen Nachmittag freute sich Flora ganz besonders auf … Sie wollte mit ihm …

Erzähle den Hauptteil mit Hilfe der Tipps spannend.

3 **Tipp 1:** Erzähle die Erlebnisse der Hauptperson lebendig und ausführlich.
Schreibe auf, was die Hauptperson alles erlebte.

Hauptteil:
Was passierte?

4 **Tipp 2:** Gab es ein plötzliches Ereignis? Erzähle, was auf einmal geschah.

Plötzlich drehte sich der Mann mit einer heftigen Bewegung um. Er musterte mich mit seinen stechenden Augen. Mir blieb

5 **Tipp 3:** Erzähle über die Gedanken und Gefühle deiner Hauptperson.
- Was dachte und fühlte sie?
- Was tat sie?

„Na, Flora", dachte ich, „ da hast du ja gerade noch einmal Glück gehabt. Das mit dem Detektivspielen war wohl doch nicht

6 **Tipp 4:** Gestalte den Hauptteil aus. Lass dabei die Spannung langsam bis zu einem Höhepunkt steigen.
- Erzähle lebendig und abwechslungsreich.
- Verwende unterschiedliche Satzanfänge.
- Füge treffende, „starke" Adjektive ein.
- Verwende wörtliche Rede.

Zuerst …
Auf einmal …
Daraufhin …
Später …
Inzwischen …
Schließlich …

Zum Schluss deiner Geschichte erzählst du, wie sich die Spannung auflöst.

7 **Tipp 5:** Finde einen überraschenden Schluss.
Schreibe deine Auflösung auf.
Fasse dich kurz: Zwei bis drei Sätze genügen.

Schluss:
Auflösung?

8 a. Finde eine treffende Überschrift für deine Geschichte.
Schreibe sie auf.
b. Überprüfe und überarbeite deine Geschichte.
Prüfe auch die Rechtschreibung.

Sagen nacherzählen, weitererzählen, neu erzählen

Sagenhafte Orte

Eine Sage aus Deutschland

Viele Sagen erzählen von Bergen oder Städten, die auf ungewöhnliche Weise entstanden sein sollen.

Was sind Sagen?

1. a. Sieh dir das Bild an.
   b. Lies die Sprechblasen.

2. Beantworte die folgenden Fragen schriftlich.
   • Wovon erzählt die Sage vom Siebengebirge?
   • Wer spielt darin eine wichtige Rolle?

   Merkmal: Manche Orte in Sagen gibt es wirklich.

3. Warum heißen solche Geschichten Sagen? Erkläre es schriftlich.

   Merkmal: Sagen wurden mündlich weitererzählt.

Die Sage vom Siebengebirge kannst du mit dem Textknacker lesen.
Zum Schluß erzählst du die Sage nach.

1. Vor dem Lesen
2. Das erste Lesen
3. Den Text genau lesen
4. Nach dem Lesen

Wie das Siebengebirge entstand

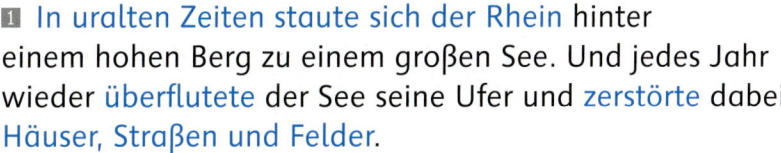

1 In uralten Zeiten staute sich der Rhein hinter einem hohen Berg zu einem großen See. Und jedes Jahr wieder überflutete der See seine Ufer und zerstörte dabei Häuser, Straßen und Felder.

5 **2** Lange überlegten die Menschen in ihrer Angst und Sorge, was sie dagegen tun könnten. Endlich baten sie sieben Riesen um Hilfe. Die Riesen sollten eine Öffnung in den Berg graben, damit das Wasser aus dem See ablaufen konnte.

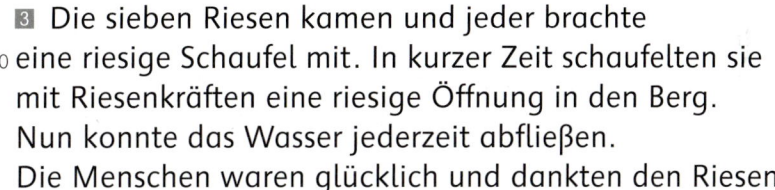

3 Die sieben Riesen kamen und jeder brachte
10 eine riesige Schaufel mit. In kurzer Zeit schaufelten sie mit Riesenkräften eine riesige Öffnung in den Berg.
Nun konnte das Wasser jederzeit abfließen.
Die Menschen waren glücklich und dankten den Riesen.

4 Als die Riesen sich auf den Heimweg machten, wollten sie
15 nicht mit schmutzigen Schaufeln nach Hause gehen. Deshalb klopften sie mit ihren riesigen Schaufeln kräftig auf den Boden. Die Erde fiel Klumpen[1] für Klumpen herab, und bald wuchsen daraus sieben große Berge.
So ist das Siebengebirge entstanden.

4 Was könnte wahr sein?
Was ist erfunden?
Schreibe es auf.

Merkmal:
Manches ist wahr, manches ist erfunden.

5 Bereite Erzählkärtchen zum Nacherzählen vor.
• Schreibe zu jedem Absatz eine Überschrift auf ein Kärtchen.
• Schreibe zu jeder Überschrift wichtige Schlüsselwörter auf. In den Absätzen **1** und **2** sind die Schlüsselwörter schon hervorgehoben.

6 Erzähle die Sage mit Hilfe deiner Erzählkärtchen nach.

[1] der **Klumpen**: der Erdhaufen

Eine Sage aus Litauen

Diese Sage erzählt, wie die Stadt Vilnius entstanden sein soll.
Achtung: Die Absätze sind durcheinandergeraten.

📖 Der eiserne Wolf

N Vor sehr langer Zeit waren der Großfürst[1] Gediminas und seine Freunde in den Wäldern am Zusammenfluss von Neris und Vilna auf der Jagd.

S Daraufhin baute Gediminas am Zusammenfluss von Vilnia und Neris die Stadt Vilnius, die dann die Hauptstadt des Landes wurde.

I Als Gediminas am nächsten Morgen erwachte, bat er den ältesten Weisen, diesen merkwürdigen Traum zu deuten. Der Weise überlegte nicht lange und erklärte ihm: „Du sollst auf dem Hügel, wo du den eisernen Wolf gesehen hast, eine Stadt und eine Festung[2] bauen – die Hauptstadt Litauens und die Residenz[3] des Herrschers. Diese Festung soll so hart und so stark sein wie das Eisen des Wolfes. Unter dem Schutz der Festung soll eine Stadt entstehen, deren Ruhm in die ganze Welt schallt, so laut wie das Brüllen des Wolfes."

R Im Schlaf hatte der Großfürst einen seltsamen Traum: Er spazierte entlang der Vilnia, als er plötzlich auf einem Hügel einen riesigen Wolf erblickte. Der Wolf brüllte so laut wie hundert Wölfe zusammen. Der Großfürst schoss auf den Wolf einen Pfeil ab, aber der Pfeil prallte an dem eisernen Fell des Tieres ab.

E Es war Winter. Da es zu dieser Jahreszeit schon früh dunkel wurde, beschlossen die Männer, nicht mehr nach Hause in die Burg Trakai zurückzukehren. Deshalb errichteten sie für die Nacht ein Lager am Ufer der Vilnia.

[1] **der Großfürst:** der Titel für den Herrscher Litauens
[2] **die Festung:** die Burg, dient der Verteidigung
[3] **die Residenz:** der Regierungssitz eines Herrschers

Die Sage kannst du in die richtige Reihenfolge bringen.

1 a. Zu welchem Absatz gehört das Bild?
b. Ordne die Absätze in der richtigen Reihenfolge.
Tipp: Die hervorgehobenen Wörter und Wortgruppen helfen dir.

2 a. Lies dann die Sage in der richtigen Reihenfolge.
b. Welches Lösungswort ergeben die Buchstaben vor den Absätzen? Sprecht über das Lösungswort.

Was ist an dieser Sage wohl wahr?

3 Gibt es Vilnius wirklich?
Schlage im Atlas nach.

4 Lebte einmal ein Großfürst mit dem Namen Gediminas?
a. Sieh dir die Fotos an.
b. Lies den Lexikonartikel.
c. Schreibe Stichworte auf.

Merkmal:
Manche Personen gab es wirklich.

Gediminas war ein Großfürst in Litauen. Er lebte von 1275 bis 1341. Gediminas ließ am Zusammenfluss von Neris und Vilnia eine große Festung bauen. Der Gediminas-Turm ist ein heute noch erhaltener Teil
5 der Festung in Vilnius.

Unter der Regierung von Gediminas wurde Vilnius Hauptstadt des Landes. Er holte Wissenschaftler und Kaufleute nach Vilnius. Dort durfte jeder seine Religion ausüben. Deshalb zogen viele Menschen mit
10 unterschiedlichem Glauben in die Stadt. Vilnius wuchs und es entstanden viele prachtvolle Gebäude.

In der Sage heißt es:
„Unter dem Schutz der Festung soll eine Stadt entstehen, deren Ruhm in die ganze Welt schallt." ➜ Zeilen 12–14

5 Was ist wahr an der Sage über die Stadt Vilnius?
Schreibe einen kurzen Text.

Eine Sage aus Tschechien

Warum wird eine Stadt an einem bestimmten Ort gebaut?
In dieser Sage half der Zufall, den Ort zu finden.

Wie Karlovy Vary[1]/Karlsbad gegründet wurde

1 Eines Tages vor langer Zeit ging der mächtige Herrscher Karl der IV.[2] mit seinem Gefolge auf die Jagd. Sie zogen durch die dichten Wälder des Teplá-Tals[3].

2 Nach einiger Zeit folgten die Jagdhunde
5 mit lautem Gebell einem großen Hirsch.
Karl und seine Männer folgten ihm und
den Jagdhunden zu Pferde.

3 Da hörten sie aus dem Wald ein jämmerliches Jaulen.
Karl erkannte die Stimme seines Lieblingshundes und
10 folgte der Richtung. Plötzlich stand er vor einer Quelle,
von der dichter, heißer Wasserdampf emporstieg.
Karl war erschrocken: Sein Hund war ins Wasser gefallen
und hatte sich im heißen Wasser verbrüht.

4 Der Leibarzt des Herrschers untersuchte das Wasser und
15 erkannte, dass es Heilwasser war. Da Karl nicht gesund
war, empfahl der Arzt ihm, von dem heilenden Wasser
zu trinken und darin zu baden. Karl tat, was der Arzt
ihm sagte, und wurde ganz gesund.

5 Aus Dankbarkeit beschloss er, an der Quelle eine Stadt
20 zu bauen, der er seinen Namen gab: Karlovy Vary.
Heute ist Karlovy Vary ein berühmtes Heilbad. Jedes Jahr
fahren viele Menschen dahin, um Heilwasser zu trinken.

Was geschieht der Reihe nach in der Sage?

1 Was erfährst du in der Einleitung?
   a. Lies noch einmal Absatz **1**.
   b. Schreibe die Fragen ab und beantworte sie schriftlich.
      • Wer ist die Hauptperson in der Sage?
      • Wo spielt die Sage?
      • Wann spielt die Sage?

Wer?
Wo?
Wann?

---

[1] **Vary, tschechisch:** (Warm)bad
[2] **Karl der IV.:** IV ist die römische Schreibweise von 4; gesprochen: Karl der Vierte
[3] **das Teplá-Tal:** die Teplá ist ein Fluss in Tschechien

2 Was möchte der Herrscher Karl der IV.?
    a. Lies noch einmal Absatz 2.
    b. Schreibe Stichworte auf.
   Tipp: Lege zunächst eine Folie über den Text
          und markiere Wichtiges.

> Was wollte die Hauptperson?

3 Auf einmal passiert etwas Unerwartetes.
    a. Lies noch einmal Absatz 3.
    b. Beantworte die folgenden Fragen schriftlich.
      • Wodurch wird die Jagd gestört?
      • Wie fühlt sich Karl?

> Was passiert?

4 Zum Schluss wendet sich alles zum Guten.
    a. Lies noch einmal die Absätze 4 und 5.
    b. Schreibe auf, warum alles gut wird.
    c. Schreibe die Erklärung für den Namen der Stadt auf.

> Auflösung?

5 Wie kam es zur Gründung der Stadt Karlovy Vary?
   • Erzähle die Sage in eigenen Worten.
   • Erkläre auch den Namen Karlovy Vary.

6 Was könnte wahr sein?
   Was ist erfunden?
   Schreibe es auf.

Nun kannst du selbst eine ähnliche Sage schreiben.
Was wäre, …
… wenn Karl der VI. einen Apfelbaum gefunden hätte, dessen Äpfel heilen?
… wenn er eine Wiese mit Heilpflanzen gefunden hätte?
… wenn er … ?

W 7 Wähle eine der Möglichkeiten aus.
    Du kannst dir auch selbst etwas ausdenken.
    a. Plane deine Sage.
       Die Leitfragen helfen dir.
    b. Schreibe zu jeder Leitfrage einen Absatz.
    c. Wie könnte die Stadt heißen?
       Finde einen Namen und erkläre,
       warum die Stadt so heißt.

Weiterführendes

Eine Sage aus Irland

In Nordirland stehen Felsen an der Küste, die wie kaputte Brückenpfeiler aussehen.

Der Damm des Riesen

1 Vor der Küste Nordirlands, nahe der Stadt Bushmill, liegen sechseckige Säulen wie eine Straße entlang den Klippen¹ und enden im Meer.

2 Vor langer Zeit soll hier der irische Riese Finn MacCool
5 gelebt haben. Er verliebte sich in die schottische Riesin Oonagh. Sie lebte auf der gegenüberliegenden Insel Staffa. Finn schaute jeden Tag sehnsüchtig hinüber, doch das raue Meer war ein gewaltiges Hindernis. Es gab kein Boot, das groß genug war, um Riesen über das Meer
10 zu transportieren. So beschloss Finn, einen Damm² in das Meer zu bauen. Säule für Säule rammte er die schweren Steine in den Boden, bis der Damm ihn wie eine Straße auf die Insel Staffa brachte. So konnte Finn seine Oonagh trockenen Fußes nach Hause bringen.

15 **3** Zu allem Unglück hatte sich auch der schottische Riese Benandonner in Oonagh verliebt. Er folgte den beiden über den Damm nach Irland. Als Finn den wütenden Benandonner kommen sah, floh er schnell nach Hause.

4 Die schöne Oonagh hatte eine Idee: Sie verkleidete Finn
20 als Baby und packte ihn in eine Riesenwiege. Dann lud sie Benandonner ein. Stolz zeigte sie ihm das Riesenbaby. Benandonner erschrak und bekam Angst: Wenn schon das Baby so groß ist, wie groß ist dann wohl der Vater? Und dann rannte er schnell aus dem Haus. Auf dem Weg
25 nach Schottland riss er den Damm über das Meer hinter sich ein, damit der Riese Finn nicht folgen konnte.

5 Die Überreste des Dammes sind bis heute zu sehen – sowohl an der irischen als auch an der schottischen Küste.

1 Warum sehen die Felsen wie kaputte Brückenpfeiler aus? Schreibe die Erklärung auf.

---

¹ die **Klippen**: aus dem Meer ragende Felsen
² der **Damm**: ein Wall, der etwas miteinander verbindet

Weiterführendes

Z Merkmale von Ortssagen

Du hast in diesem Kapitel verschiedene Sagen kennen gelernt.
Es sind Ortssagen. Was weißt du über diese Sagen?
Du kannst dazu ein Sagenblatt gestalten.

1 Welche Ortssage gefällt dir am besten?
- Finde deine Lieblingssage auf den Seiten 148 bis 154.
- Schreibe den Namen der Sage in schöner Schrift auf ein Blatt Papier.

Tipp: Zeichne ein Bild zu der Sage.

2 a. Lies noch einmal die vier Merkmale von Sagen .
Du findest sie auf den Seiten 148 bis 151.
b. Schreibe die Merkmale untereinander auf das Blatt.

3 Schreibe Stichworte zu deiner Lieblingssage auf.
- Welcher Ort wird erklärt?
- Wie soll der Ort entstanden sein?

Merkmal: Ort

> Wie das Siebengebirge entstand
>
> erklärt wird: das Siebengebirge
> die Entstehung:
> – Rhein staute sich hinter einem großen Berg
> – überflutete seine Ufer und zerstörte Häuser,
> –

4 In der Sage kommen verschiedene Personen vor.
- Welche Personen lebten wirklich?
- Welche Personen gibt es nur in der Sage?

Ordne sie in eine Tabelle ein.

Starthilfe

Wer lebte wirklich?	Wen gibt es nur in der Sage?
– …	– …

Merkmal: Personen

5 Was könnte in deiner Ortssage noch wahr sein?
Was erfunden?
Schreibe es auf.

Merkmal: wahr und erfunden

→ die Merkmale von Sagen auf einen Blick: Seite 272

Eine Sage planen, schreiben, überarbeiten

Training: Eine Sage schreiben

Was ist das Besondere an Sagen?
Ihr sammelt noch einmal, was ihr über Sagen wisst.

> Viele Sagen erzählen davon, wie Orte entstanden sein sollen.

> Sagen wurden immer mündlich weitergesagt. Irgendwann wurden sie aufgeschrieben.

> Sagen spielen vor langer Zeit.

> Manches in der Sage gibt es wirklich, manches ist erfunden.

1 a. Lest die Sprechblasen.
   b. Beantwortet die folgenden Fragen:
   • Wann spielen Sagen?
   • Wovon erzählen Sagen?
   • Wie wurden Sagen weitergegeben?
   • Sind Sagen erfunden?

Zu diesem Bild mit dem Turm könnt ihr euch eine Sage ausdenken:

2 a. Seht euch das Bild an.
   b. Beschreibt, was auf dem Bild zu sehen ist.
   c. Wie könnte der Turm entstanden sein? Erzählt.

2 Auf dem Bild kann man ... sehen.
steile Felsen, einen alten Turm, einen düsteren Wald

Eine Turmsage planen und schreiben

Du kannst zu dem Bild eine Sage schreiben.
W Wähle aus:
- Du kannst dir deine eigene Sage ausdenken.
- Du kannst aber auch aus den Beispielen auswählen.

Beginne mit der Einleitung.

3 Wähle aus:
- Wer ist die Hauptperson in deiner Turmsage?
- Welche Personen kommen noch vor?

> Wer?

ein roter Drache, ein magisches Einhorn, eine gute Fee,
ein einsamer Fischer, eine weise Frau, ein junger Fürst,
ein kleines Kind, ein alter König, eine schöne Prinzessin,
ein mutiger Ritter, ein böser Riese, ein kluger Zwerg

4 Wähle aus: Wo spielt deine Turmsage?

> Wo?

am Ufer des kalten Flusses, auf einer kleinen Lichtung,
auf einem steilen Felsen, im dunklen Wald, in einem alten Boot,
in einem kleinen Dorf am Fluss, in einer riesigen Höhle

5 Wähle aus: Wann spielt deine Turmsage?

> Wann?

früher einmal, im Jahr 1548, im Mittelalter, in uralten Zeiten,
vor langer Zeit, vor vielen Jahren, zur Zeit der Riesen

6 a. Wähle aus: Was wollte die Hauptperson?
b. Schreibe Stichworte auf.

> Was wollte die Hauptperson?

einen Schatz finden, die Prinzessin befreien, eine Braut finden,
auf der anderen Seite des Flusses Kräuter sammeln, Gold erbeuten,
in der Höhle spielen, ein wertvolles Buch finden, jagen gehen

7 Schreibe nun deine Einleitung.
- Schreibe in ganzen Sätzen.
- Verwende das Präteritum.

> **Starthilfe**
> Vor langer Zeit lebte einmal ein böser Riese am Ufer des kalten Flusses …

Auf einmal passierte etwas Unerwartetes.

8 Was passierte in deiner Turmsage?
   Schreibe Stichworte auf, wie deine Sage weitergeht.

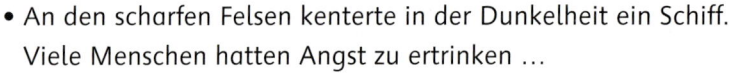

- An den scharfen Felsen kenterte in der Dunkelheit ein Schiff.
  Viele Menschen hatten Angst zu ertrinken …
- In der Höhle gab es viele Gänge.
  In einem Gang stürzte die Decke ein …
- Das alte Boot hatte einen Schatz an Bord.
  Es ging im Sturm in den Wellen unter …
- Auf der Lichtung wachte ein großes Ungeheuer.
  Es brüllte laut und …
- Eine Räuberbande überfiel das kleine Dorf am Fluss.
  Die Räuber wollten alles Gold von den Bewohnern haben …

9 Erzähle genauer über die Situation und deine Hauptperson.
   - Was dachte und fühlte die Hauptperson?
   - Was tat sie?

   Schreibe Stichworte auf.

Erzähle den Hauptteil spannend.

10 Schreibe nun mit Hilfe deiner Stichworte aus den Aufgaben 8 und 9
    den Hauptteil deiner Turmsage.
    - Verwende verschiedene Satzanfänge.
    - Füge treffende Adjektive ein.

**Zum Schluss wendete sich wegen des Turmes alles zum Guten.
Oder vielleicht erinnert der Turm an die glückliche Wendung.**

11 Wie wird alles gut? Schreibe es auf.

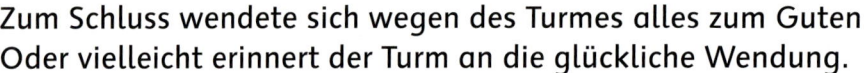

- Ein geheimnisvoller Reiter erschien auf dem Berg und …
- Der Fürst ließ einen Turm am Fluss bauen, damit …
- Der König schickte seine Truppen auf den Berg, um die Räuber …
- Die Prinzessin stieg auf einen hohen Felsen und sang …
- Ein Kind baute aus Steinen einen kleinen Turm und verjagte mit List …

12 Finde eine passende Überschrift für deine Sage.

Eine Turmsage überarbeiten

In einer Schreibkonferenz überarbeitet ihr eure Turmsagen gemeinsam in der Gruppe.

13 Überarbeitet eure Turmsagen in der Schreibkonferenz.
Geht dabei nach den Regeln 1 bis 5 vor.
Beachtet auch die Tipps für die Überarbeitung eines Textes.

Regel 1: Die Autorin oder der Autor liest zunächst die Turmsage vor.
Die anderen hören aufmerksam zu.

Regel 2: Sagt zuerst, was euch gefällt.

Regel 3: Fragt nach, wenn ihr etwas nicht verstanden habt.

Regel 4: Überarbeitet gemeinsam die Turmsage, bis sie euch gefällt.
Die Tipps helfen euch dabei.

> **Tipps für die Überarbeitung eines Textes**
>
> Einen Text überarbeitet ihr am besten in mehreren Durchgängen.
> Ihr könnt selbst auswählen, was ihr zuerst tut:
> - **Tipp 1:** Gestaltet die **Satzanfänge** abwechslungsreich.
> - **Tipp 2:** Verwendet **treffende Verben**.
>   Dann wird der Text anschaulicher.
> - **Tipp 3:** Ergänzt **Adjektive** an passenden Stellen.
>   Dann können sich die Leser alles genauer vorstellen.
> - **Tipp 4:** Verwendet beim Erzählen das **Präteritum**.
> - **Tipp 5:** Überprüft die **Rechtschreibung**.
>   Dann können die Leser den Text besser lesen.

Regel 5: Schreibt eure Turmsagen noch einmal
in gut lesbarer Schrift auf.

Z 14 Sammelt eure Sagen in einem Sagenbuch.
Tipp: Ihr könnt eure Sagen mit Fotos und
Bildern schön gestalten.

➜ noch eine Schreibkonferenz: Seite 202–205

Fabeln lesen, weiterschreiben, umschreiben, selbst schreiben

Fabelhafte Wettrennen

Eine Fabel aus Europa

Fabeln sind kleine Geschichten, in denen Tiere wie Menschen handeln und sprechen.
In diesem Kapitel lernt ihr Fabeln aus verschiedenen Kontinenten kennen.
In den Fabeln geht es um Wettrennen.

1 Lest den Anfang der Fabel.

Die Wette vom Kaulbarsch und dem Lachs

Der Kaulbarsch und der Lachs wetteten einmal, wer von den beiden am schnellsten einen Wasserfall hinaufschwimmen könne.
Der Kaulbarsch war stolz und nahm die Wette an, obwohl er wusste, dass er die Wette niemals so einfach gewinnen konnte.

Wie könnte der Kaulbarsch das Wettrennen gewinnen?

2 Wie könnte der Kaulbarsch das Wettrennen gewinnen?
 a. Wählt eine Idee aus den Bildern aus.
    Oder überlegt euch eine eigene Idee.
 b. Erzählt die Fabel der Partnerin oder dem Partner.

2 Die Barsche legen sich dem Lachs in den Weg.
Die Barsche legen sich in Form eines Bären.
Die Barsche verteilen sich auf die Strecke und warten auf den Lachs.
Der Barsch bindet sich an dem Lachs fest.

3 Schreibe deine Fabel auf.
- Schreibe den Anfang der Fabel ab.
- Schreibe deine Idee in vollständigen Sätzen auf.
- Schreibe auch das Ende der Fabel auf.

Tipp: Verwende das Präteritum.

> **Starthilfe**
> … Der Kaulbarsch hatte eine kluge Idee. Er rief seine Freunde zu Hilfe. …

Und so erzählt man die ganze Fabel.

📖 Die Wette vom Kaulbarsch und dem Lachs

Der Kaulbarsch und der Lachs wetteten einmal, wer von den beiden am schnellsten einen Wasserfall hinaufschwimmen könne.
Der Kaulbarsch war stolz und nahm die Wette an, obwohl er wusste, dass er die Wette niemals so einfach gewinnen konnte.
5 Der Kaulbarsch hatte eine kluge Idee: Er band seinen Schwanz mit einem Haar am Lachs fest.
Als nun der Lachs oben am Wasserfall angekommen war und sich triumphierend nach dem Kaulbarsch umsehen wollte, schwamm dieser blitzschnell nach vorn und rief: „Ich bin schon hier!"
10 Und so hatte er die Wette gewonnen.

4 Mit einer List gewann der Kaulbarsch das Wettrennen. Welche List wählte der Kaulbarsch? Warum? Begründe.

> **Merkmal:**
> In Fabeln gibt es oft eine List.

5 Warum brauchte der Kaulbarsch eine List?
- a. Lies die Informationen über den Lachs und den Kaulbarsch.
- b. Beantworte die Frage schriftlich.

> Der Lachs hat eine kräftige Schwanzflosse, kann schnell schwimmen und weit springen.
> Der Kaulbarsch hält sich auf dem Meeresboden auf, schwimmt langsam.

> **Merkmal:**
> In Fabeln gibt es oft Gegensätze, z. B. groß und klein.

Z 6 Klassengespräch!
- Was haltet ihr davon, eine Wette durch eine List zu gewinnen?
- Habt ihr auch schon einmal eine Wette durch eine List gewonnen?

Eine Fabel aus Afrika

Auch in dieser Fabel geht es um ein Wettrennen –
zwischen einem Elefanten und einem Chamäleon.
Du kannst zu den Fabeltieren schreiben.

Das Wettrennen

1 Ein Elefant begegnete eines Tages einem Chamäleon¹.
„Wie klein du bist!", sagte der Elefant. „Ja, ich bin klein",
antwortete das Chamäleon. „Aber das heißt nicht,
dass ich langsamer bin als du." Der Elefant trompetete
5 ärgerlich: „Niemals! Du bist kleiner und langsamer
als ich!" – „Na gut, lass uns sehen, wer schneller ist.
Morgen früh machen wir ein Wettrennen!",
rief das Chamäleon mutig. Der Elefant nahm
die Wette lachend an.

10 **2** Das Chamäleon sagte zu seinen Brüdern: „Wir wollen
dem Elefanten beweisen, dass Klugheit oft mehr bewirkt
als Größe. Verteilt euch morgen früh am Weg und
wartet auf den Elefanten."

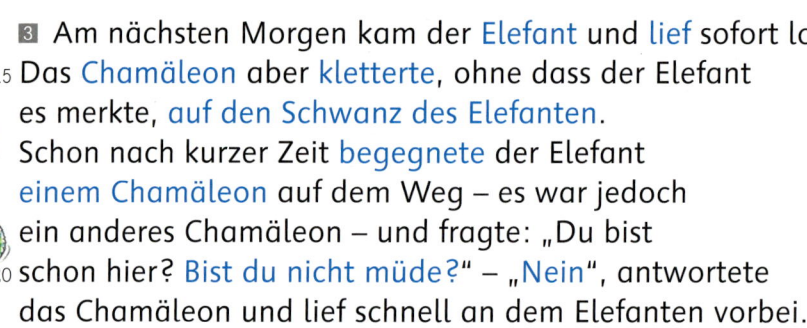

3 Am nächsten Morgen kam der Elefant und lief sofort los.
15 Das Chamäleon aber kletterte, ohne dass der Elefant
es merkte, auf den Schwanz des Elefanten.
Schon nach kurzer Zeit begegnete der Elefant
einem Chamäleon auf dem Weg – es war jedoch
ein anderes Chamäleon – und fragte: „Du bist
20 schon hier? Bist du nicht müde?" – „Nein", antwortete
das Chamäleon und lief schnell an dem Elefanten vorbei.

4 So ging es weiter. Der Elefant strengte sich sehr an,
aber stets erwartete ihn nach kurzer Zeit ein Chamäleon.
Er lief und lief, aber er konnte das Chamäleon –
25 wie er glaubte – nicht überholen. Endlich fiel er
erschöpft hin. Das Chamäleon kletterte
von seinem Schwanz und fragte: „Nun, wie steht es
mit der Wette?" – „Du hast mich besiegt",
musste der Elefant zugeben.

---

¹ **das Chamäleon:** ein Reptil, das hauptsächlich in Afrika lebt. Um seine Feinde
zu täuschen, kann es seine Farbe und auch seine Körperform ändern.

Das Chamäleon ist viel kleiner als der Elefant.
Wie konnte es gewinnen?

W 1 Beschreibe das Chamäleon in der Fabel.
- Lies noch einmal Absatz 1.
- Wähle aus den Adjektiven die passenden aus.
  Du kannst auch andere Adjektive verwenden.

Starthilfe
Das Chamäleon ist klein und …

ängstlich
faul
frech
listig
mutig
schlau

Mutig forderte das Chamäleon den Elefanten heraus.

2 Warum forderte das Chamäleon den Elefanten heraus?
  a. Finde die passenden Textstellen.
  b. Lies diese Textstellen vor.

Merkmal:
In Fabeln handeln und sprechen die Tiere meistens wie Menschen.

3 Das Chamäleon wollte mit einer List gewinnen.
  a. Finde die Textstelle.
  b. Welche List wandte das Chamäleon an?
     Schreibe es mit eigenen Worten auf.

Der Elefant strengte sich sehr an,
aber er konnte das Chamäleon nicht überholen.

4 Was könnte der Elefant gedacht haben?
  Welche Fragen könnte er sich gestellt haben?
  Schreibe die Gedanken oder Fragen auf.

Starthilfe
Der Elefant dachte: „Das Chamäleon ist aber schnell. Wie hat es …?"

Am Schluss der Fabel sagte der Elefant:
„Du hast mich besiegt."

5 Was hat der Elefant gelernt?
  Schreibe es auf.

Merkmal:
In Fabeln gibt es oft eine Lehre.

Z 6 Was hat das Chamöleon gelernt?
     Sprecht darüber.

Eine Fabel aus Asien

In dieser Fabel heißt es: Fuchs gegen Karpfen!
W Du kannst die Fabel nacherzählen, vorlesen oder umschreiben.

Vom Fuchs und dem Karpfen

1 Einmal lief der Fuchs an einem Fluss entlang und sah dicht am Ufer einen Karpfen, der faul im Schlamm lag und sich nicht rührte. Der Fuchs sagte: „Stimmt es, Karpfen, dass du nicht laufen kannst?" – „Fuchs, ich kann genauso
5 schnell laufen wie du", erwiderte der Karpfen. Der Fuchs schüttelte ungläubig seinen Kopf: „Das glaube ich dir nie und nimmer!" – „Auch gut", meinte der Karpfen, „dann können wir ja wetten, wer schneller bis zur Mündung[1] des Flusses läuft." Der Fuchs war einverstanden.

10 2 Der Fuchs wollte den Weg am Ufer nehmen, der Karpfen den Weg im Wasser. Aber der Karpfen war viel zu faul, um mit dem Fuchs um die Wette zu laufen. Er erzählte dem Karpfen, der neben ihm im Schlamm lag, von seiner Wette. Der berichtete die Geschichte
15 dem nächsten Karpfen, der seinem Nachbarn, und so ging es weiter, bis schließlich alle Karpfen im ganzen Fluss die Wette mit dem Fuchs kannten.

3 Der Fuchs lief, so schnell er konnte, und rief nach einiger Zeit: „Karpfen, bist du da?" Darauf antwortete der nächste
20 Karpfen im Fluss: „Ja, hier bin ich!" Der Fuchs lief noch schneller und rief nach einer Weile wieder: „Karpfen, bist du da?" Und wieder entgegnete der nächste Karpfen: „Ja, hier bin ich!" Der Fuchs rannte jetzt den Weg entlang, aber jedes Mal, wenn er atemlos rief: „Karpfen,
25 bist du da?", bekam er zur Antwort: „Ja, hier bin ich!"

4 Endlich erreichte der Fuchs vollkommen erschöpft die Mündung des Flusses und rief zum letzten Mal: „Karpfen, bist du da?" Worauf der letzte Karpfen, der faul im Schlamm lag, brummte: „Ja, hier bin ich,
30 Fuchs! Du hast aber lange gebraucht!"
Seit dieser Zeit spricht kein Fuchs mehr mit den Fischen.

[1 die **Mündung**: das Gebiet, wo ein Fluss in ein anderes Gewässer fließt

1
- Welche Wette schließen der Fuchs und der Karpfen ab?
- Mit welcher List gewinnt der Karpfen?

Schreibe Stichworte auf.

Tipp: Lege zunächst eine Folie über den Text und markiere Wichtiges.

2 Welche Eigenschaften haben der Fuchs und der Karpfen in der Fabel?
  a. Finde passende Textstellen.
  b. Schreibe zu jedem Tier Stichworte auf. Ergänze die Zeilenangabe.

> **Starthilfe**
> Karpfen: faul (Zeile …), …

3 a. Überlegt gemeinsam:
  Warum spricht seit dieser Zeit kein Fuchs mehr mit den Fischen?
  b. Schreibt die Antwort auf.

W Wähle aus den folgenden Aufgaben eine aus:
- Du kannst die Fabel nacherzählen.   → Aufgabe 4
- Du kannst die Fabel vorlesen.   → Aufgabe 5
- Du kannst die Fabel umschreiben.   → Aufgabe 6

Die Fabel nacherzählen

4 Erzähle die Fabel einer Partnerin oder einem Partner.
Deine Notizen aus den Aufgaben 1 bis 3 helfen dir dabei.
Beachte die Tipps zum Nacherzählen.   → Tipps zum Nacherzählen: Seite 278

Die Fabel vorlesen

5 a. Bereite die Fabel zum Vorlesen vor.
  - Lege eine Folie über den Text.
  - Markiere wichtige Textstellen.
  b. Lies die Fabel deinen Zuhörern vor.   → Tipps zum Vorlesen: Seite 273

Die Fabel umschreiben

6 Wie hätte der Karpfen das Wettrennen noch gewinnen können?
Schreibe die Fabel um.

Eine Fabel schreiben

Deine Fabel – deine Tiere: Du hast die Wahl!

1 Über welche zwei Tiere möchtest du erzählen?
  a. Wähle zwei Tiere aus und schreibe sie auf.
  b. Welche gegensätzlichen Eigenschaften sollen die Tiere haben? Ergänze Adjektive.

2 Plane deine Fabel:
  • Welche Wette wollen die Tiere abschließen?
  • Welche List denken sie sich aus?
  • Wie verläuft die Wette?
  • Wer gewinnt?
  • Gibt es eine Lehre?

3 Schreibe nun deine Fabel auf.
  Tipp: Verwende das Präteritum.

4 Überarbeite deine Fabel mit Hilfe der Checkliste.

Checkliste: Eine Fabel überarbeiten	ja	nein
Habe ich die Eigenschaften der Tiere beschrieben?	☐	☐
Handeln und sprechen die Tiere wie Menschen?	☐	☐
Habe ich geschrieben, warum die Tiere wetten?	☐	☐
Habe ich die List genau beschrieben?	☐	☐
Habe ich im Präteritum geschrieben?	☐	☐

W 5 Schreibe die Fabel in schöner Schrift auf ein Blatt.
  Du kannst auch Bilder zu deiner Fabel zeichnen.

W 6 Lest eure Fabeln der Klasse vor.
  Ihr könnt mit den Fabeln auch ein Buch gestalten.

1 ängstlich, dumm, groß, klein, langsam, listig, mutig, schlau, schnell, stark, stolz

Weiterführendes

Fabeln vergleichen

Ihr habt in diesem Kapitel drei Fabeln kennen gelernt.
Die Fabeln könnt ihr miteinander vergleichen.

> **Merkmal:**
> Tiere handeln und sprechen wie Menschen.

1 In den Fabeln wetten die Tiere miteinander.
Lest noch einmal die drei Fabeln.

2 Vergleicht die Tiere in den Fabeln:
• Welche Tiere kommen vor?
• Welche Eigenschaften haben die Tiere?
Schreibt Stichworte auf.

> **Merkmal:**
> gegensätzliche Eigenschaften

3 Welche List denkt sich der Schwächere aus,
um die Wette zu gewinnen?
Schreibt für jede Fabel Stichworte auf.

> **Merkmal:**
> List

4 In welchen Fabeln gibt es eine Lehre?
Schreibt die Lehre in Stichworten auf.

> **Merkmal:**
> Lehre

5 Vergleicht die Fabeln in einer Tabelle.
Verwendet dazu eure Ergebnisse aus den Aufgaben 2 bis 4.

Fabel	Welche Tiere?	Welche Eigenschaften?	Welche List?	Welche Lehre?
Die Wette vom Kaulbarsch und dem Lachs	der Kaulbarsch der Lachs	langsam	der Kaulbarsch bindet	
Das Wettrennen				
Vom Fuchs und dem Karpfen				

→ die Merkmale von Fabeln auf einen Blick: Seite 272

Einen Text nach vorgegebenen Kriterien überarbeiten

Training: Eine Fabel überarbeiten

David hat eine Fabel geschrieben.
Du kannst sie überarbeiten.

Das Huhn und die Taube

„Kein Tier fliegt höher als ich!", sagte die Taube.
Das Huhn hörte das und wurde so böse
über die Taube, dass es zu ihr sagte:
„Ich kann höher fliegen als du!" Die Taube sagte:
„Das kann niemand! Du schon gar nicht!"
„Doch, das kann ich!", sagte das Huhn.
Und so wetteten das Huhn und die Taube,
wer höher fliegen kann.

Das Huhn weiß aber nicht, was es machen soll.
Es kann ja nicht fliegen. Es kann nur etwas
mit den Flügeln schlagen und nur ganz leicht
vom Boden springen. Als das Huhn nun traurig
auf einem Baumstamm sitzt, hat es eine Idee.

Das Huhn kletterte auf einen Berg.
Dann nahm das Huhn ganz viel Anlauf.
Dann sprang es vom Berg herunter.
Dann flog die Taube nach oben.
Dann fiel das Huhn auf die Taube drauf.
Dann segelten sie zum Boden,
weil das Huhn so schwer war.
die taube war böse, weil das huhn sie fast verletzt hatte.
Sie rief: „Du kanst doch nicht einfach auf mich
drauffalen!" Das Huhn lachte und sagte:
„Siehs du! Ich bin von obn auf dich draufgefallen.
Also bin ich höher geflogn als du!"
Und so gewann das Huhn.

 1 Beantworte mit einer Partnerin oder einem Partner diese Fragen:
- Wer schließt eine Wette ab?
- Worum geht es in der Wette?
- Wer gewinnt?
- Wie?

Davids Fabel kannst du anschaulicher erzählen.
So können die Leserinnen und Leser sich alles besser vorstellen.
Die folgenden Tipps helfen dir bei der Überarbeitung.

Tipp 1: **Verwende treffende Verben.**

> „Kein Tier fliegt höher als ich!", sagte die Taube.
> Das Huhn hörte das und wurde so böse
> über die Taube, dass es zu ihr sagte:
> „Ich kann höher fliegen als du!" Die Taube sagte:
> „Das kann niemand! Du schon gar nicht!"
> „Doch, das kann ich!", sagte das Huhn.
> Und so wetteten das Huhn und die Taube,
> wer höher fliegen kann.

2 Schreibe die Sätze um.
Verwende statt **sagen** treffende Verben.

Tipp 2: **Erzähle die Fabel im Präteritum.**

> Das Huhn weiß aber nicht, was es machen soll.
> Es kann ja nicht fliegen. Es kann nur etwas
> mit den Flügeln schlagen und nur ganz leicht
> vom Boden springen. Als das Huhn nun traurig
> auf einem Baumstamm sitzt, hat es eine Idee.

3 Welche Verbformen stehen nicht im Präteritum?
  a. Schreibe sie untereinander auf.
  b. Schreibe die Präteritumformen daneben.
    Tipp: Du kannst in der Verbtabelle nachschlagen. ➜ Verbtabelle: Seite 292

> **Starthilfe**
> das Huhn weiß – das Huhn wusste
> es soll – …
> …

2 antworten, behaupten, prahlen, rufen

Tipp 3: Gestalte die Satzanfänge abwechslungsreich.

> *Das Huhn kletterte auf einen Berg.*
> *Dann nahm das Huhn ganz viel Anlauf.*
> *Dann sprang es vom Berg herunter.*
> *Dann flog die Taube nach oben.*
> *Dann fiel das Huhn auf die Taube drauf.*
> *Dann segelten sie zum Boden,*
> *weil das Huhn so schwer war.*

4 Probiere aus, wie du die Satzanfänge verbessern kannst.

Tipp 4: Denke beim Schreiben an die Leserinnen und Leser. Rechtschreibfehler stören beim Lesen.

Im letzten Absatz der Fabel gibt es einige Fehler.

> *die taube war böse, weil das huhn sie fast verletzt hatte.*
> *Sie rief: „Du kanst doch nicht einfach auf mich*
> *drauffalen!" Das Huhn lachte und sagte:*
> *„Siehs du! Ich bin von obn auf dich drauf gefallen.*
> *Also bin ich höher geflogn als du!"*

Achtung: Fehler!

5 a. Korrigiere die drei Fehler in der Großschreibung.
b. Zwei Wörter schreibt man
 mit Doppelkonsonanten: ll, nn.
 Schreibe den Satz richtig auf.

6 In den letzten drei Zeilen gibt es drei Flüchtigkeitsfehler.
Schreibe die Sätze richtig auf.

Tipp 5: Schreibe den Text ganz am Ende in Reinschrift auf.

7 a. Schreibe Davids Fabel mit deinen Überarbeitungen auf.
b. Lies deine überarbeitete Fabel in der Klasse vor.

3 Anschließend …, Danach …, Kurz darauf …, Zuerst …
Da …, In dem Moment …, Plötzlich …

Weiterführendes

Z Die Fabel ausbauen

Davids Fabel kannst du noch interessanter schreiben.

Davids Fabel beginnt sofort mit wörtlicher Rede.
Eine Einleitung macht eine Fabel aber noch unterhaltsamer.

> *„Kein Tier fliegt höher als ich!", sagte die Taube.*

8 Schreibe eine Einleitung.
Tipp: Du kannst die Vorschläge verwenden.

- Eine Taube gab gerne damit an, dass ▭ .
- Eine Taube war stolz darauf, dass ▭ .
- Eines Tages behauptete eine Taube: „▭"!

Das Huhn hatte sich eine List ausgedacht, um die Wette zu gewinnen.
Aber die Fabel könnte auch anders weitergehen.

W 9 Wie könnte das Huhn die Wette noch gewinnen?
    a. Wähle aus:
       • Du kannst eine Idee aus dem Bild wählen.
       • Du kannst dir eine andere List überlegen.
    b. Schreibe den Hauptteil und den Schluss der Fabel neu.

→ Texte überarbeiten auf einen Blick: Seite 275

Gedichte über den Wind

Den Wind sehen und hören

Manchmal kann man den Wind sehen.
Darum geht es in diesem Gedicht.

📖 Variationen[1] über den Wind   Hanns Cibulka

I.
Wind,
du kommst auf mich zu,
durchs offene Fenster,
nimm Platz,
5 ich möchte endlich einmal sehen,
wie du aussiehst. […]

III.
Alle Landschaften
der Erde
hast du gesehen,
10 nun sag mir, Wind,
wo deine Heimat ist. […]

VI.
Tag für Tag
trägst du ein anderes Gewand,
ein Hemd aus blauer Seide,
15 einen Mantel
aus Staub.

VII.
Wind,
der mit den Wolken spielt,
sag, was machst du nur,
20 wenn du nicht wehst? […]

XI.
Es gibt keinen Ort,
der dich festhält,
immer wieder fliehst du
vor dir selbst. […]

1 Lies das Gedicht mehrmals, erst still, dann halblaut.

2 Was möchte der Sprecher von dem Wind wissen?
Lies die passenden Textstellen vor.

3 Welche Fragen möchtest du an den Wind stellen?
Schreibe sie auf.

4 Wie kann der Wind aussehen?
Sammle Ideen in einem Cluster.

[1 **die** Variation – **die** Variationen: die Veränderung

Manchmal kann man den Wind auch hören.

Der Wind zieht seine Hosen an — Heinrich Heine

Der Wind zieht seine Hosen an,
Die weißen Wasserhosen!
Er peitscht die Wellen, so stark er kann,
Die heulen und brausen und tosen[1].

5 Aus dunkler Höh, mit wilder Macht
Die Regengüsse träufen[2];
Es ist, als wollt' die alte Nacht
Das alte Meer ersäufen.

Am Mastbaum klammert die Möwe sich
10 Mit heiserem Schrillen und Schreien;
Sie flattert und will gar änstiglich[3]
Ein Unglück prophezeien[4].

5 Lasst euch das Gedicht vorlesen.
   a. Schließt die Augen und hört genau zu.
   b. Was habt ihr gehört und gesehen? Sprecht darüber.

6 Lest das Gedicht so, dass man den Wind hören kann.
   a. Lest das Gedicht mehrmals leise.
      Welche Wörter beschreiben die Geräusche
      bei Sturm?
   b. Lest das Gedicht so vor, dass man die Geräusche hört.

> **Merkmal:**
> Eine besondere Sprache bringt Gedichte zum Klingen.

Ihr könnt das Gedicht verändern.

 7 a. Lest die letzten Wörter jeder Zeile.
      Was fällt euch an den Reimen auf?
   b. Tauscht die Zeilen so,
      dass sich immer zwei Zeilen
      nacheinander reimen.
   c. Schreibt das veränderte Gedicht auf.

> **Merkmal:**
> Gedichte reimen sich häufig.

 8 a. Lest das veränderte Gedicht vor.
   b. Hört genau zu: Wie wirkt das Gedicht jetzt?

---

[1] **sie tosen:** sie toben, sie dröhnen
[2] **die Regengüsse träufen:** die Regengüsse stürzen vom Himmel
[3] **ängstiglich:** ängstlich
[4] **prophezeien:** vorhersagen

Reime in Gedichten

Der Wind hat auch schöne Seiten, er kann mit uns spielen.

Luftikus[1]   Sieglinde Jug

Ich schaukle und gaukle im Wind,
betrachte von oben die Welt.
Das Kind, das mich in Händen hält,
läuft über die Felder geschwind.

5 Ich drehe mich und taumle[2],
verliere an Höhe und baumle
zwischen zwei hohen Bäumen,
die vom Reißausnehmen träumen.[3]

Das Kind, es jauchzt und hält mich fest,
10 zieht an der Schnur im Fallen.
Schau eben noch ins Vogelnest,
schon glaub ich aufzuprallen.

Da kommt der Wind und hebt mich an.
Das Kind ist aufgesprungen.
15 Wie schnell es wieder laufen kann!
Der Start ist doch gelungen!

1 a. Lies das Gedicht mehrmals, Strophe für Strophe.
  b. • Wer spricht in dem Gedicht?
     • Was geschieht mit dem Sprecher?
     Erzählt.

2 Welcher Satz passt zu welcher Strophe?
  a. Schreibe die Sätze in der richtigen Reihenfolge auf.
  b. Ergänze zu jedem Satz eine Begründung.

- Der Luftikus bekommt Angst, weil …
- Der Luftikus ist froh, weil …
- Der Luftikus ist schon ganz ängstlich, weil …
- Der Luftikus fühlt sich sicher, weil …

[1] **der Luftikus:** der Draufgänger, der Leichtsinnige
[2] **ich taumle:** ich schwanke hin und her
[3] **vom Reißausnehmen träumen:** vom Abhauen träumen

In dem Gedicht „Luftikus" gibt es Reimwörter.
Ihre Reihenfolge ändert sich in den Strophen.

Merkmal:
Reime

3 a. Schreibe alle Reimwörter untereinander auf.
b. Welche Wörter reimen sich?
Kennzeichne die Reimwörter
mit den Buchstaben a oder b.

Starthilfe	
Wind	a
Welt	b
hält	b
geschwind	…

4 Welche Reimformen kommen in dem Gedicht vor?
a. Vergleiche die Reime in den vier Strophen.
b. Schreibe jeweils die Reimform zu den Reimwörtern:
der Paarreim, der Kreuzreim, der umarmende Reim.

Reimformen:

der Paarreim	der Kreuzreim	der umarmende Reim
a ⌐	a ⌐	a ⌐
a ⌐	b ⌐	b ⌐
b ⌐	a ⌐	b ⌐
b ⌐	b ⌐	a ⌐

5 Lies das Gedicht laut.
a. Lasse die Reimwörter klingen.
b. Wie wirken die unterschiedlichen Reime?

Z 6 Lerne das Gedicht auswendig.   → Tipps zum Auswendiglernen: Seite 272

Z Auch in diesem Gedicht über den Frühlingswind gibt es Reime.

Frühlingsglaube   Ludwig Uhland

Die linden Lüfte sind erwacht,
sie säuseln und weben Tag und Nacht,
sie schaffen an allen Enden.
O frischer Duft, o neuer Klang!
Nun, armes Herze, sei nicht bang,
nun muss sich alles, alles wenden.

7 Welche Reimformen kommen in dem Gedicht vor?
Schreibe sie auf.

Bilder in Gedichten

Der Wind zieht sich Handschuhe an und hat Tagebuch geschrieben.
Das geht nicht? Doch, in Gedichten ist vieles möglich.

1 a. Sieh dir das Bild an.
   b. Lies das Gedicht, Zeile für Zeile.

Mitte Oktober   Christoph Meckel

Hat der Herbstmond eine Schlafmütze auf,
vergisst er, dem Holunder Adieu zu sagen.
Der Wind zieht sich goldene Handschuhe an,
um die letzten Blätter der Akazie
in sein Tagebuch zu legen.
Die erste Schneeflocke zögert noch,
sie lässt sich einstweilen[1]
auf meine Schulter fallen.

2 Was tun der Herbstmond, der Wind und die Schneeflocke?
Schreibe die Satzanfänge in dein Heft und ergänze sie.

Der Herbstmond hat eine Schlafmütze auf, er vergisst, ▬.
Der Wind zieht sich goldene Handschuhe an, er legt ▬.
Die erste Schneeflocke zögert noch, sie lässt ▬.

3 Der Herbstmond und der Wind werden in diesem Gedicht zu Personen.
   a. Finde die Verben, an denen du das erkennen kannst.
   b. Unterstreiche die Verben in deinen Sätzen aus Aufgabe 2.

In diesem Gedicht handeln Dinge wie Personen.
Das nennt man Personifikation.

> **Merkmal:**
> In manchen Gedichten gibt es Personifikation.

4 a. Finde in dem Gedicht weitere Dinge,
      die wie Personen handeln.
   b. An welchen Verben hast du das erkannt? Nenne sie.

5 a. Sieh das Bild an und lies noch einmal das Gedicht.
      Achte besonders auf die Personifikationen.
   b. Wie wirkt das Gedicht auf dich?
      Schreibe zwei Sätze auf.

[1] **einstweilen:** inzwischen

Bildgedichte

Manche Gedichte sind wie mit Wörtern gemalt.
Dieses Windgedicht hat Eugen Gomringer „gemalt".

Merkmal: Gedichte haben manchmal eine besondere Form.

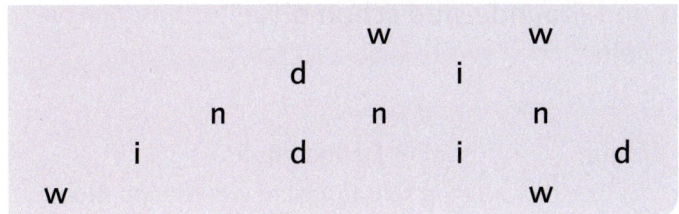

6 In dem Gedicht ist das Wort **Wind** in bestimmter Weise angeordnet.
   a. Wie oft kommt das Wort **Wind** vor?
      Verfolge die Linien mit den Augen und mit dem Finger.
   b. Schreibe das Gedicht ab.
   c. Ergänze weitere Windrichtungen.

Aus diesem Wolkengedicht von Max Bense kannst du
ein Windgedicht gestalten.

```
wolke      wolke
     wolkewolkewolkewolke
     wolkewolkewolkewolke
     wolkewolkewolkewolke
      wolke     wolke
        B         B
        L        L b
        I        I  l   t z
        T        T     i
        Z        Z     t z
```

7 Woran erkennst du die Wolke?
   Woran erkennst du die Blitze?
   a. Schreibe das Gedicht ab.
   b. Male die Wolke und die Blitze farbig aus.

8 Gestalte aus dem Blitzgedicht ein Windgedicht.
   a. Zeichne eine große Wolke.
   b. Schreibe dann die Wörter **Wolke** und **Wind** hinein.

Gedichte über Freundschaft

Freunde sind wichtig

Diese Sprüche über Freundschaft und Freunde sind schon alt.
Sie könnten aber auch von heute sein.

Der beste Weg, einen Freund zu haben,
ist der, selbst einer zu sein.

(Ralph Waldo Emerson, 1803–1882)

Wahre Freundschaft:
eine sehr langsam wachsende Blume.

(George Washington, 1732–1799)

Ein freundliches Wort kostet nichts,
und dennoch ist es das schönste aller Geschenke.

(Daphne du Maurier, 1907–1989)

Für eine Freundschaft
von zweien
benötigt es die Geduld
von einem.

(Indisches Sprichwort)

Blumen können nicht blühen
ohne die Wärme der Sonne.
Menschen können nicht Mensch werden
ohne die Wärme der Freundschaft.

(Phil Bosmans, geb. 1922)

Zur Freundschaft gehört,
dass wir einander gleichen,
einander in einigem übertreffen,
einander in einigem nicht erreichen.

(Jean Paul, 1763–1825)

1 Die Sprüche sagen etwas über Freunde und Freundschaft.
 • Womit wird eine Freundschaft verglichen?
 • Wie kann man einen Freund finden?
 • Was ist wichtig für eine Freundschaft?
 • Was gehört alles zu einer Freundschaft?
 Sprecht darüber.

2 Gestalte deinen Lieblingsspruch schön auf einem Blatt.
Tipp: Du kannst das Blatt dann verschenken.

Jeder braucht Freunde und Freundinnen.
In den folgenden Gedichten geht es um Freundschaften.

Wann Freunde wichtig sind Georg Bydlinski

Freunde sind wichtig
zum Sandburgenbauen,
Freunde sind wichtig,
wenn andre dich hauen,
5 Freunde sind wichtig
zum Schneckenhaussuchen,
Freunde sind wichtig
zum Essen von Kuchen.

Vormittags, abends,
10 im Freien, im Zimmer …
Wann Freunde wichtig sind?
Eigentlich immer!

3 In dem Gedicht findet ihr gemeinsame Erlebnisse mit Freunden.
  a. Wann sind Freunde wichtig? Lest die Zeilen vor.
  b. Warum ist es wohl wichtig, diese Erlebnisse
     mit Freunden zu teilen? Sprecht darüber.

4 Wann sind Freunde wichtig für dich?
   Schreibe ein eigenes Gedicht.

5 Lest das Gedicht gemeinsam laut vor.
   • Eine oder einer liest die Zeilen 1, 3, 5 und 7.
   • Die anderen lesen die Zeilen 2, 4, 6 und 8.
   • Die zweite Strophe lesen alle gemeinsam.

6 Lerne das Gedicht auswendig.

Arbeitstechnik
Ein Gedicht auswendig lernen

• Lerne die erste Strophe **Zeile für Zeile** auswendig.
• Du kannst dir mit einem Blatt Papier helfen: Lege das Blatt so,
  dass du **jeweils nur den Anfang jeder Zeile** lesen kannst.
• Sprich dann die **Strophe als Ganzes**.
• Lerne die anderen Strophen genauso.

Wie sind Freunde? In diesem Gedicht spricht jemand
zu einer Freundin oder zu einem Freund.

Du bist wie das Meer   Hans Retep

Du bist wie das Meer für mich:
Mal kommst du mir näher,
mal weichst du zurück,
doch du bist immer da,
damit ich an deinem Strand
neue Kraft schöpfen kann.

1 Die Freundin oder der Freund wird angesprochen.
  a. In welchen Zeilen wird sie oder er angesprochen?
     Lies die Zeilen vor.
  b. An welchen Wörtern hast du es erkannt?
     Begründe.

2 Womit wird die Freundin oder der Freund verglichen?
  a. Schreibe den Vergleich auf.
  b. Der Sprecher begründet seinen Vergleich.
     Finde die passenden Zeilen und schreibe sie dazu.

Merkmal:
Vergleiche machen Geschichten anschaulich und lebendig.

3 Lass dir das Gedicht vorlesen.
  a. Schließe die Augen und höre genau zu.
  b. Was hast du gesehen?
     Schreibe es mit eigenen Worten auf.

Starthilfe
Wenn ich das Gedicht höre, sehe ich …

Das Gedicht kannst du ausdrucksvoll vorlesen.

4 Übe, das Gedicht ausdruckvoll zu lesen.
  Lies das Gedicht zuerst leise, dann mehrmals laut.
  • Betone wichtige Wörter.
  • Lies manche Textstellen lauter, manche leiser.
  • Lies manche Textstellen schneller, manche langsamer.

3 das Meer rauscht, die Wellen schlagen an den Strand, eine Möwe schreit

Dieses Gedicht über Freundschaft hat Friedrich von Logau vor mehr als 350 Jahren geschrieben.

Kennzeichen eines rechten Freundes Friedrich von Logau

F rei.
R edlich.
E hrlich.
U nverdrossen.
N amhaft.
D emütig.

Im Gedicht kommen Wörter vor, die wir heute nicht mehr gebrauchen.
Du kannst das Gedicht in die Sprache von heute „übersetzen".

5 a. Schreibe das Gedicht ab.
b. Übersetze das Gedicht in die heutige Sprache.
c. Schreibe die Übersetzung auf.

> **Starthilfe**
> Kennzeichen eines richtigen Freundes
> Ein Freund hat eine eigene Meinung.
> Ein Freund ist …
> …

Wie ist ein richtiger Freund?

6 Schreibe ein ähnliches Gedicht.
a. Sammle Ideen in einem Cluster.
b. Wähle aus dem Cluster passende Wörter aus.
c. Schreibe sie untereinander auf.

W 7 Lies dein Gedicht in der Klasse vor.
Oder gestalte ein Gedichtblatt. → Merkmale von Gedichten auf einen Blick: Seite 272

---

5 ein rechter Freund = ein richtiger Freund   unverdrossen = niemals aufgeben
frei = eine eigene Meinung haben   demütig = bescheiden
namhaft = von allen anerkannt sein
redlich = anständig sein

Leseecke: Abenteuerliche Bücher

Rätselhafte Abenteuer

Hier lernst du Ausschnitte aus Jugendbüchern kennen.
Sie führen dich in abenteuerliche Welten.

Wings. Der mysteriöse Mr. Spines[1]   Jason Lethcoe

Dem Jungen Edward wachsen eines Tages plötzlich Flügel.
Daraufhin wird Edward ohnmächtig. Als er wieder aufwacht,
sitzt er in einem Eisenbahnwagon.

1 Sein Blick wanderte zu dem Reisenden, der ihm
gegenübersaß. „Gut geschlafen?", fragte
die furchterregende, stachelige Erscheinung.
Edward schrie auf.
5 „Psst! Du hetzt uns noch den Schaffner
auf den Hals!", zischte der seltsame Kauz[2].
Er klopfte sich mit seinem kleinen Finger
an die stoppelige Lippe. „Ich will dir alles
erklären, so gut ich kann. Aber du musst dich
10 zusammenreißen." Automatisch presste Edward
seine Lippen fest aufeinander – ohne genau
zu wissen, warum. Vielleicht sollte er lieber
abhauen? Aber die Eindringlichkeit, mit der
der Kauz sprach, hielt ihn davon ab. Edward
15 starrte ihn mit großen, ungläubigen Augen an.

2 „So ist es besser", flüsterte die kleine Gestalt und schenkte
Edward ein schreckliches Grinsen mit gelben Zähnen.
„Und überhaupt: Du musst ja halb verhungert sein.
Wie wäre es mit etwas Tee?" Edward nickte und zuckte
20 im selben Moment zusammen, weil das Nicken die Schmerzen
in seinem Kopf explodieren ließ. Der Kauz goss Tee ein,
während Edward krampfhaft überlegte, was er sagen könnte.
Schließlich, nach einer vollen Minute, fand er seine Stimme wieder
und brachte stotternd hervor: „W-w-wer sind S-s-sie?"
25 Der Kauz kicherte. Nachdem er Edward einen Moment lang
aufmerksam beobachtet hatte, antwortete er: „Ich heiße Melchior.
Aber wenn es dir lieber ist, kannst du Mr. Spines zu mir sagen."

[1 **der mysteriöse Mr. Spines:** der rätselhafte/geheimnisvolle Mister Spines (engl.: Herr Spines; sprich: spains)
2 **der Kauz:** der eigenartige Mensch

3 Edward nickte und betrachtete die langen Stacheln, die unter dem altmodischen Hut des kleinen Mannes hervorragten.
30 „Ich bin …", begann er. Mr. Spines fiel ihm ins Wort.
„Du bist Edward, natürlich. Ja, ja, mein Junge, ich kenne dich. Es ist kein Zufall, dass du hier bist." […]

4 Edward tastete mit der rechten Hand auf seinen Rücken. Er spürte die schwarzen Federspitzen und schauderte.
35 „Im Moment wirst du sie natürlich noch nicht benutzen können." Spines deutete mit dem Kopf auf Edwards Flügel. „Du wirst viel üben müssen, bis du fliegen kannst." Mr. Spines stellte seine Teetasse ab und bot Edward Butterkekse an. Mechanisch nahm Edward einen Keks und führte ihn zum Mund.
40 Er war viel zu verblüfft, um sprechen zu können.
Hat er gerade gesagt, ich werde fliegen können?
Augenscheinlich konnte Mr. Spines seine Gedanken lesen, denn er sagte: „Aber warum solltest du sonst Flügel haben, mein Junge? Wozu wären sie denn gut?" – „Warum sollte ich
45 das denn wollen? Fliegen meine ich", fragte Edward. […]

5 Unversehens drang eine ziemlich gereizte Stimme unter dem Tisch hervor. „Du fragst, warum du das wollen solltest? Das ist ja wohl nicht dein Ernst!" Edward zuckte zusammen, als ein weißes Hermelin[3]
50 auf Mr. Spines' Schulter sprang, sich dort hinsetzte und ihn tadelnd ansah. „Weil alle Wächter fliegen, Edward!"

1 Was macht Mr. Spines so mysteriös? Erzähle.

2 Hat Mr. Spines wohl etwas damit zu tun, dass Edward Flügel wuchsen? Was weiß Mr. Spines?
   a. Finde Erklärungen im Text.
   b. Lies die Textstellen vor.

3 Warum sollte Edward fliegen wollen? Findet gemeinsam Antworten.

Welche fantastischen und unheimlichen Abenteuer Edward erlebt, kannst du in dem Buch „Wings. Der mysteriöse Mr. Spines" lesen.

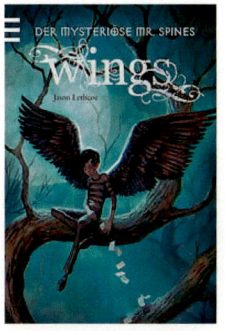

[3 **ein Hermelin** – **das Hermelin:** ein kleines Raubtier, eine Marderart

Magische Abenteuer

📖 Magic Girls. Der verhängnisvolle Fluch   Marliese Arold

In der Menschenwelt sollen die Hexenmädchen Elena und Miranda etwas über die Menschen lernen.
Heute ist für die beiden der erste Tag in der neuen Klasse.

1 Elena, das Mädchen mit den kastanienbraunen gekräuselten Haaren, wirkte zuerst ein bisschen unschlüssig, ergriff dann aber das Wort. „Also … erst mal hallo!" Sie lächelte. Es war ein sympathisches Lächeln.
5 Jana wunderte sich, wie man so viele Sommersprossen haben konnte. „Alles ist hier noch völlig neu für uns, und ich glaube, in unserem Land … äh … in unserem Bundesland haben wir auch einen ganz anderen Stoff gehabt." – „Ich wohne bei Elenas Familie", sagte Miranda. [...]
10 „Wir sind fast wie Schwestern." – „Und beste Freundinnen", bekräftigte Elena. [...]

2 „Ich hoffe, es macht euch nichts aus, wenn ihr nicht nebeneinandersitzen könnt", sagte Frau Treller. „Elena, du bist sehr groß. Am besten setzt du dich nach hinten
15 neben Mark. Oder hast du Probleme mit den Augen, dass du nicht gut zur Tafel sehen kannst?" Elena schüttelte den Kopf. „Falls ich etwas nicht lesen kann, dann zoome ich die Schrift einfach heran." Sie sagte es ganz ernsthaft, und als die Klasse zu lachen begann, wurde sie rot. „Das war natürlich
20 ein Scherz", meinte Elena, strich ihre Locken zurück und ließ sich neben Mark auf den Stuhl fallen.

3 „Miranda, du setzt sich neben Anna", sagte Frau Treller. Miranda nickte, nahm in der ersten Reihe Platz und begann, ihre Sachen auszupacken.
25 Jana sah genau, wie sie ihr Mäppchen öffnete und einen Schwung Stifte ergriff. Dann ließ Miranda sie aus der Hand rollen. Die Stifte bildeten eine exakte Reihe, der Farbe nach geordnet. Jana zog die Luft ein. Unglaublich! War das Zufall oder
30 ein lang geübter Trick? Nele neben ihr schien nichts bemerkt zu haben. Miranda drehte sich zu Elena um und zwinkerte ihr zu.

184

4 Elena, die eine Reihe hinter Jana saß, öffnete ihr
Schlampermäppchen und griff nach den Stiften. Jana hätte
schwören können, dass sie schon zu derselben Bewegung
wie Miranda ansetzte, aber dann hielt Elena inne.
Sie ließ die Stifte los und legte rasch ihre Hand darauf,
als wollte sie eine ordentliche Reihe absichtlich
verhindern. Als sie die Hand wegnahm, bildeten die Stifte
ein wildes Durcheinander. […]
Warum hat sie das gemacht, grübelte Jana.
Ich wette, sie kann den gleichen Trick wie Miranda,
aber sie will ihn nicht vorführen. Schon seltsam … […]

5 „Jana!", flüsterte Nele plötzlich. „Hast du das eben gesehen?"
„Was denn?", wisperte Jana zurück.
„Wie die Neue ihren Bleistift gespitzt hat." – „Ich hab nicht
hingeguckt." – „Sie hat dazu ihre Fingernägel verwendet."
Nele schüttelte den Kopf. „Die müssen messerscharf sein,
wenn das funktioniert."

6 Jana sagte nichts dazu, aber sie behielt Miranda jetzt
scharf im Blick. Das blonde Mädchen lehnte sich zurück
und lauschte konzentriert, was Frau Treller erklärte. Dann
wanderte ihre Hand in Richtung Schultasche, an der nichts
Ungewöhnliches war und die genauso aussah wie viele
andere Schultaschen. Doch ohne dass Miranda die Tasche
berührt hatte, klappte die Lasche zurück und Jana sah,
wie Miranda eine Trinkflasche in die Hand sprang.
Miranda führte die Flasche zum Mund und trank,
als sei eine hüpfende Flasche das Normalste der Welt.
Nele hatte den Vorfall auch beobachtet.
Die beiden Freundinnen starrten sich an. Dann kritzelte
Nele auf einen Zettel: *Wie hat sie das gemacht?*

1 Dass Elena und Miranda Hexenmädchen sind,
soll niemand wissen.
- Wodurch hätten sie sich beinahe verraten?
- Was haben Nele und Jana wohl alles zu besprechen?
Erzähle.

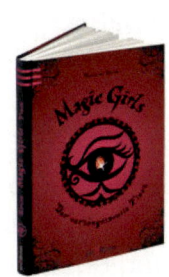

**Welche Abenteuer in der Menschenwelt auf Elena und
Miranda warten, kannst du in dem Buch „Magic Girls" lesen.**

Abenteuer auf vier Pfoten

Warrior Cats[1]. In die Wildnis Erin Hunter

Tief verborgen im Wald leben vier wilde Katzen-Clans[2]. Die Katzen müssen sich ihre Nahrung selbst verschaffen. Bei einem seiner Streifzüge jagt der Hauskater Sammy eine Maus. Dabei trifft er auf Katzen aus dem Donner-Clan.

1 „Nun?", zischte Blaustern. Ihr Gesicht war nur eine Mauslänge von seiner Nase entfernt. Der vor ihm aufragende Löwenherz betrachtete ihn schweigend. Sammy legte die Ohren an und
5 duckte sich unter dem kalten Blick des goldenen Tigers. Sein Fell kribbelte. „Ich bin keine Bedrohung für euren Clan", sagte er, die Augen auf seine zitternden Pfoten gesenkt. „Du bedrohst unseren Clan, wenn du uns die Nahrung wegnimmst",
10 fauchte Blaustern. „Du hast schon genug Futter in deinem Zweibeinernest. Du kommst nur hierher und jagst zum Vergnügen. Wir aber jagen, um zu überleben." […] Plötzlich verstand Sammy ihre Wut. Sein Körper zitterte nicht mehr. Er setzte sich auf und stellte die Ohren gerade.
15 Er hob den Blick und sah ihr in die Augen. „So habe ich das bisher nicht gesehen. Es tut mir leid", beteuerte er ernsthaft. „Ich werde hier nicht wieder jagen."

2 „Du bist ein ungewöhnliches Hauskätzchen", miaute sie. Sammys Ohren zuckten, als er Graupfote erleichtert seufzen hörte.
20 Er bemerkte auch die Zustimmung in Blausterns Stimme und sah, wie sie einen vielsagenden Blick mit Löwenherz tauschte. Das machte ihn neugierig. Was blitzte da auf zwischen den beiden Kriegern? Ruhig fragte er: „Ist das Überleben hier wirklich so schwer?" – „Unser Territorium umfasst nur einen Teil
25 des Waldes", erklärte Blaustern. „Wir kämpfen mit anderen Clans um das, was wir haben. Und dieses Jahr bedeutet die späte Blattfrische magere Beute." […] „Seid ihr also Krieger?", fragte Sammy begierig. Blausterns zurückhaltende Antworten machten ihn nur noch neugieriger.
30 Löwenherz erwiderte: „Einige sind Krieger. Andere sind zum Jagen zu jung oder zu alt oder müssen sich um die Jungen kümmern."

---

[1] **Warrior Cats** [sprich: worria käts]: engl., kriegerische Katzen
[2] **der Clan** [sprich: klan]: engl., die Gemeinschaft

„Und ihr alle lebt zusammen und teilt euch die Beute?",
murmelte Sammy ehrfürchtig und dachte ein wenig
schuldbewusst an sein eigenes leichtes, egoistisches Leben. […]

35 **3** „Vielleicht solltest du diese Dinge selbst herausfinden.
Würdest du dich gern dem Donner-Clan anschließen?"
Sammy war so überrascht, dass er nicht antworten konnte.
Blaustern fuhr fort: „Wenn ja, dann würdest du zusammen
mit Graupfote trainieren, um ein Clan-Krieger zu werden." –
40 „Aber Hauskätzchen können keine Krieger werden", platzte Graupfote
heraus. „Sie haben kein Kriegerblut!" Ein trauriger Blick verdüsterte
Blausterns Augen. „Kriegerblut", sagte sie seufzend. „Zu viel davon
ist in letzter Zeit vergossen worden." Sie verfiel in tiefes Schweigen,
doch Löwenherz fuhr fort: „Blaustern bietet dir nur eine Ausbildung an,
45 junges Kätzchen. Es gibt keine Garantie, dass du auch
ein richtiger Krieger wirst. Es könnte sich als zu schwierig für dich
erweisen. Schließlich bist du an ein bequemes Leben gewöhnt." […]

4 „Dir muss klar sein, dass Blaustern dieses Angebot
nicht leichtfertig macht", sagte Löwenherz warnend.
50 „Wenn du von uns ausgebildet werden willst, müssen wir
dich in unseren Clan aufnehmen. Du musst entweder
mit uns leben und unsere Lebensweise akzeptieren oder
für immer in dein Zweibeinerheim zurückkehren. Du kannst
nicht mit einer Pfote in deiner Welt und mit der anderen
55 in unserer Welt leben."
Eine kühle Brise kam im Unterholz auf und zauste
Sammys Fell. Er schauderte, aber nicht vor Kälte,
sondern vor Aufregung wegen der unglaublichen Möglichkeiten,
die sich vor ihm auftaten.

1 Warum wohl wollen die Katzen den Hauskater Sammy
als neuen Krieger in ihren Clan aufnehmen?
Finde die Antwort im Text und lies sie vor.

2 Was könnte es für Sammy bedeuten, Mitglied
des Donner-Clans zu sein?
Sprecht darüber.

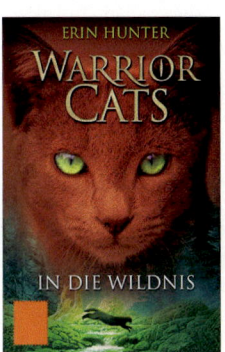

**Welche Abenteuer Sammy mit dem Donner-Clan erlebt,
kannst du in dem Buch „Warrior Cats" lesen.**

Nachschlagen und üben: Aufgaben erschließen

Der Aufgabenknacker

Mit dem Aufgabenknacker kannst du jede Aufgabe knacken.

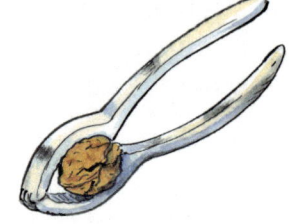

1. Schritt: Du liest die Aufgabe genau.

1 Lies die Beispielaufgabe A mehrmals genau und langsam.

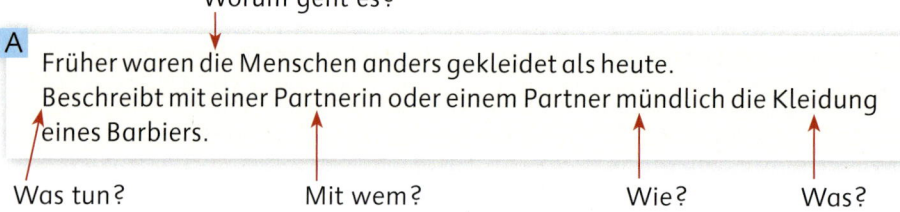

2 Das Verb ist das wichtigste Wort in einer Aufgabe. Schreibe das Verb aus Aufgabe A auf.

> Was tun?

3 Schreibe weitere wichtige Wörter auf:
- Welche Wörter sagen dir genauer, was du tun sollst?
- Sollst du die Aufgaben mündlich oder schriftlich lösen?
- Arbeitest du allein oder mit jemandem zusammen?

> Was?
> Wie?
> Mit wem?

2. Schritt: Du überlegst: Was gehört alles zur Lösung der Aufgabe?

4 Das Verb in der Aufgabe sagt dir, was du tun sollst. Schreibe die Verben vom Rand mit den passenden Erklärungen auf.

- Ich soll Gemeinsamkeiten und Unterschiede finden.
- Ich soll die wichtigsten Informationen wiedergeben.
- Ich soll wiedergeben, wie etwas aussieht oder abläuft.

> Beschreibe …
> Vergleiche …
> Fasse zusammen …

3. Schritt: Du gibst die Aufgabe mit eigenen Worten wieder.

5 Was sollst du in Aufgabe A tun? Schreibe den Lückentext vollständig auf.

Ich soll ___ angeben, welche Kleidungsstücke ___ trägt, wie sie ___ und aus welchem Material sie sind. Dabei soll ich ___ arbeiten.

> mündlich
> der Barbier
> aussehen
> mit einer Partnerin oder einem Partner

Bei langen Aufgaben musst du jede Teilaufgabe einzeln bearbeiten.

1. Schritt: Du liest die Aufgabe genau.

B Berichte mündlich über die Arbeit eines Handwerkers im Mittelalter.
a. Sammle Informationen über einen Handwerksberuf. Schreibe Stichworte auf.
b. Markiere die Stichworte, die für das sachliche Berichten wichtig sind.
c. Berichte deiner Klasse, was du herausgefunden hast.

6 Lies die Aufgabe **B** genau, Zeile für Zeile.
   a. Schreibe alle Verben auf. Schreibe die Grundformen daneben.
   b. Schreibe zu jedem Verb auch die anderen wichtigen Wörter auf.

> **Starthilfe**
> Zeile 1: Berichte – berichten: mündlich, Arbeit eines Handwerkers, …
> Zeile 2: Sammle – …

2. Schritt: Du überlegst: Was gehört alles zur Lösung der Aufgabe?

7 Wozu fordern dich die Verben in Aufgabe **B** auf?
Ordne die Verben vom Rand den passenden Erklärungen zu.

- Ich soll die wichtigsten Informationen aufschreiben.
- Ich soll Informationen aus dem Internet, aus dem Lexikon und aus Sachbüchern zusammentragen.
- Ich soll bestimmte Informationen auswählen und mit einem Stift unterstreichen oder farbig anstreichen.
- Ich soll einen Vorfall oder Vorgang sachlich und knapp wiedergeben. Dabei beantworte ich wichtige W-Fragen.

> Sammle …
> Schreibe Stichworte auf …
> Markiere …
> Berichte …

3. Schritt: Du gibst die Aufgabe mit eigenen Worten wieder.

8 Was sollst du in Aufgabe **B** alles tun?
Schreibe den Lückentext vollständig auf.

Ich soll ___ über die Arbeit eines ___ im Mittelalter berichten. Zunächst muss ich ___ über den Beruf sammeln. Ich muss ___ aufschreiben. Dann muss ich die Stichworte für einen sachlichen Bericht ___.
Zum Schluss soll ich darüber meiner Klasse ___.

> berichten
> mündlich
> Stichworte
> markieren
> Handwerkers
> Informationen

➔ der Aufgabenknacker auf einen Blick: Seite 274

Nachschlagen und üben: Strategien zur Texterschließung anwenden

Texte lesen und verstehen: Der Textknacker

Den Textknacker kennst du natürlich schon!

1 Wie funktioniert der Textknacker?
Lies die Seiten 190 und 191.

Einen Text verstehen ist so
wie eine Nuss knacken.

Eine harte Nuss musst du knacken,
damit du an ihren weichen Kern herankommst.
Dazu brauchst du einen Nussknacker.

Einen Text kannst du auch „knacken",
genauso wie eine harte Nuss.
Dann kannst du ihn verstehen.
Hier hilft dir der Textknacker.

Der Textknacker hilft dir bei Sachtexten,
aber auch bei Geschichten und (ganzen) Büchern.

2 Hast du schon einen Textknacker aus Pappe?
Wenn du keinen hast, bastle dir einen.
Dann kannst du ihn für jeden Text verwenden.
Schreibe nur die Schritte und die hervorgehobenen Wörter auf.

Z 3 Gestaltet für euren Klassenraum ein Plakat
mit den Textknacker-Schritten.

Z 4 Lege eine abwaschbare Folie in dein Buch.
So kannst du in jedem Text das Wichtigste auf Folie markieren.

Der Textknacker – Schritt für Schritt

Texte liest du, um dich zu informieren oder zum Vergnügen oder …
Mach dir klar, warum du den Text liest. Dann funktioniert der Textknacker.

 **1. Schritt: Vor dem Lesen**
Du siehst dir den Text als Ganzes an.

- Worauf fällt dein Blick als Erstes?
- Was erzählen dir die Bilder?
- Wie heißt die Überschrift?
- Worum könnte es gehen?

 **2. Schritt: Das erste Lesen**
Du überfliegst den Text.
Oder du liest den Text einmal durch.

- Welche Wörter, Wortgruppen oder Absätze fallen dir auf?
- Was ist interessant für dich? Was macht dich neugierig?

 **3. Schritt: Den Text genau lesen**
Du liest den Text genau und in Ruhe – Absatz für Absatz.
So findest du die wichtigen Informationen.

- Absätze gliedern den Text.
  Was in einem Absatz zusammensteht, gehört inhaltlich zusammen.
- Manchmal stehen auch Zwischenüberschriften über den Absätzen.
- Manche Wörter sind zum Verstehen besonders wichtig,
  sie sind Schlüsselwörter.
- Manchmal gibt es weitere Bilder am Rand des Textes oder im Text.
  Sie helfen dir, den Text zu verstehen.
- Manche Wörter werden erklärt: Sieh am Rand oder unter dem Text nach.
- Schlage Wörter, die du nicht verstanden hast, im Lexikon nach.
- Welche Fragen hast du an den Text?

 4. Schritt: Nach dem Lesen
Du arbeitest mit dem Inhalt des Textes.

- Welche Informationen sind für dich und deine Aufgabe wichtig?

Nachschlagen und üben: Eine Geschichte lesen und mit Bildern nacherzäh

Eine Geschichte „knacken"

Mit dem Textknacker kannst du hier eine Geschichte lesen und verstehen.
Zum Schluss erzählst du die Geschichte nach und findest eine passende Überschrift.

1. Schritt: Vor dem Lesen
2. Schritt: Das erste Lesen
3. Schritt: Den Text genau lesen
4. Schritt: Nach dem Lesen

1. Schritt: Vor dem Lesen
Du siehst dir den Text als Ganzes an.

1
a. Sieh dir die Seite 193 mit der Geschichte an.
b. Worauf fällt dein Blick als Erstes? Schreibe es auf.
c. Was erzählen die Bilder? Schreibe einen kurzen Satz auf.
d. Worum könnte es in der Geschichte gehen?
Schreibe auf, was du vermutest.

2. Schritt: Das erste Lesen
Du liest den Text einmal durch.

2 Wie ist dein erster Eindruck von der Geschichte?
a. Lies die Geschichte einmal durch.
b. Welche Wörter und Wortgruppen hast du dir gemerkt?
Decke die Geschichte ab.
Schreibe die Wörter und Wortgruppen auf.
c. Was gefällt dir? Was hat dich neugierig gemacht?
Schreibe es auf.

3. Schritt: Den Text genau lesen
Du liest den Text genau und in Ruhe – Absatz für Absatz.

3 Lies die Geschichte auf Seite 193 nun ganz genau – Absatz für Absatz.

Über die Schildbürger gibt es so manche merkwürdige Geschichte.
In dieser Geschichte geht es um den Wettstreit von zwei Kuckucken.

1 Einmal vor langer Zeit ritt ein Schildbürger aus Schilda auf seinem Pferd durch die Felder nach Hause. Und als er so ritt, hörte er zwei Kuckucke rufen. Der eine Kuckuck kuckuckte[1]
5 auf einem Baum, der in Schilda stand. Der andere Kuckuck kuckuckte auf einem anderen Baum, der zum Nachbarort gehörte. Sie kuckuckten um die Wette. Wer konnte wohl öfter kuckucken?

10 2 Der Schildbürger merkte, dass der fremde Kuckuck dem Kuckuck aus Schilda überlegen war[2]. Das ärgerte den Schildbürger, er stieg von seinem Pferd und kletterte auf den Baum, um dem Schildaer Kuckuck beim Kuckucken
15 zu helfen. Beide zusammen schafften es, sie kuckuckten so viel, dass sie den fremden Kuckuck besiegten und dieser wegflog.

3 Doch inzwischen war ein Wolf gekommen und hatte das Pferd gefressen. Das Pferd hatte
20 unter dem Baum gestanden. So musste der Mann verärgert zu Fuß nach Schilda laufen.

4 Dort erzählte er dem Bürgermeister und allen Menschen im Ort: „Ich habe für Schilda einen Kuckucksruf-Wettkampf zusammen
25 mit dem Kuckuck gewonnen! Doch dann ist ein Wolf gekommen und der hat mein Pferd gefressen. Ich hätte nun gern ein anderes Pferd."

5 Als der Bürgermeister und alle anderen Schildbürger das hörten, waren sie sich einig:
30 „Dieser Schildbürger hat den Wettkampf der Kuckucksrufe für uns gewonnen. Wir müssen ihn ehren!", sagten sie. Und so geschah es. Er erhielt viele Ehrungen und auch ein neues Pferd.

[1] **kuckucken:** ein Wort für „Kuckuck" rufen
[2] **er war ihm überlegen:** er war besser als der andere

Weiter mit dem 3. Schritt: Den Text genau lesen

Absätze gliedern den Text. Was in einem Absatz zusammensteht, gehört inhaltlich zusammen.

4 Jeden der fünf Absätze kannst du in einem Satz zusammenfassen.
  a. Lies die Sätze.
  b. Ordne die Sätze den Absätzen im Text zu und schreibe sie auf.
     Tipp: Lasse unter jedem Satz zwei Zeilen Platz.

Starthilfe
1: Ein Mann ritt …

- Ein Mann ritt nach Schilda und hörte zwei Kuckucke um die Wette rufen.
- Der Mann kuckuckte mit dem Kuckuck um die Wette.
- Der Mann erzählte in Schilda von dem Wettkampf.
- Der Mann aus Schilda ging zu Fuß nach Hause.
- Der Mann wurde geehrt und bekam ein anderes Pferd.

Manche Wörter sind zum Verstehen besonders wichtig, sie sind Schlüsselwörter.

5 a. Lies die hervorgehobenen Wörter in jedem Absatz.
       Es sind die Schlüsselwörter.
   b. Schreibe die Schlüsselwörter
      unter die Sätze aus Aufgabe 4.

Starthilfe
1: Ein Mann ritt …
einmal vor langer Zeit,
ein Schildbürger aus Schilda, …

Manche Wörter werden unter dem Text erklärt.

6 Auf Seite 193 werden zwei Wörter unter dem Text erklärt.
    Schreibe die beiden Wörter mit ihren Erklärungen auf.

Schlage Wörter, die du nicht verstanden hast, im Lexikon nach.

7 Die Lexikonartikel erklären die Wörter
    ehren und **der Bürgermeister**.
    a. Lies die Lexikonartikel.
    b. Welches Wort gehört zu welcher Erklärung?
       Schreibe die Erklärungen und
       die passenden Wörter zusammen auf.

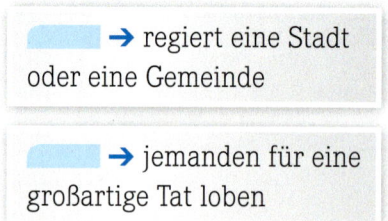

→ regiert eine Stadt oder eine Gemeinde

→ jemanden für eine großartige Tat loben

4. Schritt: Nach dem Lesen

Ihr könnt die Geschichte nun nacherzählen.
Die Bilder und eure Notizen helfen euch dabei.

8 Seht euch die Bildergeschichte gemeinsam
mit einer Partnerin oder einem Partner an.

9 Sprecht über das Bild 1.
- Wer ist die Hauptperson?
- Wo beginnt die Geschichte?
- Wann spielt die Geschichte?
- Was geschah am Anfang?

10 Schreibt eine Einleitung für eure Geschichte.
Verwendet das Präteritum.

Starthilfe
Vor langer Zeit ritt …

11
a. Erzählt die Geschichte Bild für Bild weiter nach.
b. Schreibt eure Geschichte weiter.
Verwendet eure Notizen.
c. Findet eine passende Überschrift
für eure Geschichte.

Wer?
Wo?
Wann?
Was passierte?
Auflösung?

Der Buchknacker

Das Buchcover und der Klappentext

Mit dem Buchknacker „knackt" ihr ein Buch in vier Schritten.
Nach dem Lesen könnt ihr das Buch vorstellen.

1. Schritt: Vor dem Lesen
Ihr seht euch das Buch als Ganzes an.

Eigentlich sollte Jin Ling fleißig lernen. Doch manchmal gerät sie ins Träumen und hört der Lehrerin nicht mehr zu. [...] Jin Ling flieht immer öfter in ihre eigene Welt. Auf der Suche nach Maulbeerblättern für ihre Seidenraupen[1] lernt sie eines Tages eine alte Frau kennen, mit der sie ein Geheimnis teilt ...

Das Buchcover verrät euch etwas über das Buch.

das Buchcover:
das Bild
der Titel
die Autorin

1 Seht euch das Bild an.
   Was für Zeichen könnten das sein?

2 a. Lest den Buchtitel.
   b. Überlegt gemeinsam:
      • Was sind Seidenraupen?
      • Wo könnte Jin Ling leben?
   c. Wie heißt die Autorin? Schreibt ihren Namen auf.

Der Klappentext verrät euch mehr über den Inhalt des Buches.

der Klappentext

3 a. Lest den Klappentext.
   b. Was erfahrt ihr über den Inhalt des Buches?
      Sprecht darüber.

[1] **die Seidenraupen:** die Raupen von Schmetterlingen. Seidenraupen ernähren sich von den Blättern des Maulbeerbaumes.

Ein Ausschnitt aus dem Buch

2. Schritt: Das erste Lesen
Ihr lest einen Textausschnitt.
So bekommt ihr einen ersten Eindruck von dem Buch.

Jin Ling lebt in China. Vor dem Unterricht hat sie
Seidenraupen gefunden und bewahrt sie nun
in ihrer Schultasche auf.

1 In der ersten Stunde an diesem Nachmittag hatten sie
Mathematik. Jin Ling konnte sich überhaupt nicht
konzentrieren. Sie saß so kribbelig auf dem Stuhl
wie die Seidenraupen in der Tüte, an die sie ständig
5 denken musste. […] Vielleicht kroch gerade eine größere
über eine kleinere und zerdrückte sie … Jin Ling
musste unbedingt nachsehen. Und wieder schaute sie
unter die Tischplatte und tastete mit den Händen
nach der Schultasche. Natürlich war das verboten.
10 Im Unterricht durfte man sich nicht ablenken lassen.
Aber sie konnte einfach nicht anders.

2 Shang Hai hatte die Sache schon eine Weile beobachtet.
Er beugte sich zu ihr herüber und flüsterte:
„Wonach schaust du denn dauernd?" Jin Ling schob ihn
15 mit dem Ellenbogen weg und zischte: „Hau ab!"
Shang Hai ärgerte sich: „Du bist doof."

3 Herr Zhang hatte eine Aufgabe an die Tafel geschrieben
und sah sich suchend in der Klasse um.
Einige Schüler hatten bereits die Hand gehoben,
20 aber er schien nach jemand Besonderem zu suchen.
Plötzlich rief er: „Jin Ling!"
Jin Lings Kopf schnellte unter dem Tisch hervor.
Mit unschuldigem Lächeln versuchte sie, den Lehrer
freundlich zu stimmen.

4 Wie ist euer erster Eindruck von dem Textausschnitt?
Sammelt Stichworte an der Tafel.

3. Schritt: Den Text genau lesen

1 Lest den Textausschnitt auf der Seite 197 genau – Absatz für Absatz.

Im Textausschnitt sind Schlüsselwörter hervorgehoben.
Sie helfen euch, die folgenden Fragen zu beantworten.

- Wann spielt die Geschichte?
- Wer ist die Hauptperson?
- Was möchte die Hauptperson?
- Was denkt und fühlt die Hauptperson? Was tut sie?
- Welche weiteren Personen gibt es?
- Was passiert auf einmal?

2 a. Schreibt die Fragen ab.
b. Beantwortet sie schriftlich mit Hilfe der Schlüsselwörter.

In dem Textausschnitt gibt es Namen,
die euch vielleicht ungewöhnlich vorkommen.

3 a. Schreibt die Namen der Personen auf.
b. Lest die Namen vor.

Welche Wörter im Text kennt ihr nicht?

4 a. Informiert euch im Internet über Seidenraupen.
b. Schlagt weitere unbekannte Wörter im Lexikon nach.

Welche Fragen habt ihr an den Text?

5 a. Schreibt eure Fragen an den Text auf.
b. Sprecht darüber in der Klasse.

6 Würdet ihr das Buch gern lesen? Begründet.

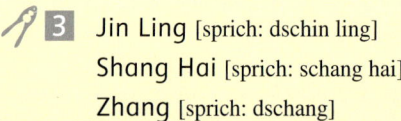

3 Jin Ling [sprich: dschin ling]
Shang Hai [sprich: schang hai]
Zhang [sprich: dschang]

Das Buch vorstellen

4. Schritt: Nach dem Lesen

Was weißt du nun über das Buch „Seidenraupen für Jin Ling"?
Du kannst das Buch mit Hilfe deiner Arbeitsergebnisse vorstellen.

Bereite eine Buchvorstellung vor.

7 a. Lies noch einmal deine Notizen zum Buch „Seidenraupen für Jin Ling".
b. Gliedere die Buchvorstellung. Schreibe die Überschriften auf Karteikarten.
c. Ergänze passende Stichworte auf jeder Karteikarte.

- das Buchcover
- der Buchtitel
- die Autorin
- der Klappentext
- die Hauptperson
- der Textausschnitt

8 Wähle Materialien für deine Buchvorstellung aus.
- Lege das Buch bereit.
- Übe, den Textausschnitt vorzulesen.

Übe, das Buch vorzustellen.

9 Überlege dir eine passende Einleitung.

> **Starthilfe**
> Ich möchte euch das Buch … vorstellen.
> Die Autorin heißt …

10 a. Nenne dann die Überschrift von jeder Karteikarte.
b. Erläutere jede Überschrift in ganzen Sätzen. Deine Stichworte helfen dir dabei.

11 Lies den Textausschnitt vor.

12 a. Sage zum Schluss, ob du das ganze Buch lesen würdest oder nicht.
b. Begründe deine Meinung.

13 Stelle dein Buch der Klasse vor. Beachte dabei die Arbeitstechnik.

> **Arbeitstechnik**
>
> **Ein Buch vorstellen**
>
> - Zeige den Zuhörern **das Buchcover**.
> - Nenne den **Titel** und den **Autor** des Buches.
> - Wer? – Stelle die **Hauptperson** vor.
> - Wo? – Wann? – Was? – Erzähle **kurz** etwas über den **Inhalt** des Buches.
> - **Lies** einen **Ausschnitt** aus dem Buch **vor**.
> - Würdest du das ganze Buch lesen? **Begründe**.

Ideensammlung: Die Mindmap

In einer Mindmap sammelst du Informationen zu einem Thema.
Du stellst die Informationen geordnet dar.

Sergej hat Grüße aus dem Schullandheim geschickt.
Seine Informationen hat er in einer Mindmap aufgeschrieben.

1 Seht euch die Mindmap an.
   Was teilt Sergej in seinen Grüßen mit?

Eine Mindmap hat eine bestimmte Struktur.

2 Seht euch die Mindmap genauer an.
   • Um welches Thema geht es in der Mindmap?
   • Welche weiteren Informationen gibt es?
   • Welche Informationen gehören zusammen?
   • Warum gehören sie zusammen?

3 Wie hat Sergej seine Informationen geordnet?
   Schreibe den Text auf und ergänze die Lücken.

Die Mindmap sieht aus wie ein Baum. Auf dem Stamm steht _____. Vom Stamm gehen große Äste ab. Auf jedem großen _____ steht _____. Zu jedem wichtigen Wort gibt es weitere _____. Sie stehen an den kleinen Zweigen.

das Thema
(der) Ast
ein wichtiges Wort
(die) Informationen

Du kannst nun eigene Ideen in einer Mindmap sammeln und ordnen.

Was kannst du im Sommer am See alles machen?

4 Auf dem Bild siehst du verschiedene Dinge, die du am See machen kannst. Schreibe die Tätigkeiten in Stichworten auf.
- Was kannst du im Wasser tun?
- Was kannst du am Strand tun?
- Was kannst du auf der Wiese tun?

5 Was kannst du noch am See tun?
Schreibe die Tätigkeiten auf.

Die Tätigkeiten kannst du in einer Mindmap ordnen.

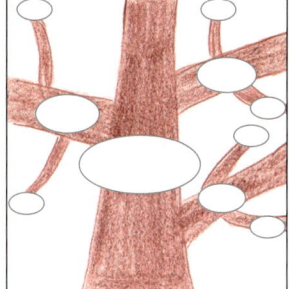

6 Bereite deine Mindmap vor:
- Lege ein Blatt Papier quer vor dich.
- Zeichne darauf einen Baum mit Ästen.

Tipp: Zeichne alles so groß wie möglich.

7 a. Schreibe das Thema „Tätigkeiten am See" auf den Stamm.
b. Die Orte **im Wasser**, **am Strand**, **auf der Wiese** sind die wichtigen Wörter. Schreibe sie jeweils auf einen Ast.
c. Schreibe zu den Orten die passenden Tätigkeiten auf.

Tipp: Du kannst auch eigene Ideen in deine Mindmap schreiben.

➜ die Mindmap auf einen Blick: Seite 275

 4 ein Buch lesen, einen Drachen steigen lassen, Frisbee spielen, Fußball spielen, ein Picknick machen, eine Sandburg bauen, schwimmen, segeln, surfen

Texte überarbeiten

Die Schreibkonferenz

In einer Schreibkonferenz überarbeitet ihr Texte gemeinsam in der Gruppe.
Für die Durchführung der Schreibkonferenz werden Regeln vereinbart.

Regel 1: Die Autorin oder der Autor liest zunächst die Spielanleitung vor. Die anderen hören aufmerksam zu.

Regel 2: Sagt zuerst, was euch gefällt.

Regel 3: Fragt nach, wenn ihr etwas nicht verstanden habt.

Regel 4: Überarbeitet gemeinsam die Spielanleitung, bis sie euch gefällt. Die Arbeitstechnik hilft euch dabei.

> **Arbeitstechnik**
>
> **Eine Spielanleitung überarbeiten**
>
> Eine Spielanleitung überarbeitet ihr am besten **in mehreren Durchgängen**. Ihr könnt selbst auswählen, was ihr zuerst tut:
> - Tipp 1: Achtet auf die **richtige Reihenfolge**.
> - Tipp 2: Verwendet die Anrede **du**.
> - Tipp 3: Gestaltet die **Satzanfänge** abwechslungsreich.
> - Tipp 4: Verwendet bei der Spielanleitung das **Präsens**.
> - Tipp 5: Überprüft die **Rechtschreibung**.

Regel 5: Schreibt die Spielanleitung noch einmal sauber und in gut lesbarer Schrift auf. Ihr könnt sie auch am Computer schreiben.

Einen Text überarbeiten

W Iwo hat eine Anleitung für ein türkisches Spiel geschrieben.
Wähle aus:
- Du kannst Iwos Spielanleitung
  in der Schreibkonferenz überarbeiten.
- Du kannst Iwos Spielanleitung
  aber auch allein überarbeiten.

1 Lest die Spielanleitung von Iwo.

> Es ist ein Geschicklichkeitsspiel, bei dem du
> alle fünf Runden schaffen musst.
>
> Dieses Spiel kannst du zu zweit, aber auch
> mit mehreren Personen spielen. Für das Spiel brauchst du
> fünf Steine. Das Spiel heißt Beştaş und kommt
> aus der Türkei. Lege die fünf Steine neben dich
> auf den Boden.
>
> Ihr beginnt mit dem Spiel. Ihr werft einen Stein
> durch die Luft. Dabei müsst ihr noch einen Stein
> vom Boden aufheben.
>
> Dann wirfst du den nächsten Stein hoch und
> hebst zwei Steine auf. Dann wirfst du noch einmal einen Stein
> hoch und hebst drei Steine auf. Und dann wiederholst du
> das noch einmal und nimmst alle vier Steine auf.
>
> Nun bildest du mit dem Daumen und dem Zeigefinger ein Tor.
>
> Die Mitspieler wählten einen Stein aus und legten ihn
> vor das Tor. Anschließend hast du die Steine nacheinander
> durch das Tor geschossen.
>
> Nachdem du alle fünf Steine ins Tor gebracht hast,
> wirfst du die fünf Steine hoch und fengst sie
> mit dem handrücken. eine Hand zehlt dopelt,
> zwei Hende einfach. Wer am ende die meisten
> Steine gefangen hat, ist Sieger.
>
> Dieses Spiel wird in verschiedenen Ländern der Erde gespielt.
> Es gibt viele unterschiedliche Variationen, in denen es gespielt
> werden kann.

Durch die Überarbeitung könnt ihr
- das Spiel verständlicher und anschaulicher beschreiben,
- Stellen neu schreiben, die euch noch nicht gefallen,
- die Rechtschreibung überprüfen und korrigieren.

Tipp 1: Achtet auf die richtige Reihenfolge.

> *Es ist ein Geschicklichkeitsspiel, bei dem du alle fünf Runden schaffen musst.*
>
> *Dieses Spiel kannst du zu zweit, aber auch mit mehreren Personen spielen. Für das Spiel brauchst du fünf Steine. Das Spiel heißt Beştaş und kommt aus der Türkei. Lege die fünf Steine neben dich auf den Boden.*

Reihenfolge:
- Name des Spiels
- Ziel
- Anzahl der Mitspieler
- Material
- Vorbereitung des Spiels
- Durchführung

2 a. Überprüft die Reihenfolge der Sätze.
b. Schreibt die Sätze in der richtigen Reihenfolge auf.

Tipp 2: Verwendet die Anrede du.

> *Ihr beginnt mit dem Spiel. Ihr werft einen Stein durch die Luft. Dabei müsst ihr noch einen Stein vom Boden aufheben.*

3 In einer Spielanleitung soll die Anrede immer gleich sein.
Am besten verwendet ihr die Anrede **du**.
Schreibt die Sätze mit der Anrede **du** auf.
Tipp: Die Verbformen verändern sich.

Starthilfe
Du beginnst mit dem Spiel. Du …

3 müssen – du musst, werfen – du wirfst

Tipp 3: **Gestaltet die Satzanfänge abwechslungsreich.**

Dann wirfst du den nächsten Stein hoch und hebst zwei Steine auf. Dann wirfst du noch einmal einen Stein hoch und hebst drei Steine auf. Und dann wiederholst du das noch einmal und nimmst alle vier Steine auf.

4 Probiert aus, wie ihr die Satzanfänge verbessern könnt. Wählt unterschiedliche Satzanfänge aus.

Tipp 4: **Verwendet bei der Spielanleitung das Präsens.**

Die Mitspieler wählten einen Stein aus und legten ihn vor das Tor. Anschließend hast du die Steine nacheinander durch das Tor geschossen.

5 Welche Sätze stehen nicht im Präsens? Ersetzt die Verbformen durch die Präsensform.

Tipp 5: **Überprüft die Rechtschreibung.**

Nachdem du ale fünf Steine ins Tor gebracht hast, wirfst du die fünf steine hoch und fengst sie mit dem handrücken. eine Hand zehlt dopelt, zwei Hende einfach. Wer am ende die meisten Steine gefangen hat, ist sieger.

Achtung: Fehler!

6 In diesem Absatz gibt es 10 Rechtschreibfehler. Schreibt die Sätze richtig auf.
Tipp: Ihr könnt ein Wörterbuch verwenden.

Schreibt die Spielanleitung am Ende in Reinschrift auf.

7 Schreibt Iwos Spielanleitung mit euren Überarbeitungen auf.

---

4 Zuerst …, Danach …, Darauf …, Schließlich …, Nun …

5 du schießt, sie wählen aus

6 alle, doppelt, das Ende, fangen, die Hand, der Handrücken, der Sieger, der Stein, zählen

Nachschlagen und üben: Arbeitspläne und Checklisten anlegen

Gemeinsam planen und arbeiten

Arbeitspläne und Checklisten erleichtern euch die Arbeit.

Die Klasse 6a möchte ein Theaterstück aufführen.
Hülyas Gruppe kümmert sich um die Kostüme.
Als Vorbereitung hat Hülya einen Arbeitsplan angelegt.

Arbeitsplan: Kostüme für das Theaterstück entwerfen und nähen				
Vorbereitungszeit: 2 Wochen			Gruppe: Hülya, Paul, Julia, Ahmed, Yasmin	
Tag	Aufgabe	verantwortlich	erledigt am	Fragen oder Probleme
Montag	Rollen untersuchen: Welche Rollen gibt es? Wer hat welche Rolle?	Hülya und Paul	Montag	Braucht der Erzähler auch ein Kostüm? die Klasse fragen
Dienstag	passende Kostüme zur Rolle überlegen	alle	Dienstag	
Mittwoch	die Kostüme vorzeichnen	Julia	Mittwoch und Donnerstag	Welche Materialien können wir verwenden?
Donnerstag	Kleidung sammeln	Ahmed	Donnerstag	Mantel fehlt

 1 a. Besprecht den Arbeitsplan genau.
- Für welche Aufgabe hat Hülya einen Arbeitsplan geschrieben?
- Welche Überschriften haben die Spalten?
- Was steht direkt neben den Wochentagen?

b. Hat der Arbeitsplan Hülyas Gruppe die Arbeit erleichtert? Begründet.

Hülyas Plan ist nicht vollständig. Ihre Gruppe muss noch Materialien besorgen und die Kostüme nähen und gestalten.

 2 Schreibt einen Arbeitsplan für die zweite Woche.
a. Zeichnet einen Arbeitsplan.
b. Überlegt euch, was Hülyas Gruppe bis zu den fertigen Kostümen noch erledigen muss.
c. Verteilt die Aufgaben auf die Wochentage.
d. Schreibt Stichworte in die zweite Spalte.

 2 Kostüme anprobieren, Kostüme nähen, Kunstlehrer nach Material fragen, Nadel und Faden mitbringen, Stoffreste kaufen

Bevor Hülyas Gruppe mit der Gruppenarbeit anfängt, überprüft Hülya mit einer Checkliste ihren Arbeitsplan.

Checkliste: Einen Arbeitsplan anlegen	ja	nein
Ist der Arbeitsplan übersichtlich?	X	
Habe ich an alle Aufgaben gedacht?		X
Sind die Aufgaben auf die Tage verteilt?	X	
Hat jeder eine Aufgabe?	X	

 3 Lest Hülyas Checkliste.
- Was ist gut an ihrem Arbeitsplan?
- Was kann sie nächstes Mal noch verbessern?

Mit einer Checkliste kann die Gruppe von Hülya auch ihre Gruppenarbeit auswerten.

 4 Erarbeitet aus den Regeln für die Gruppenarbeit eine Checkliste. Die Checkliste könnt ihr bei jeder Gruppenarbeit verwenden.
    a. Lest die Regeln.
    b. Schreibt die Sätze in Checkfragen um.
    c. Ergänzt eigene Checkfragen.

Arbeitstechnik

Regeln für die Gruppenarbeit

1. **Jedes Mitglied** erhält **eine Aufgabe**.
2. Alle arbeiten **gemeinsam**.
3. Jedes Mitglied arbeitet **mit jedem/jeder** zusammen.
4. **Keiner/keine** lenkt die Gruppe **ab**.
5. **Keiner/keine meckert** über seine/ihre Aufgabe.

Ihr könnt nun selbst einen Arbeitsplan anlegen und eine Checkliste schreiben.

Z 5 Ihr gestaltet ein Werbeplakat für das Theaterstück.
    a. An was müsst ihr alles denken?
       Schreibt einen Arbeitsplan für eure Gruppe.
    b. Überprüft euren Arbeitsplan mit einer Checkliste.

Nachschlagen und üben: Informationsquellen nutzen

Im Lexikon nachschlagen

Wenn du dich über etwas informieren willst,
kannst du in einem Lexikon nachschlagen.
Mit Hilfe der Kopfwörter kannst du dich im Lexikon zurechtfinden.

1 Sieh dir die Seite aus dem Lexikon genau an.
  a. Schreibe die beiden Kopfwörter in dein Heft.
  b. Welche dieser Wörter findest du zwischen den beiden Kopfwörtern?

> der Pudel, die Pyramide, die Pumpe, das Prozent, die Puppe, das Quadrat, der Punkt

In einem Lexikoneintrag gibt es mehrere Informationen zu einem Wort.

die Worterklärung   das Bild

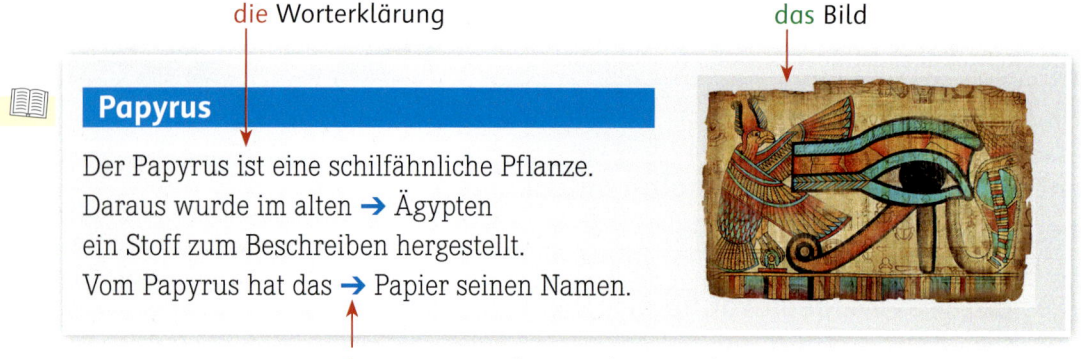

der Verweis auf ein anderes Stichwort

2 Unter welchen Stichwörtern findest du weitere Informationen?
Woran erkennst du das?

Einem Lexikoneintrag Informationen entnehmen

Du möchtest dich über Pyramiden informieren.
? Wo gibt es bekannte Pyramiden?
? Wozu wurden Pyramiden errichtet?

Du findest zwei verschiedene Lexikoneinträge.
Der Textknacker hilft dir, die beiden Einträge zu verstehen.

3 Überfliege die beiden Lexikoneinträge.
Welcher Eintrag beantwortet diese Fragen?
Begründe.

1. Vor dem Lesen
2. Das erste Lesen
3. Den Text genau lesen
4. Nach dem Lesen

Pyramiden

Die Pyramiden von Giseh in Ägypten sind weltberühmte Bauwerke.
Etwa 15 Kilometer von der ägyptischen Hauptstadt → Kairo entfernt liegt die Stadt Giseh
5 (Gîza) in der Nähe des → Nils. Die Pyramiden liegen direkt an der Pyramidenstraße (Scharia el-Ahram). Die größte Pyramide ist die berühmte → Cheops-Pyramide. Sie ist etwa 140 Meter hoch und hat eine Grundfläche von 230 x 230 Metern.
10 Sie wurde vor etwa 4500 Jahren für den → Pharao Cheops errichtet.

Pyramiden

In alten Kulturen wurden riesige Bauten in dieser Pyramidenform gebaut. Bekannte Pyramiden gibt es zum Beispiel in → Ägypten und in → China. In → Lateinamerika gibt es vor allem Stufenpyramiden der → Maya und der → Azteken. Pyramiden wurden oft als Gräber für verstorbene Könige errichtet. So auch die berühmten → Pyramiden von Giseh.

4 a. Lies den zweiten Lexikoneintrag genau.
b. Beantworte die Fragen ? schriftlich.

Nachschlagen und üben: Ausdrucksvoll vorlesen

Eine Geschichte vorlesen

Du kannst eine Geschichte so vorlesen, dass die Zuhörer sich genau vorstellen können, was geschieht oder wie die Stimmung ist.

Der Textknacker hilft dir, die Geschichte zu verstehen.

1. Vor dem Lesen
2. Das erste Lesen
3. Den Text genau lesen
4. Nach dem Lesen

1 Lies die Geschichte mit dem Textknacker.

Potilla   Cornelia Funke

Eines Abends, als Arthur durch den Wald ging, begann ein furchtbares Unwetter. Der Donner grollte und der Wind heulte. Arthur hatte Angst.

■ **Jetzt reicht's**, | dachte **Arthur** und drehte sich um. || Da hörte er | **ein lautes Rascheln** aus dem Wald. || Etwas kam **direkt** auf ihn zu. || **Erschrocken** duckte er sich | hinter den nächstbesten Busch. ||
5 Zwischen den Bäumen | tauchte **eine unheimliche Gestalt** auf. || **Gebückt und krummbeinig** stand sie da | und sah sich um. || „**So**, meine Schöne", | hörte Arthur **eine raue Stimme** flüstern.

Hochwohlgeboren, | spitz **die Ohren**! ||
10 Ehrenpreis und Menschenstrumpf |
Macht **die Fee** nun steif und stumpf. ||
Stille stehn nun **Raum und Zeit**, |
Und du **schläfst in Ewigkeit**! ||

Weg mit dir! || Auf Nimmerwiedersehen! ||
15 Und **viel Spaß** in der **Menschenwelt**! ||

Die Gestalt hob den Arm. || Etwas **flog** durch die Luft | – und landete **mit einem dumpfen Plumps** | neben Arthur im Gras. || Er wurde **vor Schreck**
20 **fast ohnmächtig**. ||

210

2 Die unheimliche Gestalt hüpfte von einem krummen Bein aufs andere und lachte dabei so sehr, dass es sie schüttelte. Arthur schlotterte vor Angst. Kalter Regen trommelte durch das Blätterdach und
25 durchweichte seine Kleider. Eine Sekunde noch, dachte er, dann fall ich tot um. Doch nun endlich hatte das unheimliche Wesen genug vom Tanzen. Einen Moment stand es noch stumm und reglos da, dann drehte es sich um – und war verschwunden. […]

30 **3** Zögernd hob Arthur den klitschnassen Kopf. Neben ihm im Gras lag ein Strumpf. Ein dreckiger, scheußlich gemusterter Strumpf, in dem offensichtlich irgendetwas steckte. Arthur holte seine kleine Taschenlampe aus der Hosentasche und
35 legte sie so ins Gras, dass der Lichtschein auf den Strumpf fiel. Einen Atemzug lang zögerte er. Dann knotete er die merkwürdige Ranke auf, mit der der Strumpf verschnürt war – und griff hinein.

Du kannst die Geschichte ausdrucksvoll vorlesen.

Absatz **1** ist schon zum Vorlesen vorbereitet.

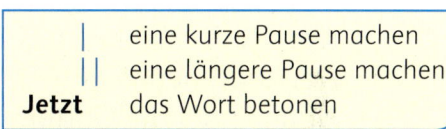

2 Lies Absatz **1** mehrmals vor.

3 Bereite nun auch die Absätze **2** und **3** zum Vorlesen vor.
   a. Lege eine Folie über den Text.
   b. Probiere es aus: Wo möchtest du Pausen machen? Welche Wörter möchtest du betonen?
   c. Trage Markierungen auf der Folie ein.

4 Lies die Absätze **2** und **3** mehrmals vor.
   • Lies manche Textstellen lauter, manche leiser.
   • Lies manche Textstellen schneller, manche langsamer.

5 a. Lies den ganzen Text ausdrucksvoll vor Zuhörern vor.
   b. Besprecht, was gelungen ist und was ihr noch verbessern könnt.

➔ ausdrucksvoll vorlesen auf einen Blick: Seite 273

Eine Einladung schreiben

Meliha möchte zu einer Gartenparty einladen und hat eine Einladung geschrieben.

1. a. Lies die Einladung von Meliha.
   b. Beantworte diese Fragen:
      - Wozu lädt Meliha ein?
      - Wen lädt Meliha ein?
      - Wann findet die Gartenparty statt?
      - Wo findet die Gartenparty statt?
      - Was sollen die Gäste mitbringen?

Sinan hat eine Einladung als E-Mail geschrieben.

Einladung zur Karnevalsparty

Ich lade dich herzlich zu meiner Party ein. Die Party findet am Samstag statt. Bring bitte ein Kostüm mit.

Dein Sinan
um 16 Uhr
Liebe Lara,
in der Hauptstraße 4

2. a. Lies die Einladung von Sinan.
   b. Ergänze die fehlenden Informationen in Sinans Einladung. Schreibe die Einladung vollständig auf.

Du möchtest selbst zu einer Party einladen.
Du schreibst eine schöne Einladung.

3 Plane deine eigene Einladung.
- Wozu möchtest du einladen?
- Wen möchtest du einladen?
- Wann soll deine Party stattfinden?
- Wo soll deine Party stattfinden?
- Was sollen deine Gäste mitbringen?

4 Schreibe nun deine Einladung.

5 Überprüfe deine Einladung.
  a. Enthält deine Einladung alle wichtigen Informationen?
    Tipp: Die Fragen am Rand helfen dir beim Überprüfen.
  b. Überarbeite deine Einladung.

> Wozu?
> Wer?
> Wann (Datum, Uhrzeit)?
> Wo?
> Was mitbringen?

Du kannst deine Einladung besonders gestalten.

6 Gestalte deine Einladung besonders schön.
Du kannst die Einladung auch am Computer gestalten.
- Du kannst wichtige Dinge mit einem dicken Stift **hervorheben**.
- Du kannst deine Schrift schön *verzieren*.
- Du kannst deine Einladung farbig gestalten.
- Du kannst ein Bild zeichnen oder Aufkleber verwenden.

Z 7 Gestalte eine Ballon-Einladung.
  a. Blase einen Luftballon auf.
  b. Beschrifte den Ballon mit einem wasserfesten Stift. Warte, bis die Schrift trocken ist.
  c. Lasse die Luft aus dem Ballon wieder heraus.
  d. Stecke den Luftballon in einen Briefumschlag.

---

3 zu meiner Geburtstagsfeier, zu einer Gruselnacht, zu einer Pyjamaparty, zu einem Spielabend, einen Schlafanzug und einen Schlafsack, das Lieblingsspiel

Kreatives Schreiben

Zu Bildern schreiben

Hier kannst du Geschichten und Gedichte schreiben.
Die Texte kannst du in der Schreibecke ausstellen,
in eine Mappe heften oder jemandem schenken.

W Zu einem Bild schreiben

1 Schreibe eine Geschichte zu einem der beiden Bilder.
- Was ist das für ein besonderer Stuhl?
- Warum steht er an diesem merkwürdigen Ort?
- Wer …? …
- Was taucht aus dem Meer auf?
- Wer ist darin verborgen? Was tut er? …

W Zu einem eigenen Bild schreiben

2 Schreibe eine Geschichte zu einem Bild.
   a. Zeichne einen Bildanfang ab und zu Ende.
   b. Schreibe nun eine Geschichte zu deinem Bild auf.

Wer? Wo? Wann?
Was passiert?
Was denken und fühlen
die Personen?
Wie endet
die Geschichte?

1 Ein Zauberstuhl / Der Stuhl einer Prinzessin / … stand mitten im …
Alle Wesen / Alles um ihn herum / Die Schmetterlinge und die …
Auf einem fernen Planeten / Aus den Tiefen des größten Meeres / …
… ein Wesen halb Tier, halb Maschine …

Gedichte schreiben

W Ein Buchstabengedicht schreiben

3 Schreibe ein Gedicht zu einem Wort.
- Schreibe die Buchstaben des Wortes untereinander auf.
- Jeder Buchstabe ist der Anfangsbuchstabe für eine neue Zeile.

> Sonne wärmt mein Gesicht.
> Ohne Jacke und ohne Schuhe.
> Mit meinen Freunden gehe ich ins Freibad.
> Mittags essen wir ein Eis.
> Es gibt Kirschen und Erdbeeren.
> Rot glüht das Lagerfeuer.

W Ein Gabelgedicht schreiben

4 Schreibe ein Gabelgedicht über den Frühling, den Sommer, den Herbst oder den Winter.

Im Frühling
- rieche ich die Blumen
- sehe ich viele grüne Tupfen an den Zweigen
- pfeifen die Vögel fröhliche Lieder
- freue ich mich auf die warme Sonne

W Ein Dreiecksgedicht schreiben

5 Schreibe ein Dreiecksgedicht.
- Beginne unten.
- Lasse in jeder Zeile ein Wort weg.

Der Frühling bringt uns
Der Frühling bringt uns Sonne

4 Ich sehe/rieche/höre/fühle

den Garten	das Gras	die Sonne	die Blätter
den Himmel	das Meer	die Wärme	die Blumen
den Wind	das Wasser	die Wiese	die Schneeflocken

Grundlagen der Rechtschreibung: Schrift üben – Schreiben üben

Schrift und Schreiben

Schön schreiben – lesbar schreiben

Aylin und Kevin haben Wörterlisten geschrieben.

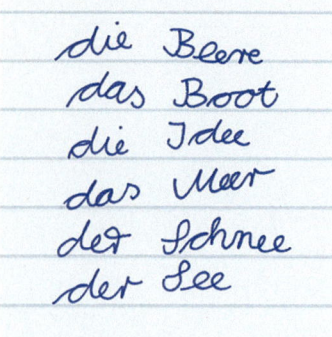

Aylins Liste   Kevins Liste

1 Vergleicht die Wörterlisten von Aylin und Kevin.
- Welche Liste könnt ihr gut lesen? Welche Liste könnt ihr schwer lesen?
- Woran liegt das?

2 Was kann Aylin an ihrer Schrift verbessern?
Worauf sollte sie beim Schreiben achten? Schreibt Tipps auf.

Du kannst das genaue Schreiben noch einmal üben.

3 Schreibe die Buchstaben **a**, **e**, **f**, **g**, **s** und **t** auf.
- Schreibe genau auf der Grundlinie.
- Achte darauf, dass die Buchstaben nach unten und nach oben immer gleich lang sind.

4 Schreibe die Wörterlisten von Aylin und Kevin sauber und lesbar ab.

5 Was könnt ihr an eurer Schrift noch verbessern?
a. Tauscht eure Wörterlisten aus.
b. Notiert für eure Partnerin oder euren Partner, worauf sie oder er beim Schreiben achten sollte. Schreibt Stichworte auf.
c. Besprecht, welche Buchstaben ihr noch üben solltet.

2 genau auf der Grundlinie schreiben, die Buchstaben nach oben immer gleich lang schreiben, die Buchstaben nach unten immer gleich lang schreiben

Ein Lernplakat gestalten

Manche Wörter müsst ihr euch merken: Es sind Merkwörter.
Eure Merkwörter könnt ihr auf einem Lernplakat sammeln.

6 Schreibt jeder ein Merkwort groß und lesbar auf eine Karteikarte.
- Das kann eines von euren eigenen Merkwörtern sein.
- Das kann aber auch eines von diesen Merkwörtern sein:

  der Arzt, der Bus, bezahlen, boxen, der Computer, erwidern,
  der Fuchs, die Garage, der Herbst, der Pullover, trotzdem,
  wachsen, wechseln, der Zirkus

 7 Überprüft eure Karteikarten gemeinsam.
- Sind die Wörter richtig geschrieben?
- Stehen alle Buchstaben genau auf der Grundlinie?
- Sind die Buchstaben nach unten und nach oben immer gleich lang?
- Steht vor dem Nomen der bestimmte Artikel?

8 Gestaltet gemeinsam ein Lernplakat.
  a. Nehmt ein großes Blatt Papier.
     Legt Stifte und Kleber bereit.
  b. Überlegt euch eine passende Überschrift.
     Schreibt sie auf.
     Ordnet eure Merkwörter alphabetisch an.
  c. Sind alle Wortbedeutungen klar?
     Ergänzt Bilder oder Erklärungen.
  d. Überprüft euer Lernplakat mit Hilfe der Checkliste.
     Möchtet ihr noch etwas ändern?

Checkliste für ein Lernplakat	ja	nein
- Gibt es eine Überschrift?		
- Ist die Schrift groß genug?		
- Sind alle Wortbedeutungen klar (durch Zeichnungen, Erklärungen)?		

9 Befestigt eure Merkwörter auf dem Lernplakat.
Hängt dann das Lernplakat in der Klasse auf.

Einen Text abschreiben

Richtiges Schreiben kannst du durch Abschreiben lernen.
So prägt sich die richtige Schreibweise ein.

Mit diesem Trainingstext kannst du das richtige Abschreiben
noch einmal üben. Wende dabei die sechs Schritte für das Abschreiben an.

Im Dunkeln |

Max ist traurig, | denn sein Computer | startet nicht. |
Dabei ist | der Computer | ganz neu. | Max und sein Vater |
prüfen ihn | ganz genau: | Sie prüfen, | ob alle Kabel |
richtig angeschlossen sind. | Weil die Steckdose |
5 in der Ecke ist, | soll Max dort | noch einmal nachschauen. |
Max sagt: | „Ich kann | nichts erkennen, | denn es ist |
zu dunkel." | Der Vater | schlägt vor, | dass Max |
eine Lampe anmacht. | „Geht nicht, |
wir haben Stromausfall", | antwortet Max. | Da sagt |
10 der Vater: | „Warte, | ich mache | das Licht im Flur an." |
Ob die Idee | des Vaters | wohl nützlich war? |

(92 Wörter)

1 War die Idee des Vaters nützlich? Schreibe einen Satz auf.

2 Schreibe den Trainingstext „Im Dunkeln" ab.
Gehe dabei nach den **Schritten 1 bis 6** vor.

Arbeitstechnik

Richtig abschreiben

Richtiges Schreiben kannst du durch Abschreiben lernen.
Beachte beim Abschreiben die sechs Schritte.
1. Schritt: **Lies** den Text.
2. Schritt: **Präge dir die Wörter** bis zum Strich genau **ein**.
   Lies dazu nochmals Wort für Wort, Silbe für Silbe.
3. Schritt: Decke nun die Textstelle ab. **Schreibe** die Wörter
   auswendig auf. Schreibe **langsam** und **ordentlich**.
   Schreibe nur in jede zweite Zeile.
4. Schritt: **Überprüfe**, was du geschrieben hast.
   Vergleiche Wort für Wort mit der Vorlage.
5. Schritt: **Streiche** Fehlerwörter mit einem Lineal **durch**.
   Schreibe das Wort **richtig** über das Fehlerwort.
6. Schritt: Schreibe die Fehlerwörter in die **Rechtschreibkartei**.

Das Partnerdiktat

Bei einem Partnerdiktat schreibt ihr einen Text mit Hilfe eurer Partnerin oder eures Partners fehlerfrei auf.

Warnende Tiere |

Immer wieder | wird berichtet, | dass Tiere | ein nahendes Unglück | spüren können. | Vor mehr als 2000 Jahren | wurde eine griechische Stadt | bei einem Sturm | überschwemmt. | Bereits fünf Tage vorher | sollen viele Tiere | die Gegend |
5 verlassen haben. | Auch die Römer | nahmen die Zeichen | der Tierwelt ernst. | Wenn die Tiere sich | auffällig verhielten, | verlegte die Verwaltung | ihre Sitzungen | nach draußen. | Denn die Menschen | hatten Angst | vor Erdbeben. | Heute suchen Wissenschaftler | immer noch |
10 nach Erklärungen | für das Verhalten | der Tiere. |

(78 Wörter)

3 Was geschah vor mehr als 2000 Jahren? Schreibt einen Satz auf.

 4 Bereitet das Partnerdiktat vor.
- Sprecht über schwierige Wörter.
- Einigt euch, wer zuerst schreibt und wer diktiert.

 5 Schreibt nun den Text als Partnerdiktat.
Geht so vor wie in der Arbeitstechnik.

Arbeitstechnik

Das Partnerdiktat

Beim Diktieren:
- **Lies** den ganzen Satz **vor**.
- **Sprich langsam** und **deutlich**.
- Diktiere dann nacheinander **die Sinnabschnitte**.

- **Pass** genau **auf** und **gib Hilfen**, ohne zu viel zu verraten.

Beim Schreiben:
- Höre **genau** zu.

- **Schreibe** den Sinnabschnitt **auf**.
  Sprich dabei leise **mit**.
  Schreibe nur in jede zweite Zeile.
- **Kontrolliere**, was du geschrieben hast.
- Entdeckst du einen Fehler, **streiche** das **Fehlerwort durch** und schreibe das Wort **richtig** darüber.

---

 6 Vergleicht den Text gemeinsam mit der Vorlage.

Rechtschreiben: Die Trainingseinheiten: Großschreibung von Nomen

1. Trainingseinheit

Gemeinsam | geht es |

Marie, | Tom und Firat | sitzen an einem Tisch | im Klassenraum. |
Die Gruppe soll heute | einen Vortrag | über die Ritterzeit |
vorbereiten. | Doch Marie | sieht aus dem Fenster | und Tom |
bohrt nachdenklich | in der Nase. | Nur Firat | liest den Text. |
5 Herr Berger | geht zu der Schülergruppe. | Er zeigt | auf das Plakat |
mit den Gruppenregeln | und sagt: | „Verteilt doch | die Aufgaben. |
Dann kann jeder | etwas tun." | Die Schüler | einigen sich. |
Jeder liest | einen Textabschnitt | und erklärt ihn | den anderen. |
Marie schreibt alles auf | und Firat | hält den Vortrag. |
10 Herr Berger | freut sich: | „Das habt ihr | gut gemacht." | (97 Wörter)

1 Welche Aufgaben haben Marie und Firat?
Schreibe den Satz ab.

2 Schreibe die Wörter der Wörterliste dreimal.

gehen – es geht, sitzen, heute, sehen – sie sieht, aus dem Fenster, bohren – er bohrt, nachdenklich, lesen – er liest, erklären – er erklärt, aufschreiben – sie schreibt auf

Nomen großschreiben

Nomen schreibt man groß.
Oft steht ein Artikel vor dem Nomen.

3 Im Trainingstext sind Wortgruppen mit Nomen hervorgehoben.
   a. Schreibe die Nomen mit ihren Artikeln untereinander auf.
   b. Schreibe jedes Nomen im Singular und im Plural auf.

> **Starthilfe**
>
> der Tisch – die Tische,
> der Vortrag – die ...

4 a. Finde in den folgenden Sätzen die Artikel und die Nomen.
   b. Schreibe die Sätze in richtiger Groß- und Kleinschreibung in dein Heft.

DIE LEHRERIN SCHREIBT DIE AUFGABEN AN DIE TAFEL.
DIE AUFGABEN WERDEN AN DIE GRUPPEN VERTEILT.
WER DIE LÖSUNG GEFUNDEN HAT, STELLT DAS ERGEBNIS VOR.

Wortfamilie sehen – Zeichensetzung am Briefanfang

Manche Nomen sind zusammengesetzt.

5 Im Trainingstext sind fünf Wortgruppen mit zusammengesetzten Nomen hervorgehoben. Schreibe sie auf.

6 Bilde weitere zusammengesetzte Nomen.
Schreibe auch die Artikel auf.

Die Wortfamilie sehen

sehen ➔ er sieht – sie sah – gesehen, ansehen, aussehen, aus Versehen, der Fernseher

7 a. Schreibe die Wörter der Wortfamilie **sehen** ab.
b. Schreibe mit fünf Wörtern der Wortfamilie **sehen** je einen Satz auf.

Zeichensetzung am Briefanfang

Eva schreibt ihrer Freundin Gina einen Brief.

Liebe Gina**,**   Liebe Gina**!**
heute haben wir in der Schule …   **H**eute haben wir in der Schule …

8 Schreibe die beiden Briefanfänge ab.
  a. Markiere die Unterschiede.
  b. Schreibe einen eigenen Briefanfang.
    Tipp: Du kannst an Freunde, Verwandte und Bekannte schreiben.

9 Trainiere die schwierigen Wörter aus dieser Trainingseinheit.
Schreibe die Wörter dreimal.

10 Schreibe den Trainingstext „Gemeinsam geht es" fehlerfrei ab.
➔ Tipps zum Abschreiben: Seite 281

🔑 **7** jemanden aus Versehen anstoßen (jemanden ohne Absicht anstoßen)

🔑 **9** Merkwörter: bohren, das Ergebnis, erklären, sitzen, er zeigt

2. Trainingseinheit

Zugvögel

Im Winter | finden viele Vögel | hier bei uns | kein Futter. |
Weil sie im Herbst | in wärmere Länder fliegen, |
nennt man sie Zugvögel. | Das Ziel der Zugvögel |
ist zum Beispiel Afrika. | Manche Vogelarten fliegen |
5 in ziemlich großen Gruppen | nach Süden, | weil ihnen |
eine Gruppe | besseren Schutz bietet. | Natürlich machen |
die Vögel | auch Pausen. | Auf Rastplätzen | können sie |
sich ausruhen | und Futter suchen. | Es ist immer noch |
ein Rätsel, | wie die Zugvögel | jedes Mal | den Weg finden. |
10 Wahrscheinlich | orientieren sich | die Vögel unterwegs |
am Stand der Sonne | und an den Sternen. |

(90 Wörter)

1 Welches Ziel haben die Zugvögel zum Beispiel?
Schreibe den Satz ab.

2 Schreibe die Wörter der Wörterliste dreimal.

die Zugvögel, das Futter, der Herbst, das Land – die Länder, Afrika, die Gruppe, natürlich, sich ausruhen, das Rätsel, jedes Mal, wahrscheinlich, unterwegs

Wörter mit ie

Wenn du ein langes i hörst, schreibst du fast immer ie.

3 Im Trainingstext sind Wörter und Wortgruppen mit **ie** hervorgehoben.
   a. Lies die Wörter und Wortgruppen mit **ie** vor.
   b. Schreibe die Wörter und Wortgruppen mit **ie** auf. Markiere das **ie**.

4 Im Trainingstext findest du eines der Verben auf **-ieren**:
passieren, funktionieren, sich orientieren.
   a. Finde das Verb. Schreibe den Satz ab.
   b. Schreibe den Lückentext ab. Setze dabei die anderen Verben ein.

Auf dem Flug kann den Vögeln viel _____. Manchmal gibt es Gewitter oder Sandstürme. Die Zugvögel finden den Weg mit Hilfe der Sonne. Das kann sogar bei Regen _____.

Wortfamilie fliegen – Komma bei weil

Trennbare Verben

Kevin kann sich heute noch nicht ausruhen.

5 Was soll Kevin heute noch alles tun?
Was würde Kevin aber lieber machen?
Schreibe es auf.

Starthilfe
Kevin soll sein Zimmer …
Kevin würde aber lieber …
…

- sein Zimmer aufräumen
- ein Bild vom Weltraum ausschneiden
- das Piratenkostüm im Schrank aufhängen
- sein Zimmer hellgrün anstreichen
- im Weltraum herumfliegen
- das Piratenkostüm anziehen

Die Wortfamilie fliegen

fliegen ➔ er fliegt – er flog – geflogen, die Fliege, der Flug, der Abflug, der Flügel, das Flugzeug

6 a. Schreibe die Wörter der Wortfamilie **fliegen** ab.
   b. Schreibe weitere Familienmitglieder auf.
   c. Schreibe mit fünf Wörtern der Wortfamilie **fliegen** je einen Satz auf.

Komma bei weil

Satzbilder:

7 Im Trainingstext findest du zu jedem Satzbild mit **weil** einen Satz.
   a. Schreibe die Sätze ab. Zeichne das jeweilige Satzbild dazu.
   b. Kreise **weil** in den Sätzen und in den Satzbildern ein.
   c. Kennzeichne das Komma mit einem Pfeil.

8 Trainiere schwierige Wörter aus dieser Trainingseinheit.
   a. Schreibe die Wörter dreimal.
   b. Sammle die Wörter in deiner Rechtschreibkartei.

➔ Rechtschreibkartei: Seite 281

9 Schreibe den Trainingstext „Zugvögel" ab.   ➔ Tipps zum Abschreiben: Seite 281

---

 6 einen langen Flug hinter sich haben, auf den Abflug warten, die Flügel ausbreiten

 8 Merkwörter: der Herbst, passieren, das Rätsel, unterwegs, wahrscheinlich

Adjektive auf -ig, -lich, -isch – Dehnungs-h

3. Trainingseinheit

Die Sage | vom Riesenstein |

Bei Großenkneten | liegt ein riesiger Stein | neben der Straße. | Vor vielen Jahren | lebten dort Riesen. | Ein Riese bekam | plötzlich schreckliche Zahnschmerzen. | Das fand er | nicht komisch. | Ein hohler Backenzahn | bereitete ihm Schmerzen. |
5 In seiner Not | nahm der kräftige Riese | einen Baumstamm. | Er bohrte | mit dem Baumstamm | vorsichtig in seinem Zahn. | Endlich flog | ein riesiger Steinbrocken | aus dem Loch | und landete | auf dem Feld. | Danach war | der Riese glücklich, | denn er hatte | keine Schmerzen mehr. | Der Stein aus dem Zahn |
10 blieb auf dem Feld liegen. |
Heute ist er | als Riesenstein | von Großenkneten bekannt. |

(96 Wörter))

1 Womit bohrte der Riese in seinem Zahn?
Schreibe die Antwort ab.

2 Schreibe die Wörter der Wörterliste dreimal.

die Straße, die Riesen, plötzlich, schrecklich, hohl, die Schmerzen, nehmen – er nahm, kräftig, der Baumstamm, bohren – er bohrte, vorsichtig, endlich

Adjektive auf -ig, -lich und -isch

3 Im Trainingstext findest du Adjektive auf -ig, -lich und -isch.
   a. Schreibe die hervorgehobenen Wörter und Wortgruppen untereinander auf.
   b. Schreibe bei den Wortgruppen das Adjektiv in der Grundform dazu.
   c. Markiere -ig, -lich und -isch.
   d. Schreibe neben jedes Adjektiv auf -ig und -lich ein verwandtes Nomen.

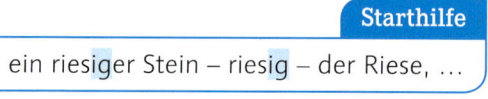

Starthilfe
ein riesiger Stein – riesig – der Riese, …

4 Bilde aus den folgenden Nomen Adjektive auf -ig, -lich oder -isch.
Tipp: Manchmal ändert sich der Vokal in dem Wort.

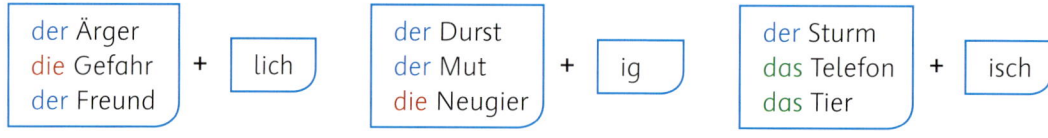

4 gefährlich, stürmisch

Wortfamilie kommen – Komma bei denn

Wörter mit h

Nach einem langen Vokal oder einem langen Umlaut steht manchmal ein **h**. Die Wörter mit **h** musst du dir merken: Es sind Merkwörter.

5 Im Trainingstext sind Wörter und Wortgruppen mit **h** hervorgehoben.
   a. Schreibe die Wörter und Wortgruppen ab.
   b. Markiere jeweils den langen Vokal und das **h**.

6 Schreibe mit jedem Wort mit **h** einen Satz.

ähnlich, erzählen, das Frühstück, ohne, sehr, während, die Wahrheit

Die Wortfamilie kommen

kommen → sie kommt – er kam – gekommen, ankommen, herkommen, bekommen, vollkommen, herzlich willkommen

7 a. Schreibe die Wörter der Wortfamilie **kommen** ab.
   b. Schreibe weitere Familienmitglieder auf.

Komma in Sätzen mit denn

Satzbild: ╱ , **denn**   .

8 Im Trainingstext findest du einen Satz mit diesem Satzbild mit **denn**.
   a. Schreibe den Satz aus dem Text vollständig ab.
   b. Zeichne das Satzbild dazu.
   c. Kreise **denn** im Satz und im Satzbild ein.
   d. Kennzeichne das Komma mit einem Pfeil.

9 Trainiere die Wörter aus dieser Trainingseinheit, die du besonders üben möchtest.
   a. Schreibe die Wörter dreimal.
   b. Sammle die Wörter in deiner Rechtschreibkartei.

→ Rechtschreibkartei: Seite 281

10 Schreibe den Trainingstext „Die Sage vom Riesenstein" ab.

→ Tipps zum Abschreiben: Seite 281

9 Merkwörter: endlich, hohl, plötzlich, während, die Wahrheit, der Zahn

Wörter mit **ver-**, **be-**, **er-** – Nominalisierung von Verben

4. Trainingseinheit

Wo ist Max?

Die Aufregung | beim Schulfest | ist groß: | Max fehlt! |
Simone ist verzweifelt. | Fast alle Gäste | sind schon da |
und ihr Chor | soll das Begrüßungslied singen. | Doch Max |
ist nicht da. | Wenn Max fehlt, | klingt das Lied | nicht so gut. |
5 Die Schüler | beraten sich. | „Könnt ihr das Verhalten |
von Max verstehen?", | fragt Tom. | „Er hat |
bestimmt verschlafen", | erwidert Ben. | „Wir singen | ohne ihn." |
Sie laufen zur Bühne. | „Wenn ich das Mikrofon | einschalte, |
könnt ihr anfangen!", | sagt Hausmeister Ernst. |
10 Plötzlich ruft jemand: | „Halt, wartet!" | Es ist Max. |
Er hatte den Bus verpasst. |

(92 Wörter)

1 Warum kommt Max zu spät? Schreibe den Satz ab.

2 Schreibe die Wörter der Wörterliste dreimal.

die Aufregung, fehlen – er fehlt, **der** Chor, **das** Begrüßungslied, bestimmt,
erwidern – er erwidert, **die** Bühne, **das** Mikrofon, plötzlich, verpassen – er hatte verpasst

Wörter mit **ver-**, **be-**, **er-**

Die Vorsilben **ver-**, **be-** und **er-** werden immer gleich geschrieben.

3 Im Text sind Wörter und Wortgruppen mit **ver-**, **be-** und **er-** hervorgehoben.
Schreibe die Wörter und Wortgruppen ab. Markiere **ver-**, **be-** und **er-**.

4 Zu jedem der folgenden Verben gibt es ein verwandtes Nomen.
  a. Schreibe die Verben untereinander auf.
  b. Schreibe ein verwandtes Nomen dazu.
  c. Markiere die Vorsilben.

bestellen, besuchen, erklären, erleben, verkaufen, verletzen

5 a. Setze vor die folgenden Verben die Vorsilbe **ver-**, **be-** oder **er-**.
  b. Schreibe je einen Satz mit den neuen Verben auf.

halten, lassen, nehmen, suchen, kennen, leben

 4 **die** Bestellung, **der** Besuch, **die** Erklärung, **das** Erlebnis, **der** Verkauf, **die** Verletzung

Wortfamilie **halten** – Komma bei **wenn**

Verben werden zu Nomen

Aus Verben können Nomen werden. Der Artikel das macht's.

6 a. Im Trainingstext stellt Tom eine Frage. Schreibe die Frage ab.
b. In der Frage ist aus einem Verb ein Nomen geworden. Markiere es.

7 a. Mache aus diesen Verben ebenfalls Nomen:
telefonieren, lachen, gehen, warten
b. Schreibe den Lückentext ab und setze die Nomen passend ein.

Max ist beim Arzt. Leider dauert das _____ sehr lange. Max sieht sich um. Auf einem Plakat steht: Das _____ mit Handys ist verboten! Ein alter Mann kommt herein. Ihm fällt das _____ schwer. Das _____ der Arzthelferin muntert Max schließlich wieder auf.

Die Wortfamilie **halten**

halten → er hält – er hielt – gehalten, du hältst, behalten, haltbar,
der Behälter, der Inhalt

8 a. Schreibe die Wörter der Wortfamilie **halten** ab.
b. Finde im Trainingstext weitere Mitglieder der Wortfamilie **halten**. Schreibe sie auf. Schreibe auch die Zeilen dazu.

Komma in Sätzen mit **wenn**

Satzbild: **Wenn** _____ , _____ .

9 Im Trainingstext findest du zwei Sätze mit diesem Satzbild mit **wenn**.
a. Schreibe die Sätze aus dem Text vollständig ab.
b. Zeichne das Satzbild dazu.
c. Kreise **wenn** in den Sätzen und in dem Satzbild ein.
d. Kennzeichne das Komma mit einem Pfeil.

10 Schreibe die Wörter aus dieser Trainingseinheit, die du besonders üben möchtest, dreimal.

11 Schreibe den Trainingstext „Wo ist Max?" ab. → Tipps zum Abschreiben: Seite 281

10 Merkwörter: bestimmt, fehlen, **das** Schulfest, jemand, plötzlich, verstehen

227

Nomen mit -ung, -heit und -keit

5. Trainingseinheit

So ein Pech |

Letzte Woche | machten wir | eine Führung | durch die Werkstatt | eines Malerbetriebs. | Der Meister | zeigte uns Farben, Pinsel, | Kleister und Werkzeuge. | Dann durften wir | Tapeten auswählen, | zuschneiden und kleben. |
5 Inga stand | auf einer Stehleiter | und klebte | eine Tapetenbahn | an die Wand. | Sie sagte: | „Ich übe. | Wir tapezieren bald | unsere neue Wohnung." | Zur Sicherheit | prüfte der Meister | noch einmal | die Leiter. | Doch da löste sich | die Tapete. | Inga verlor beinahe | das Gleichgewicht. | Die Leiter wackelte |
10 und die Tapete klebte | an ihrer Kleidung. | Zum Schluss | trat sie noch | in den Eimer | mit Kleister | und ihr Schuh | war voll | mit der klebrigen Flüssigkeit. |

(102 Wörter)

1 Weshalb wollte Inga Tapezieren üben? Schreibe den Satz ab.

2 Schreibe die Wörter der Wörterliste dreimal.

das Pech, die Werkstatt, der Betrieb, das Werkzeug, die Tapetenbahn, tapezieren, lösen, verlieren – sie verlor, das Gleichgewicht, zum Schluss

Nomen mit -ung, -heit und -keit

Wörter mit den Nachsilben -ung, -heit und -keit sind Nomen.
Sie werden großgeschrieben. Sie haben den Artikel die.

3 Im Trainingstext sind Wortgruppen mit -ung, -heit und -keit hervorgehoben. Trage die Wortgruppen mit -ung, -heit und -keit in eine Tabelle ein.

Starthilfe

Nomen mit -ung	Nomen mit -heit	Nomen mit -keit
eine Führung	...	...

4 Trage auch diese Nomen in die richtige Spalte der Tabelle ein:
die Entfernung, die Gesundheit, die Krankheit, die Rechnung, die Sauberkeit, die Schönheit, die Verletzung, die Wahrheit, die Zeitung

Wortfamilie stehen – Komma bei Aufzählungen

Die Wortfamilie stehen

> **stehen** ➜ sie steht – sie stand – gestanden – aufstehen – bestehen – durchstehen – der Abstand

5 a. Schreibe die Wörter der Wortfamilie **stehen** ab.
b. Finde im Trainingstext ein weiteres Mitglied der Wortfamilie **stehen**. Schreibe es auf. Schreibe auch die Zeile dazu.

Komma bei Aufzählungen

> **Merkwissen**
> Wenn du Wörter **aufzählst**, trennst du sie durch Kommas **voneinander**.
> **Ausnahme:** Vor *und* steht **kein Komma**.

Satzbilder: _____ , _____ und _____ .   _____ , _____ , _____ und _____ .

6 Im Trainingstext findest du zu jedem Satzbild einen Satz.
a. Schreibe die beiden Sätze ab. Zeichne die Satzbilder dazu.
b. Kreise **und** ein. Markiere die Kommas mit einem Pfeil.
Tipp: Es werden Nomen aufgezählt. Es werden auch Verben aufgezählt.

7 Die folgenden Sätze enthalten Aufzählungen.
a. Schreibe die Sätze ab. Kreise **und** ein.
b. Setze die fehlenden Kommas und markiere sie.

Im Werkzeugkasten findet man einen Hammer einen Schraubenzieher eine Säge und eine Feile. Mit den Werkzeugen kann ich hämmern schrauben sägen und feilen.

Kommas fehlen!

8 a. Schreibe die Wörter aus dieser Trainingseinheit, die du besonders üben möchtest, dreimal.
b. Sammle die Wörter in deiner Rechtschreibkartei.

➜ Rechtschreibkartei: Seite 281

9 Schreibe den Trainingstext „So ein Pech" ab.   ➜ Tipps zum Abschreiben: Seite 281

---

5 eine Prüfung bestehen, gemeinsam eine schwierige Sache durchstehen, der Abstand zwischen zwei Autos

8 Merkwörter: **der** Abstand, **der** Betrieb, verlieren, wackeln, **die** Werkstatt, **das** Werkzeug

Wörter mit **a/ä** und **au/äu** – Wörter mit **V/v**

6. Trainingseinheit

Der Löwe | und die Maus |

Ein Löwe lag | unter einem Baum | und schlief. | Eine mutige Maus | lief neugierig zu ihm | und kletterte | auf sein Gesicht. | Da wachte der Löwe auf | und fing die Maus. | Die Maus | versprach ängstlich: | „Bitte, lass mich frei! |
5 Irgendwann kannst du | meine Hilfe | vielleicht mal brauchen." | Der Löwe | lachte über die Maus | und ließ sie laufen. | Nach einiger Zeit | wurde der Löwe | von Jägern gefangen. | Mit Seilen | banden die Jäger ihn | an einen kräftigen Baum. | „Ich halte | mein Versprechen | und helfe dir |
10 mit meinen Freunden", | rief die Maus ihm zu. | Viele Mäuse kamen | und nagten | mit ihren spitzen Zähnen | an den Seilen, | bis der Löwe | wieder frei war. |

(112 Wörter)

1 Was rief die Maus dem gefangenen Löwen zu? Schreibe den Satz ab.

2 Schreibe die Wörter der Wörterliste dreimal.

liegen – er lag, schlafen – er schlief, neugierig, zu ihm, sie kletterte, ängstlich, irgendwann, vielleicht, nach einiger Zeit, der Jäger – die Jäger, mit dicken Seilen, das Versprechen, mit meinen Freunden, sie nagten, spitz, bis

Wörter mit ä und äu ableiten

Wenn du nicht weißt, ob ein Wort mit **ä** oder **e**, **äu** oder **eu** geschrieben wird, kannst du es ableiten. Finde verwandte Wörter mit **a** und **au**.

3 Im Trainingstext sind Wörter und Wortgruppen mit **ä** und **äu** hervorgehoben.
   a. Schreibe sie untereinander auf.
   b. Schreibe zu jedem Wort ein verwandtes Wort mit **a** oder **au** auf.
     Tipp: Verwende ein Wörterbuch.

Z 4 Finde zu jedem der folgenden Wörter ein verwandtes Wort mit **au**.

aufräumen, die Bäuche, die Bäuerin, die Blumensträuße, das Gebäude, häufig, die Häuser, die Räuber, träumen, der Verkäufer

Wortfamilie **binden** – Wörtliche Rede

Wörter mit V und v

5 Im Trainingstext sind Wörter und Wortgruppen mit V oder v hervorgehoben.
    a. Schreibe die Wörter und Wortgruppen auf.
    b. Markiere das V oder v.
    c. Finde zehn weitere Wörter mit V oder v und schreibe sie auf.

Die Wortfamilie **binden**

> **binden** → sie binden – sie banden – gebunden, anbinden, umbinden, zubinden, zusammenbinden, bändigen, das Band, der Bindfaden, der Verband, der Verbündete

6 a. Schreibe die Wörter der Wortfamilie **binden** ab.
    b. Unterstreiche das Familienmitglied, das im Trainingstext vorkommt.

Satzzeichen bei der wörtlichen Rede

Satzbilder: „_____", _____.   _____: „_____."

7 Im Trainingstext findest du zu jedem Satzbild ein Beispiel.
    Tipp: Die wörtliche Rede besteht manchmal aus mehreren Sätzen.
    a. Schreibe die beiden Sätze ab. Zeichne die Satzbilder dazu.
    b. Kreise die Anführungszeichen ein.
    c. Markiere die Kommas und die Doppelpunkte mit einem Pfeil.

8 Die folgenden Sätze enthalten wörtliche Rede.
    Schreibe die Sätze ab und setze die fehlenden Satzzeichen.

> Taifur fragt Wer kommt mit zum Fußballspiel?
> Ich gehe gerne mit zum Spiel sagt Kevin.
> Das wird ein schöner Nachmittag freut sich Taifur.

9 Trainiere die schwierigen Wörter aus dieser Trainingseinheit.
    a. Schreibe die Wörter dreimal.
    b. Sammle die Wörter in deiner Rechtschreibkartei.

→ Rechtschreibkartei: Seite 281

10 Schreibe den Trainingstext „Der Löwe und die Maus" ab.

→ Tipps zum Abschreiben: Seite 281

9 Merkwörter: bis, irgendwann, sie nagten, neugierig, spitz, vielleicht

7. Trainingseinheit

Das Sternentor |

Heute hatten wir | in unserer Schule | einen Teamtag. |
Jede Klasse | löste im Team | verschiedene Aufgaben. |
Wir wussten, | dass unsere Klasse | eine starke Mannschaft war. |
Aber heute Mittag | wurde es ernst. | Bei unserer |
5 ersten Aufgabe | sollten wir | durch ein Sternentor reisen. |
Wir mussten | uns an den Händen fassen, | eine Kette bilden |
und nacheinander | durch einen Reifen klettern. | Alle hofften, |
dass die Kette | dabei nicht riss. | Niemand | durfte loslassen. |
Zum Schluss | riss die Kette | leider doch. | Aber bei |
10 der zweiten Aufgabe | heute Nachmittag | waren wir | viel besser. |
Gemeinsam schafften wir es | und bekamen | sogar eine Urkunde |
für das Klassenzimmer. |

(99 Wörter)

1 Was passierte am Schluss der ersten Aufgabe? Schreibe den Satz ab.

2 Schreibe die Wörter der Wörterliste dreimal.

der Teamtag, jede, im Team, verschieden, die Mannschaft, es wurde ernst, wir mussten, an den Händen, die Kette, nacheinander, klettern, niemand, gemeinsam, sogar

Wörter mit kurzem Vokal

Nach einem kurzen Vokal folgen meist zwei Konsonanten:
hatten, die Klasse

3 Im Trainingstext sind Wörter und Wortgruppen mit kurzem Vokal hervorgehoben.
 a. Schreibe die Wörter und Wortgruppen auf.
 b. Setze unter den kurzen Vokal einen Punkt.
 c. Markiere die Konsonanten nach dem kurzen Vokal.

4 Immer drei der folgenden Wörter reimen sich.
 a. Schreibe die Reimwörter untereinander auf.
 b. Markiere die kurzen Vokale und die doppelten Konsonanten.

der Schluss, der Rüssel, die Tasse, die Fessel, die Nuss, die Schüssel,
die Kasse, der Kessel, der Schlüssel, der Fluss, die Klasse, der Sessel

Wortfamilie lassen – Komma bei dass

Die Tageszeiten

Nach **gestern**, **heute** und **morgen** werden die Tageszeiten großgeschrieben:
gestern Abend, heute Abend, morgen Abend

5 Im Trainingstext findest du zwei Sätze mit Tageszeiten.
Schreibe die beiden Sätze ab.

6 Wie viele neue Tageszeiten mit **gestern**, **heute** und **morgen**
kannst du mit **Mittag**, **Nachmittag** und **Nacht** bilden?
Schreibe sie auf.

> **Starthilfe**
> gestern + Mittag = gestern Mittag
> heute + …

Die Wortfamilie lassen

> **lassen** → er lässt – er ließ, gelassen, lässig, entlassen, verlassen, zuverlässig,
> die Niederlassung, die Zulassung

7 a. Schreibe die Wörter der Wortfamilie **lassen** ab.
b. Schreibe mit drei Wörtern der Wortfamilie je einen Satz auf.

Komma in Sätzen mit dass

Satzbild: _____ , **dass** _____ .

8 Im Trainingstext findest du zwei Sätze mit diesem Satzbild mit **dass**.
a. Schreibe die Sätze ab und zeichne das Satzbild dazu.
b. Kreise **dass** in den Sätzen ein.
c. Kennzeichne die Kommas mit einem Pfeil.

9 Trainiere die Wörter und Wortgruppen aus dieser Trainingseinheit,
die du besonders üben möchtest.
a. Schreibe die Wörter und Wortgruppen dreimal.
b. Sammle die Wörter in deiner Rechtschreibkartei.
→ Rechtschreibkartei: Seite 281

10 Schreibe den Trainingstext „Das Sternentor" ab. → Tipps zum Abschreiben: Seite 281

9 Merkwörter: niemand, sogar, das Team, die Urkunde, zuverlässig

8. Trainingseinheit

Anjas Traum |

Anja lag | in ihrem Bett | und träumte. | Sie saß allein |
auf dem Deck | eines Schiffes. | Der Himmel | war hellblau. |
Die Sonne schien. | Doch plötzlich | wurde das Wetter schlechter. |
Ein Gewitter | zog auf, | Blitze zuckten. | Die Wellen schlugen |
5 immer höher. | Da landete etwas Buntes | neben ihr, |
ein fliegender Fisch. | „Ich bin | ein verzauberter Kapitän", |
sagte er, | „aber wenn du | mich küsst, | kann ich | das Schiff |
aus dem Unwetter | hinaussteuern." | „Nein!", | rief Anja entsetzt. |
„Das ist unangenehm!" | Sie möchte | nichts Unangenehmes tun. |
10 Das Schiff | schwankte immer stärker. | Da wachte Anja auf. |
Sie war | aus dem Bett gefallen. |

(97 Wörter)

1 Wo saß Anja in ihrem Traum? Schreibe den Satz ab.

2 Schreibe die Wörter der Wörterliste dreimal.

liegen – sie lag, träumen – sie träumte, hellblau, scheinen – sie schien, plötzlich, neben ihr, der Kapitän, entsetzt, schwanken – es schwankte, immer stärker

Wörter mit kurzem Vokal

Nach einem kurzen Vokal folgen meist zwei Konsonanten:
das Bett, das Deck

3 Im Trainingstext sind Wörter und Wortgruppen mit kurzem Vokal hervorgehoben.
Schreibe die Wörter und Wortgruppen in eine Tabelle.

ff	ll	mm	nn	ss	tt	ck	tz
eines Schiffes	…	…	…	…	…	…	…

4 a. Lies jedes Wort in deiner Tabelle langsam und deutlich vor.
b. Setze unter den kurzen Vokal einen Punkt.
c. Markiere die Konsonanten nach dem kurzen Vokal.

Wortfamilie sitzen – wörtliche Rede

Adjektive werden zu Nomen

Aus Adjektiven können Nomen werden.
Die starken Wörter etwas und nichts machen's.

5 Auf einmal landete etwas neben Anja. Was war das?
   a. Finde den Satz im Trainingstext und schreibe ihn ab.
   b. Unterstreiche **etwas** und das Adjektiv, das zu einem Nomen wurde.
   c. Finde im Trainingstext einen Satz mit **nichts** und schreibe ihn ab.

6 Am nächsten Morgen erzählt Anja ihren Eltern von dem Traum.
   Mache aus den Adjektiven in den Klammern mit **etwas** und **nichts** Nomen.

   „Ich habe ____ (komisch) geträumt. Wenn ich einen Fisch küsse,
   passiert meinem Schiff ____ (schlimm). Aber das tue ich nicht!"

Die Wortfamilie sitzen

> sitzen → sie sitzt – sie saß – gesessen, der Sitz, sitzen bleiben, der Sessel, der Sitzplatz

7 a. Schreibe die Wörter der Wortfamilie **sitzen** ab.
   b. Schreibe mit drei Mitgliedern der Wortfamilie einen Satz auf.

Satzzeichen bei der wörtlichen Rede

Satzbilder: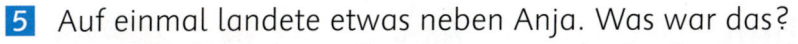

8 Im Trainingstext findest du zu jedem Satzbild einen Satz.
   a. Schreibe die beiden Sätze ab. Zeichne die Satzbilder dazu.
   b. Kreise die Anführungszeichen ein.
   c. Markiere die Kommas und die Punkte mit einem Pfeil.

9 a. Schreibe die Wörter und Wortgruppen aus dieser Trainingseinheit,
      die du üben möchtest, dreimal.
   b. Sammle die Wörter in deiner Rechtschreibkartei.

   → Rechtschreibkartei: Seite 281

10 Schreibe den Trainingstext „Anjas Traum" ab.   → Tipps zum Abschreiben: Seite 281

 9 Merkwörter: allein, auf einmal, entsetzt, der Kapitän, niemals, plötzlich

Rechtschreiben: Die Arbeitstechniken

Das Alphabet üben

Mit den folgenden Übungen kannst du das Alphabet üben.

Wörter sortieren

1 Ordne diese Wörter nach dem Alphabet. Schreibe sie in der richtigen Reihenfolge auf.

zerreißen, der Blitz, wahrscheinlich, erkennen, vorsichtig, der Ärger, erschrecken, wachsen, erwidern, vielleicht, das Frühstück, die Verletzung, der Fuchs, stürzen, das Gewitter, schrecklich, die Idee, schließlich, das Paar, schimpfen, die Quelle

Das Alphabet der Vornamen

 2 a. Schreibt das Alphabet untereinander auf.
b. Schreibt zu jedem Buchstaben einen Vornamen auf. Das X und das Y dürft ihr auslassen.
c. Unterstreicht die Vornamen, die in eurer Klasse vorkommen.

Geheimschrift

 3 Mit einem Trick könnt ihr jede Nachricht verschlüsseln.
• Schreibt das Alphabet zweimal auf zwei Papierstreifen.
• Legt fest, um wie viele Buchstaben ihr den unteren Streifen nach rechts schiebt.
• Schreibt eure Nachrichten. Ersetzt jeden Buchstaben von oben durch den Buchstaben vom unteren Streifen.
• Tauscht eure Nachrichten zum Entschlüsseln aus. Ersetzt jeden Buchstaben vom unteren Streifen durch den Buchstaben vom oberen Streifen.

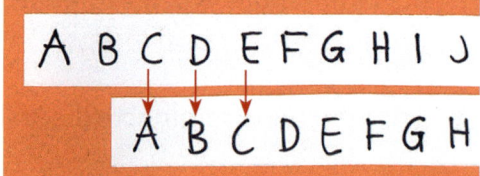

Im Wörterbuch nachschlagen

Ein Wörterbucheintrag enthält viele Informationen.

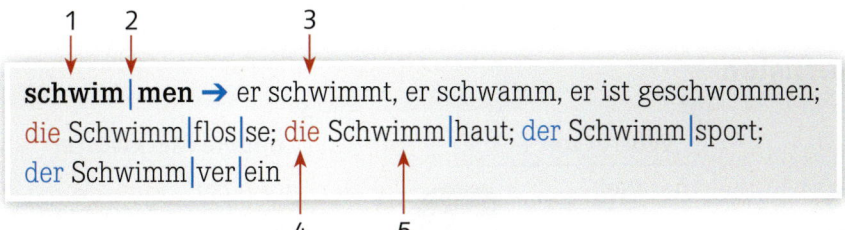

4   a. Lies den Eintrag zum Wort **schwimmen**.
    b. Ordne den Zahlen 1 bis 5 die Erklärungen zu.

> der Artikel
> das Hauptstichwort
> die Silbentrennung
> die Verbform
> das verwandte Wort

5   Beantworte die Fragen zum Wort **schwimmen** schriftlich.
    • Wie heißt die 3. Person Singular Präsens?
    • Wie heißt die 3. Person Singular Präteritum?
    • Wie heißt die 3. Person Singular Perfekt?

6   a. Schreibe die Mitglieder der Wortfamilie **schwimmen** ab.
    b. Finde weitere Mitglieder der Wortfamilie **schwimmen**.

Auch zu den Wörtern lachen, lesen und sprechen
findest du in einem Wörterbuch Informationen.

7   Welche Informationen findest du im Wörterbuch zu den Wörtern
    lachen, lesen und sprechen?
    a. Lege eine Tabelle an.
    b. Schlage die Wörter im Wörterbuch nach.
    c. Schreibe die Informationen in die Tabelle.   → Verbtabelle: Seite 292–293

Starthilfe

Wort	3. Pers. Sing. Präsens	3. Pers. Sing. Präteritum	3. Pers. Sing. Perfekt	Mitglieder der Wortfamilie
lachen	er lacht	er lachte	…	…
lesen	er liest	…	…	…
sprechen	…	…	…	…

7   das Lachen, lächeln, leserlich, die Leserin, der Sprecher, die Sprechstunde

Training mit Wörterlisten

Aus deinen Fehlerwörtern und aus Merkwörtern kannst du dir selbst Wörterlisten zusammenstellen.

Beispiele für Wörterlisten

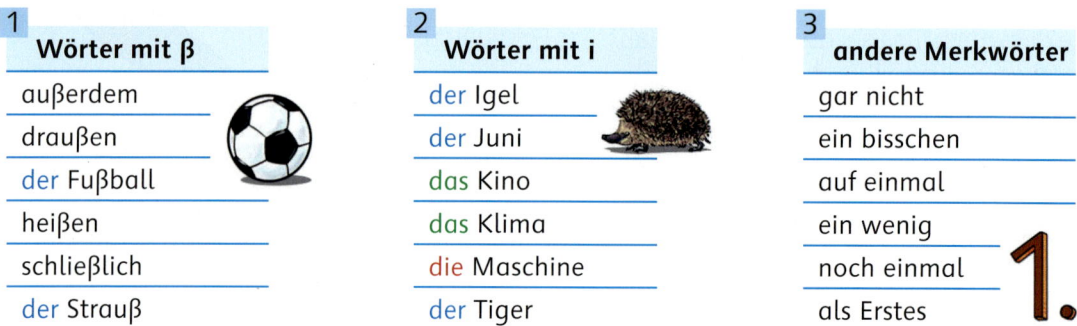

1 Wörter mit ß	2 Wörter mit i	3 andere Merkwörter
außerdem	der Igel	gar nicht
draußen	der Juni	ein bisschen
der Fußball	das Kino	auf einmal
heißen	das Klima	ein wenig
schließlich	die Maschine	noch einmal
der Strauß	der Tiger	als Erstes

W Mit den folgenden Übungen kannst du die Wörterlisten trainieren. Wähle aus.

Eine Merkübung

1 Schreibe die Wörter einer Wörterliste auswendig auf.
- Lies die Wörter mehrmals halblaut oder laut.
- Präge dir die Wörter ein.
- Decke die Wörterliste ab.
- Schreibe die Wörter aus dem Gedächtnis auf.
- Kontrolliere, ob du alles richtig geschrieben hast.

Übung mit der Rechtschreibkartei

2 a. Schreibe jedes Wort auf ein Lernkärtchen.
- Unterstreiche die schwierigen Stellen.
- Ergänze bei Nomen den Plural, wenn es ihn gibt.
- Finde verwandte Wörter.

b. Übe mit den Lernkärtchen.
- Präge dir das Wort auf dem ersten Lernkärtchen ein.
- Drehe das Lernkärtchen um und schreibe das Wort auf.
- Hast du alle Wörter geschrieben, kontrolliere sie genau.
- Sollte ein Wort fehlerhaft sein, sortiere das Kärtchen aus.
- Auf den aussortierten Lernkärtchen stehen deine ganz persönlichen Fehlerwörter. Trainiere sie besonders.

Das Dosendiktat

Beim Dosendiktat prägst du dir mehrere Wörter oder ganze Sätze ein.
Das Dosendiktat kannst du mit dem Trainingstext ausprobieren.

Ein bunter Dank |

Im Juni ist es draußen oft sehr heiß. |
Dann blühen viele bunte Blumen im Garten. |
Jennifer pflückt einen großen Strauß. |
Der Blumenstrauß ist wirklich schön. |
Jennifer schenkt ihn ihrer Nachbarin. |
„Danke für deine Hilfe bei den Hausaufgaben", sagt sie. |
Die Nachbarin freut sich sehr über den schönen Strauß. |
Sie stellt ihn auf den Tisch im Wohnzimmer. |

(59 Wörter)

3 Bereite das Dosendiktat vor.
- Schreibe jeden Satz auf einen eigenen Papierstreifen.
- Nummeriere die Streifen.
- Lege die Papierstreifen in der richtigen Reihenfolge auf den Tisch.

4 Schreibe das Dosendiktat so:
- Präge dir den Satz auf dem ersten Streifen ein.
- Stecke den Streifen in die Dose.
- Schreibe den Satz aus dem Gedächtnis auf.
  Schreibe nur in jede zweite Zeile.
- Gehe mit den anderen Streifen genauso vor.

5 Kontrolliere deinen Text.
- Vergleiche Wort für Wort mit der Vorlage.
- Entdeckst du einen Fehler, streiche das Wort durch.
  Schreibe es richtig in die Zeile darüber.

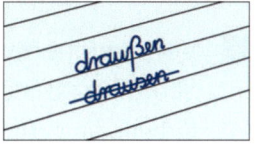

Tipp: Mit dem Dosendiktat kannst du auch zu Hause üben.

Auch Wörterlisten kannst du als Dosendiktat schreiben.

6 Schreibe die Wörter einer Wörterliste als Dosendiktat.
  Tipp: Schreibe immer drei Wörter auf einen Papierstreifen.

Wörter ableiten

Wenn du nicht weißt, ob ein Wort mit ä oder e, äu oder eu geschrieben wird, kannst du es ableiten. Finde dazu verwandte Wörter mit a oder au.

die Wälder – der Wald   träumen – der Traum
  ↓   ↓   ↓   ↓
  ?   a → ä!   ?   au → äu!

In diesem Trainingstext sind Wörter mit ä und äu hervorgehoben.

Geschützte Natur |

Viele Lebensräume | für Pflanzen und Tiere | sind bedroht. |
Die Menschen | bauen immer mehr | Siedlungen und Straßen. |
Dabei zerstören sie | täglich wichtige Lebensräume. | Jeden Tag |
verschwinden weltweit | fast 70 Arten | von Tieren und Pflanzen. |
Viele Tiere | brauchen Bäume | oder Sträucher | für den Nestbau |
und zur Ernährung. | Auch hohe Gräser | bieten Nahrung |
und Schutz. | Darum gibt es | Naturschutzgebiete. | Dort sind |
die Tiere und Pflanzen | vor dem Aussterben | geschützt. |
Niemand darf hier | in die Natur eingreifen. |

(75 Wörter)

1 Was bauen die Menschen immer mehr? Schreibe den Satz ab.

2 Die hervorgehobenen Wörter im Trainingstext kannst du ableiten.
   a. Schreibe die Wörter untereinander auf.
   b. Schreibe zu jedem Wort ein verwandtes Wort auf.
   c. Markiere jeweils a und au, ä und äu.

> **Starthilfe**
> die Lebensräume – der Lebensraum
> täglich – der …

3 Von welchen verwandten Wörtern kannst du diese Wörter ableiten?
Schreibe zu jedem Wort zwei verwandte Wörter auf.
färben, die Gäste, das Gespräch, kräftig, die Säure, schädlich

4 Schreibe den Trainingstext „Geschützte Natur" ab.   → Tipps zum Abschreiben: Seite 281

Diese Wörter mit ä kannst du nicht ableiten. Es sind Merkwörter:
ähnlich, ärgern, der Bär, der Käfer, der Käse, der Lärm, der März, spät, während

5 Schreibe die Merkwörter in deine Rechtschreibkartei.

Wörter verlängern

Oft hörst du am Ende eines Wortes ein p, t oder k,
musst aber b, d oder g schreiben.
Du kannst das Wort verlängern. Dann hörst du den Endbuchstaben.

lieb – ein lieber Gruß   der Strand – die Strände   ich lag – wir lagen
  ↓   ↓   ↓   ↓   ↓   ↓
 b/p?   b!   d/t?   d!   g/k?   g!

Mit diesem Trainingstext kannst du das Verlängern üben.

Unsere Wanderung | im Wald |

Am Sonntag | wanderten wir | in einem Wald. | Der Wald |
war groß | und wir kamen | vom Weg ab. | Weil wir allein waren, |
konnten wir keinen | nach dem richtigen Weg fragen. |
Also gingen wir | mutig weiter. | Irgendwann | hatten wir uns |
5 verlaufen und fanden | den Weg nicht mehr. |
Langsam wurde es Abend. | Vater suchte immer noch |
den richtigen Weg. | Auch unser Hund | wurde unruhig. |
Aber wir Kinder | fanden das spannend. | Plötzlich hörten wir |
in der Nähe | einen Zug pfeifen. | Ein paar Schritte weiter |
10 waren ein kleiner Bahnhof | und auch die Hauptstraße. |

(92 Wörter)

6 Was hörte die Familie in der Nähe pfeifen?
Schreibe den Satz ab.

7 Im Trainingstext sind Wörter und Wortgruppen mit b, d und g
hervorgehoben.
  a. Schreibe die Wörter und Wortgruppen untereinander auf.
  b. Verlängere die Wörter.
   Tipp: Sprich die Wörter und die Endungen besonders deutlich.

8 Verlängere auch diese Wörter.
das Feld, gesund, halb, klug, der Mittag, das Rad, der Samstag, der Staub, der Urlaub

9 Schreibe mit fünf Wörtern Sätze auf.

10 Schreibe den Trainingstext „Unsere Wanderung im Wald" ab.

→ Tipps zum Abschreiben: Seite 281

Wörter bilden

Viele Wörter sind aus verschiedenen Teilen zusammengesetzt.
Wenn du die einzelnen Teile richtig schreibst,
kannst du auch die ganzen Wörter richtig schreiben.

Die Wörter einer Wortfamilie haben einen gleichen Teil.

der Busfahrer, die Einfahrt, die Erfahrung, der Fahrer, der Fahrplan, das Fahrrad,
der Fahrschein, der Fahrschüler, der Fahrstuhl, das Fahrzeug, der Radfahrer,
der Raumfahrer, die Stadtrundfahrt, die Vorfahrt

1 a. Schreibe die Nomen aus der Wortfamilie fahren ab.
  b. Welchen Teil haben die Wörter gemeinsam? Markiere.

Auch das Nomen die Fahrt gehört zur Wortfamilie fahren.

2 Setze die folgenden Nomen mit **die Fahrt** zusammen.
  Tipp: Der Artikel richtet sich nach dem zweiten Nomen.

    das Auto
    die Achterbahn
    der Ballon   +   die Fahrt
    die Straßenbahn
    der Zug

Achte bei zusammengesetzten Wörtern darauf,
dass du keinen Buchstaben vergisst.
das Telefo**n** + die **N**ummer = die Telefo**nn**ummer

3 a. Setze die Nomen zusammen. Schreibe sie auf.
    Tipp: Auch hier richtet sich der Artikel nach dem zweiten Nomen.
  b. Markiere die aufeinanderfolgenden gleichen Buchstaben.

  der Motor + das Rad, der Roller
  das Laub + der Baum, der Besen, das Blatt
  die Stadt + der Teil, das Theater, das Tor, der Turm

3 das Stadttheater

Wörter können mit Vorsilben wie vor-, be-, ver-, ab-, mit-, nach-, aus-, ein-, über-, an-, weg- zusammengesetzt sein:
abfahren, **mit**fahren, **weg**fahren

4 Auch diese Wörter gehören zur Wortfamilie **fahren**.
  a. Schreibe die Wörter ab.
  b. Markiere die Vorsilben.

vorfahren, nachfahren, überfahren, anfahren,
verfahren, befahren, ausfahren

5 Setze auch diese Verben mit Vorsilben zusammen.

| aus-
mit-
vor- | + | machen
gehen | | an-
über-
vor- | + | sehen
nehmen |

In einigen Wörtern steckt das Wort Ende.
Du schreibst dann immer end- oder End-.

6 Was bedeuten diese Wörter mit **end-**?
  a. Schreibe die Wörter mit **end-** untereinander ab.
  b. Ordne den Wörtern die passende Bedeutung zu und schreibe sie daneben.
     Tipp: Schlage im Wörterbuch nach.

Wörter mit end:	Bedeutungen:
endlich	ohne Ende
endlos	das letzte Spiel
das Endspiel	die letzte Haltestelle
die Endstation	zum Schluss

Viele Wörter sind mit irgend- zusammengesetzt.
Du schreibst sie immer zusammen.

7 a. Setze die Wörter mit **irgend-** zusammen. Schreibe sie auf.
   b. Schreibe mit drei Wörtern einen Satz auf.

| irgend- | + | wie, wo, wann,
ein, etwas, jemand |

7 irgendetwas schreiben, irgendwen ansprechen, irgendetwas untersuchen

Dein Rechtschreib-Check

Mit dem Rechtschreib-Check kannst du selbstständig Fehler finden.
Du prüfst und korrigierst damit Wörter in deinen eigenen Texten.

1 Deutlich sprechen – genau hinhören
- Sprich dir das geschriebene Wort vor.
- Sprich es besonders langsam und deutlich.
- Lies das Wort dabei Buchstabe für Buchstabe mit.
  So kannst du z. B. Flüchtigkeitsfehler und fehlende Buchstaben erkennen.

2 Lang oder kurz?
Sprich das Wort leise vor dich hin:
Ist der Vokal lang oder kurz?

Langer Vokal:	Kurzer Vokal:
• Meist folgt nur **ein** Konsonant: *geben*. • Langes i ist meist **ie**: *die Diebe*. • Vor m, n, l, r kommt manchmal ein **h**: *hohl*.	Meist folgen **zwei** Konsonanten, zwei gleiche oder zwei verschiedene: *rollen, halten*.

3 Verwandtes Wort?
- Findest du ein Wort schwierig?
  Dann finde ein verwandtes Wort, das du sicher schreiben kannst.
- Denn den Wortstamm verwandter Wörter schreibst du immer gleich.
  Fahrstuhl schreibst du mit **h** so wie *fahren*;
  Häuser schreibst du mit **äu** so wie *Haus* mit **au**.

4 b, d, g oder p, t, k am Wortende?
Verlängere das Wort.
Dann hörst du, wie es endet: *der Berg – die Berge*.

5 Groß oder klein?
Nomen schreibst du groß.
Mit diesen Fragen erkennst du Nomen:
- Hat das Wort einen oder mehrere Begleiter? Dann schreibe groß.
  der Bus, ein kurzes Lied, die zweite Zahl, unsere Klasse
  Die Begleiter können z. B. bestimmte oder unbestimmte Artikel,
  Adjektive oder Pronomen sein.
- Endet das Wort auf **-ung, -heit, -keit, -nis**? Dann schreibe groß.
  Heizung, Dunkelheit, Heiterkeit, Finsternis

Mit diesem Text kannst du den Rechtschreib-Check ausprobieren.

📖 Unser Besuch im Landesmuseum

Die schülerinnen⁵ und Schüler der Klasse 6b fuhren³ in der ersten Oktoberwoche¹ in das Landesmuseum¹. Der Ausflug⁴ war schon lange geplant. Denn² die Klase² wollte ein Interview⁵ mit der Leiterin der abteilung⁵ für das Mittelalter führen. Frau Bastian hat ser² selten Zeit für Besucher, weil sie oft umherfährt³ und Vortrege³ hält. Sie ist eine Fachfrau für alte Handwers-Berufe¹. Alle² fanden den Besuch spannent⁴.

In dem Text sind einige Wörter orange hervorgehoben.
Sieben orange Wörter sind falsch geschrieben.

1 Welche Wörter sind richtig geschrieben? Welche falsch?
   a. Überprüfe alle orangefarbigen Wörter.
      Tipp: Die Ziffern über den Wörtern sagen dir, welchen Checkpunkt du anwenden kannst.
   b. Schreibe alle orangefarbigen Wörter in eine Tabelle.
      Schreibe die Nomen mit ihren Begleitern auf.

Starthilfe

richtig geschrieben	verbesserte Wörter
fuhren	die Schülerinnen
...	...

2 Schreibe den verbesserten Text ab.

3 Probiere den Rechtschreib-Check an einem Diktat oder an einem eigenen Text aus.
   • Markiere zunächst deine Fehlerwörter und andere schwierige Wörter.
   • Prüfe jedes dieser Wörter mit den Checkpunkten 1 bis 5.
   • Berichtige die Fehler.

Ein Tipp zum Schluss: Wende den Rechtschreib-Check in Zukunft bei allen deinen Texten an.

Die Rechtschreibung am Computer prüfen

Mit dem Computer kannst du deine Rechtschreibung überprüfen.
Der Computer erkennt viele Rechtschreibfehler oder Tippfehler.

Achtung: Fehler!

Der Maulwurfjäger

Eines Morgens ist Christians MuTter ärgerlich.
Ein Maulwurf mak ihren geflegten Garten undf zerwühlt
dabei die Schönen Blumenbeete. Der schaden ist groß.
Die Mutter ist ratlos. Sie sagt zu ihrem sohn: „Hilf mir
5 bitte, dass der Maulwurf nicht noch mehr Schaden
anrichtet." Am nächsten nächsten Morgen hat Christian
das Kleine Tier gefangen. Stols berichtet er seiner Mutter
von dem Erfolk. Sie sagt: „Ich hofe, du hast den
Schedling verjagt!" „Nein", antwortet Christian.
10 „Ich habe ihn im Neudorfer Wald ausgesetzt."

1 Was hat Christian mit dem Maulwurf gemacht?
Erzählt.

Alle Wörter, die der Computer nicht kennt, markiert er als Fehler.

2 Der Computer kennt elf Wörter nicht.
Wie markiert der Computer die Wörter?

Mit der rechten Maustaste klickst du auf ein markiertes Wort.
Der Computer macht Vorschläge für die richtige Schreibung.

3 Bei manchen Fehlern schlägt der Computer
mehrere Möglichkeiten vor.
Wähle die richtige Schreibung aus.

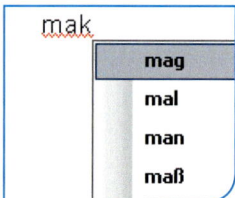 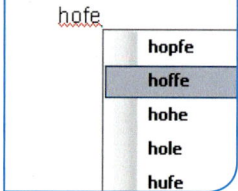

Der Computer weiß nicht alles.
Er weiß oft nicht, ob ein Wort groß- oder kleingeschrieben wird.
Du musst die wichtigen Rechtschreibregeln selbst kennen.

4 Drei Fehler in der Groß- und Kleinschreibung
hat der Computer nicht erkannt.
    a. Finde in jeder Wortgruppe das Fehlerwort.
    b. Wie schreibst du die Wörter richtig?
       Begründe.
    c. Schreibe die Wortgruppen richtig auf.

die Schönen Blumenbeete
der schaden
das Kleine Tier

Manchmal schreibst du aus Versehen ein Wort am Computer doppelt.

5 Im Text kommt das Wort **nächsten** doppelt vor.
Was schlägt der Computer vor? Schreibe es auf.

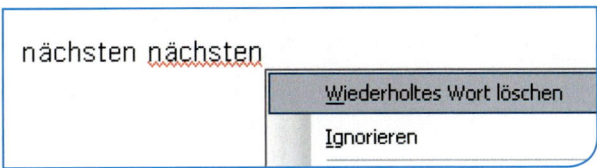

Manche Wörter sind richtig geschrieben.
Aber der Computer kennt sie nicht. Dann markiert er sie auch.

6 Im Text ist das Wort **Neudorfer** markiert.
Es ist richtig geschrieben,
aber der Computer kennt es nicht.
So kannst du dem Computer ein Wort
beibringen:

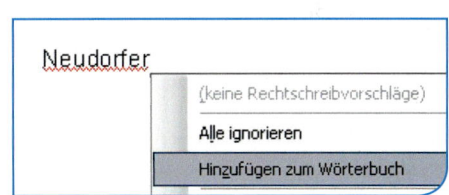

• Sieh im Wörterbuch nach, ob das Wort
richtig geschrieben ist.
• Wenn es richtig geschrieben ist, klicke auf **Hinzufügen zum Wörterbuch**.

7 a. Schreibe den Text „Der Maulwurfjäger" mit dem Computer ab.
      Verbessere dabei alle Fehler.
   b. Überprüfe noch einmal die Rechtschreibung.

Wortarten wiederholen

Auf dem Flohmarkt

Katja und Marvin sind auf dem Flohmarkt.
Sie suchen Kostüme für ihre Theateraufführung.

Ich habe eine Hose gefunden! Die Hose ist genau richtig.

Sieh mal, ein Hut! Der Hut passt zu unserer Aufführung.

Da hängt auch ein Kleid! Das Kleid steht mir sicher gut.

Und wir brauchen Stiefel! Die Stiefel hier sind zu groß.

1 Welche Kleidungsstücke sind auf dem Bild zu sehen?
Schreibe die Kleidungsstücke mit ihren bestimmten und unbestimmten Artikeln auf.

der Hut – _____ Hut, _____ Kleid – ein Kleid, _____ Hose – _____ Hose, _____ Stiefel – Stiefel

Katja und Marvin brauchen noch mehr Kleidungsstücke.

„Wir brauchen noch _____ Mantel für den Zauberer.
Vielleicht können wir aber auch _____ Hemd nehmen?"
„Seht mal, es gibt auch Brillen! Ich finde _____ Brillen schön!"
„Ich brauche _____ Rock und _____ Jacke."
„Wo finden wir bloß _____ Halstuch und _____ Weste?"

2 Schreibe den ganzen Text auf.
Ergänze dabei den bestimmten oder unbestimmten Artikel.

1 den – einen, das – ein, die – eine, die

Auf der Bühne

Die Klasse probt für das Theaterstück.

1 Auf der Bühne passiert viel: Emre und Christina _____ das Bühnenbild auf die Bühne.
Alina _____ den Schlapphut _____.
Am Rand _____ das Hemd mit den Sternen.

schieben
aufsetzen
liegen

5 2 Yasmin liest vor: „Vor langer Zeit _____
ein Zauberer durch einen dunklen Wald und _____
eine alte Frau. Die Frau _____ ihm eine Blume und
_____, dass die Blume sehr wertvoll ist."

gehen
treffen
geben
sagen

3 Nino ruft dazwischen: „Aua! Ich _____.
10 Ich _____ den Stuhl nicht _____. So ein Pech!
Ich _____ mir bestimmt das Bein _____."

hinfallen
sehen
brechen

3 Was ist auf der Bühne los?
Schreibe den Text auf.
Ergänze dabei in Absatz 1 die Verben im Präsens,
in Absatz 2 im Präteritum und
in Absatz 3 im Perfekt.
Tipp: Du kannst in der Verbtabelle auf Seite 292 nachschlagen.

Im Kunstraum

Im Kunstraum malen Emre und Alina noch ein weiteres Bühnenbild.

1 Was ist auf dem Bühnenbild zu sehen?
   a. Wähle zu allem, was du siehst, ein passendes Adjektiv aus.
   b. Schreibe die Wortgruppen untereinander auf.

blau, braun, gelb, groß, grün, hoch, rot, weiß

+

ein Himmel, ein Baum, ein Dach, ein Tor, eine Brücke, eine Fahne, zwei Türme, drei Wolken

Starthilfe
ein blauer Himmel
…

2 Was fehlt auf dem Bild noch?
Schreibe den Text auf. Ergänze dabei die passenden Adjektive.

Das ____ Pferd fehlt noch auf dem Bild. Auch die ____ Hütte fehlt links noch. Hinter der Hütte fehlt der ____ Wald. Am Himmel fliegt der ____ Vogel.

alt, bunt, düster, weiß

1 Nominativ: ein blauer Himmel – ein rotes Dach – eine große Brücke – drei weiße Wolken

2 Nominativ: der alte Wald – das alte Pferd – die alte Hütte

Hinter der Bühne

Es ist so weit: Die Aufführung fängt bald an.
Hinter der Bühne ist noch viel los.

3 Wer macht was?
  a. Sieh dir das Bild an.
  b. Schreibe Sätze zu dem Bild auf.
    • Du kannst die Satzschalttafel verwenden.
    • Du kannst auch eigene Nomen, Verben und Adjektive verwenden.

Anastasia Edgar Katja Marvin Orkan Svenja	befestigt isst liest malt trägt trägt	den das die	braun- bunt- gelb- grau- rot-	en e e	Knopf. Mantel. Buch. Plakat. Banane. Mütze.

→ die Formen der Adjektive und Nomen auf einen Blick: Seite 287–288

 3 annähen – sie näht an, anziehen – er zieht an, aufsetzen – sie setzt auf
Akkusativ: einen blauen Knopf, ein grünes Buch, eine gelbe Banane

Grammatik: Wortart Possessivpronomen

Possessivpronomen verwenden

Sara, Özlem und Jan gestalten im Geschichtsunterricht Plakate. Dabei entsteht ein großes Durcheinander.

1 Lest die Sprechblasen vor.

2 In den Sprechblasen sind Possessivpronomen hervorgehoben.
  a. Schreibe die Sprechblasen ab.
  b. Markiere die Possessivpronomen.

> **Starthilfe**
> Meine Buntstifte sind weg! …

	Kleber	Plakat	Schere	Stifte
ich		mein		meine
du		dein		deine
er		sein		seine
es		sein		seine
sie		ihr		ihre
wir		unser		unsere
ihr		euer		eure
sie		ihr		ihre

3 Was könnten Sara, Özlem und Jan noch sagen?
  a. Schreibe fünf Sätze auf.
  b. Markiere das Possessivpronomen und das dazugehörige Nomen.

> **Starthilfe**
> Mein Radiergummi ist weg.
> Wo sind …?

Merkwissen

Possessivpronomen sagen, wem etwas gehört.
der / das → mein, dein, sein / sein / ihr, unser, euer, ihr
die / die → meine, deine, seine / seine / ihre, unsere, eure, ihre

 3 **Nominativ:**

mein, dein, sein / sein / ihr, unser, euer, ihr		meine, deine, seine / seine / ihre, unsere, eure, ihre	
der Bleistift	das Buch	die Karte	die Buntstifte
der Radiergummi	das Foto	die Schultasche	die Bücher
der Stuhl	das Papier	die Zeichnung	die Scheren

Auch Tarek, Celina und Jenny suchen ihre Materialien.

📖 Tarek: „Ich kann mein**en** Bleistift nicht finden."
Celina: „Wer hat mein**e** Schultasche gesehen?"
Jenny: „Dein**e** Schultasche? Such lieber mein Buch."
Tarek: „Und wer hilft mir, mein**en** Bleistift zu finden?"
Celina: „Hier, ich habe dein**en** Bleistift und ihr Buch gefunden.
Wollen wir unser Plakat aufhängen?"

4 Lest das Gespräch mit verteilten Rollen.

5 Was suchen Tarek, Celina und Jenny?
  a. Frage mit **wen oder was?** nach den Wortgruppen mit Possessivpronomen.
  b. Schreibe die Fragen und die Antworten auf.
  c. Markiere die Endungen der Possessivpronomen.

> **Starthilfe**
> Wen oder was kann Tarek nicht finden?
> Er kann sein**en** Bleistift nicht finden.
> …

Merkwissen
Wenn du **wen oder was?** fragen kannst, können sich die **Endungen** der Possessivpronomen **verändern**.
*Mein Bleistift ist weg. – Ich suche mein**en** Bleistift.*

W 6 Schreibe sieben Sätze auf.
  • Du kannst die Satzschalttafel verwenden.
  • Du kannst auch eigene Sätze schreiben.

Ich habe	mein**en**	mein	meine			
Du hast	dein**en**	dein	deine			
Jan hat	sein**en**	sein	seine	Kleber	entdeckt.	
Das Mädchen hat	sein**en**	sein	seine	Lineal	gefunden.	
Jenny hat	ihr**en**	ihr	ihre	Mappe	gesucht.	
Wir haben	unser**en**	unser	unsere	Plakat	vergessen.	
Ihr habt	eur**en**	euer	eure	Schere	verlegt.	
Sie haben	ihr**en**	ihr	ihre	Stift	verloren.	

Nominativ → **Akkusativ:**
der Bleistift → mein**en**, dein**en**, sein**en**/sein**en**/ihr**en**, unser**en**, eur**en**, ihr**en** Bleistift
das Buch → mein, dein, sein/sein/ihr, unser, euer, ihr Buch
die Karte ⎫
die Buntstifte ⎭ → meine, deine, seine/seine/ihre, unsere, eure, ihre ⎧ Karte
⎩ Buntstifte

253

Grammatik: Wortart Verb

Verben verwenden

Mündlich erzählen im Perfekt

Beim Fußballturnier **haben** sich Joel und Lorenzo **verletzt**.

1 Was **ist** im Finale **geschehen**?
    a. Seht euch die Bilder an.
    b. Erzählt mündlich, was nacheinander geschehen ist.

1 gleichzeitig hochspringen, zum Ball laufen, sich verletzen, den Ball schießen, jemanden am Kopf treffen, auf den Boden fallen, sich verletzen – sie haben sich verletzt

Nina und Denis haben das Fußballturnier als Zuschauer verfolgt. Sie haben den Unfall genau gesehen. Sie erzählen.

> Beide Mannschaften haben von Anfang an gut gespielt. Der Torwart von Lorenzos Mannschaft hat den Ball immer gehalten. In der 38. Spielminute hat Daniel den Ball in den Strafraum geschossen. Alle Zuschauer haben laut gejubelt.

> Dann sind Lorenzo und Joel zum Ball gelaufen. Joel ist ein wenig schneller als Lorenzo gewesen. Beide sind aber gleichzeitig hochgesprungen. Dann ist Joels Brille auf den Boden gefallen.

2 Was haben Nina und Denis beobachtet?
  a. Schreibe die Verbformen mit den Personalpronomen auf.
  b. Markiere die Formen von **haben** und **sein**.

Starthilfe
sie haben gespielt
sie sind gelaufen
…

3 Wiederholt gemeinsam, wie die Formen von **haben** und **sein** gebildet werden.

4 Was haben Nina und Denis noch erzählt?
  a. Seht euch noch einmal die Bilder auf Seite 254 an.
  b. Zeichnet Sprechblasen und schreibt Sätze hinein.
  c. Lest eure Sprechblasen mit verteilten Rollen vor.

Merkwissen
Wenn du über Vergangenes **mündlich** erzählst, verwendest du meist das **Perfekt**.
Viele Verben bilden das Perfekt mit **haben**: *du hast gespielt*
Verben der **Bewegung** bilden das Perfekt mit **sein**: *du bist gefallen*

4 Verben mit **haben**: treffen, treten, sich verletzen
Verben mit **sein**: fliegen, kommen, zusammenstoßen

Schriftlich berichten im Präteritum

Die Sportlehrerin Frau Müller muss einen Unfallbericht für die Versicherung schreiben, damit Joels Brille ersetzt wird.

> Am 17. August 2011 geschah ein Unfall beim Fußballturnier an der Grünberg-Gesamtschule in Dortmund. Im Finale spielte die 6. Klasse gegen die 5. Klasse. In der 38. Spielminute schoss Daniel Weiß aus der 5. Klasse den Ball in den Strafraum der 6. Klasse. Lorenzo Muratovic und Joel Schmidt liefen zum Ball. Beide sprangen gleichzeitig hoch.

1 Was geschah am 17. August 2011?
  a. Schreibe die hervorgehobenen Verbformen mit ihren Personalpronomen untereinander auf.
  b. Ergänze jeweils die Infinitive.
  c. Was ist im Präteritum anders als im Infinitiv? Markiere.
  Tipp: Du kannst in der Verbtabelle nachschlagen. ➔ Verbtabelle: Seite 292

> **Starthilfe**
> es geschah – geschehen

2 Schreibe den Unfallbericht mit Hilfe der Stichworte weiter.

> mit den Köpfen zusammenstoßen, sich verletzen, die Brille auf den Boden fallen

> **Merkwissen**
> Wenn du über Vergangenes **schriftlich** erzählst oder berichtest, verwendest du meist das **Präteritum**.
> Manche Verben ändern sich im Präteritum.
> kommen – es kam; laufen – sie lief; stehen – er stand

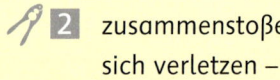

2 zusammenstoßen – sie stießen zusammen
sich verletzen – er verletzte sich
fallen – sie fiel

Perfekt und Präteritum üben

Celine und Kira haben an den Bundesjugendspielen
der Hochwald-Schule teilgenommen.
Celine erzählt am Abend ihrer Mutter von dem Vormittag.

„Um 9:00 Uhr hat unser Schulleiter Herr Robert
die Bundesjugendspiele eröffnet. Der Wettkampf
hat pünktlich stattgefunden. Die Spiele haben
mit dem Staffellauf begonnen. Cem, Sandro und
5 Nadja sind für unsere Klasse gelaufen. Cem ist
als erster Läufer gestartet. Er ist schnell gerannt.
Dann ist er gestolpert. Aber Cem hat es geschafft,
den Stab an unseren nächsten Läufer Sandro
zu übergeben. Sandro ist sofort losgesprintet.
10 Er ist seine Strecke in einer sensationellen Zeit gelaufen
und hat den Stab an Nadja überreicht. Nadja ist
die letzte Läuferin gewesen. Sie hat
sich sehr angestrengt und ist als Erste durchs Ziel
gelaufen. Unsere Klasse hat den Staffellauf gewonnen.
15 Alle Zuschauer haben gejubelt."

3 Was ist am Vormittag geschehen?
    a. Schreibe alle Verbformen mit den Personalpronomen
       untereinander auf.
    b. Schreibe die Infinitive dazu.

> **Starthilfe**
> er hat eröffnet – eröffnen
> …

Kira berichtet für die Schülerzeitung über den Staffellauf.

4 a. Ergänze bei den Verben aus Aufgabe 3 das Präteritum.
    b. Markiere die Vokale,
       die im Präteritum
       anders sind
       als im Infinitiv.

> **Starthilfe**
> er hat eröffnet – eröffnen – er eröffnete
> er hat stattgefunden – stattfinden – er fand statt
> …

5 Berichte für die Schülerzeitung über den Staffellauf.

> **Starthilfe**
> Um 9:00 Uhr eröffnete unser Schulleiter …

→ die Formen der Verben im Überblick: Seite 292–293

 4 sie begannen, er fand statt, sie gewann, er lief, sie strengte sich an, sie war

Von der Zukunft sprechen im Futur

Celine und Kira träumen von der Zukunft.
Wie werden die Bundesjugendspiele dann wohl sein?

*Der Computer **wird** das Wetter **steuern**.*

*Ich **werde** mit dem Raumschiff zum Sportplatz **fliegen**.*

*Alle Schüler **werden** am Staffellauf mit Inlinern **teilnehmen**.*

*Ein Roboter **wird** Schiedsrichter **sein**.*

1 Wie stellen sich Celine und Kira die Zukunft vor?
   a. Seht euch das Bild an.
   b. Lest die Sprechblasen.

2 In den Sprechblasen sind Verbformen hervorgehoben.
   a. Schreibe die Verbformen mit den Personalpronomen auf.
   b. Markiere die Formen von **werden**.
   c. Schreibe die Infinitive dazu.

> **Starthilfe**
> er **wird** sein – sein,
> …

> **Merkwissen**
>
> Wenn du über Dinge sprichst, die in der Zukunft liegen, verwendest du oft das **Futur**. Das Futur wird mit **werden** gebildet.
> *Ich **werde** ein Roboter **sein**.* *Wir **werden** Roboter **sein**.*
> *Du **wirst** ein Roboter **sein**.* *Ihr **werdet** Roboter **sein**.*
> *Er/sie/es **wird** ein Roboter **sein**.* *Sie **werden** Roboter **sein**.*

Celine, Kira, Thomas und Sandro planen ihre Sommerferien.

Celine

Kira

Thomas

Sandro

3 Was werden Celine, Kira, Thomas und Sandro in den Sommerferien machen?
  a. Sieh dir die Bilder an.
  b. Schreibe jeweils einen Satz auf.

> **Starthilfe**
> Celine wird ein Buch lesen. Kira …

4 Für die Sommerferien gibt es viele Pläne.
Wer wird was machen? Schreibe Sätze auf.
Verwende das Futur.

Wer?	Was?
Lucas, ich, Frau Schmidt, du, wir, das Mädchen, ihr, Ninas Eltern	auf dem Ponyhof helfen, ins Zeltlager fahren, nach Spanien fahren, grillen, ins Freibad gehen, ins Kino gehen, am Computer spielen, lange schlafen

5 Was sind deine Pläne für die Sommerferien?
Schreibe fünf Sätze auf.

5 Tiere im Zoo füttern, Fahrrad fahren, Freund besuchen, am Sportkurs teilnehmen

Grammatik: Wortart Adjektiv

Adjektive verwenden

Der Markt im Mittelalter

Josef soll einkaufen.

einen frischen Blumenkohl
ein kleines Huhn
eine saftige Gurke

1 Was soll Josef kaufen?
  a. Schreibe drei Sätze auf.
  b. Markiere die unbestimmten Artikel und die Endungen der Adjektive in den Artikelfarben.

Starthilfe
Josef soll einen frischen Blumenkohl kaufen. …

Josef geht zum Markt. Dort gibt es viele Waren zu kaufen.

2 Welche Waren kann Josef noch kaufen? Schreibe sechs Sätze auf.

Josef kann	einen	frisch- gelb- groß- grün- klein- rot- saftig-	en	Fisch Salat	kaufen.
	ein		es	Ei	
	eine		e	Paprika Zwiebel	
			e	Äpfel Eier	

Verschiedene Personen bieten auf dem Markt ihre Waren an.

3 Wer verkauft auf dem Markt seine Waren?
Beschreibe die Personen mit passenden Adjektiven genauer.

dünn fleißig freundlich groß jung	+	der Fischhändler der Käsehändler das Mädchen die Bäuerin die Marktfrau

Starthilfe
die fleißige Marktfrau, …

4 Wem gehören der Fisch, das Obst und die Jacke?
Schreibe drei Sätze auf.

Der Fisch Das Obst Die Jacke	gehört	dem	fleißig-	en	Fischhändler.
		dem	groß-	en	Kind.
		der	klein-	en	Marktfrau.

5 Wem gehören weitere Dinge?
  a. Sieh dir das Bild noch einmal an.
  b. Schreibe fünf Sätze auf.
    Achte auf die Endungen der Adjektive.

der Hut der Korb das Fass das Huhn die Schale die Tasche	alt arm fröhlich lustig reich stark	+	der Bauer der Käsehändler das Kind das Mädchen die Bäuerin die Gräfin

→ die Formen der Adjektive im Überblick: Seite 288

3 Nominativ: der fleißige Fischhändler, das fleißige Kind, die fleißige Marktfrau

3 Dativ: Der Fisch gehört dem großen Fischhändler / dem großen Kind / der großen Marktfrau

Zusammengesetzte Adjektive

Mit zusammengesetzten Adjektiven kannst du Gegenstände, Personen oder Lebewesen noch genauer beschreiben.

Die Gräfin war **schön** wie ein **Bild**.
das Bild + schön = bildschön
↓ ↓ ↓
Nomen + Adjektiv = Adjektiv

1 a. Schreibe das Beispiel ab.
b. Bilde selbst zusammengesetzte Adjektive:
• Schreibe die folgenden Sätze auf.
• Setze die Adjektive zusammen und schreibe sie dazu.

Die Apfelsine ist rund wie eine Kugel.
Das Kind ist schnell wie ein Blitz.
Die Melonen sind gelb wie Honig.

2 Bilde mit Hilfe der Wörterlisten zusammengesetzte Adjektive.
a. Wie ist die Butter? Wie ist …? Schreibe es auf.
b. Schreibe die zusammengesetzten Adjektive auf.

Starthilfe

die Butter		grün
das Eis		hart
die Feder	+	hoch
das Gras		kalt
der Stein		leicht
der Turm		weich

Die Butter ist weich. = butterweich
Das Eis ist …

W 3 Schreibe mit fünf zusammengesetzten Adjektiven aus den Aufgaben 1 und 2 einen Satz auf.

4 Schreibe den folgenden Text auf.
Setze die Adjektive mit den richtigen Endungen ein.

Es war einmal ein ___ Verkäufer.
Er verkaufte auf dem Markt ___ Melonen.
Er verliebte sich in eine ___ Marktfrau.
Diese verkaufte ___ Gurken.
Er gestand ihr seine Liebe und sie fanden ___ zueinander.

bildschön
blitzschnell
blutjung
honiggelb
grasgrün

3 ein grasgrün**er** Frosch, ein grasgrün**es** Auto,
ein**e** grasgrün**e** Gurke, grasgrün**e** Tomaten

Gesteigerte Adjektive

Mit gesteigerten Adjektiven kannst du Früchte miteinander vergleichen.
Welche Frucht ist größer als der Apfel?
Welche Frucht ist am größten?

 5 a. Seht euch die Bilder an.
    b. Beantwortet die folgenden Fragen mündlich.
       • Welche Frucht ist größer als die Banane?
       • Welche Frucht ist so groß wie der Apfel?
    c. Stellt euch gegenseitig weitere Fragen und beantwortet sie.

… ist größer als …
… ist so groß wie …

6 Nun weißt du, welche Früchte größer oder kleiner als andere sind.
   Schreibe den folgenden Text vollständig auf.

    Die Wassermelone ist _____.
    Der Apfel ist _____ die Birne.
    Die Pflaume ist _____.
    Die Orange ist _____ die Pflaume.
    Die Banane ist _____ die Wassermelone.

> so groß wie
> größer als
> kleiner als
> am größten
> am kleinsten

Merkwissen

Mit gesteigerten Adjektiven kannst du Menschen, Tiere, Gegenstände vergleichen.

die Grundform	der Komparativ (die 1. Steigerungsform)	der Superlativ (die 2. Steigerungsform)
*Der Apfel ist **so groß wie** die Birne.*	*Die Orange ist **größer als** der Apfel.*	*Die Wassermelone ist **am größten**.*

Z 7 Wie kannst du die Früchte noch miteinander vergleichen?
    a. Überlege dir passende Adjektive.
    b. Schreibe Vergleiche auf.

Grammatik: Wortart Präposition

Präpositionen verwenden

Diese Geschichte erzählt von einem ungleichen Wettlauf.

Der Hase und der Igel

1 An einem Sonntag ging der Igel spazieren. Er wollte wissen, ob die Rüben auf dem Feld schon reif waren. Er **freute sich auf eine Rübenmahlzeit**. Auch der Hase ging spazieren. Er wollte wissen, ob der Kohl auf dem Feld schon reif war.
5 Er **freute sich auf ein Kohlessen**.
Hase und Igel trafen sich und fingen an zu streiten: Wer konnte wohl schneller laufen? Der Hase **ärgerte sich über den Igel** und der Igel **ärgerte sich über den Hasen**.

1 Worauf freute sich der Igel? Worauf freute sich der Hase? Worüber ärgerte sich der Igel? Worüber ärgerte sich der Hase? Sprecht darüber.

2 a. Schreibe die hervorgehobenen Wortgruppen untereinander auf.
   b. Kreise die Verbformen und die Präpositionen ein.
   c. Unterstreiche die Nomen mit Artikeln im Akkusativ. Verwende die Artikelfarben.

> **Starthilfe**
> freute sich auf eine Rübenmahlzeit, …

So geht die Geschichte weiter.

2 Der Hase dachte: Ich **fordere** den Igel **zu einem** Wettlauf
10 **auf**. Ich werde gewinnen, denn ich habe längere Beine.
Der Igel dachte: Ich **spreche mit meiner Frau**, sie muss mir helfen. Der Igel **unterhielt sich mit der Igelfrau**.
Beide machten einen Plan. Dann **begannen** der Hase und der Igel **mit dem Wettlauf**.

3 a. Schreibe die hervorgehobenen Wortgruppen untereinander auf.
   b. Kreise die Verbformen und die Präpositionen ein.
   c. Unterstreiche die Nomen mit Artikeln im Dativ. Verwende die Artikelfarben.

1 sich freuen auf … / sich ärgern über …
das / ein Essen, den / einen Hasen, den / einen Igel, die / eine Mahlzeit

Das ist der Schluss von der Geschichte.

3 Der Igel blieb am Anfang der Strecke einfach sitzen, als der Hase loslief. Am Ende der Strecke **wartete** die Igelfrau **auf den Hasen**. Ihre Stacheln **unterschieden sich** nicht **von den Stacheln des Igelmannes**, deshalb bemerkte der Hase den Unterschied nicht. So ging es viele Male hin und her und der Igelmann oder die Igelfrau **sagte**
20 jedes Mal **zu dem Hasen**: „Ich bin schon da." Zum Schluss war der Hase erschöpft und die beiden Igel hatten gewonnen.
Der Hase **wunderte sich über das Ergebnis**, er **forderte** den Igel nie wieder **zu einem Wettlauf auf**. Der Igel und seine Frau aber **erzählten** noch oft **von dem Wettlauf**. Der Igel sagte: „Wie gut,
25 dass ich dich **um den Gefallen gebeten habe**. So haben wir beide gewonnen." Die Igelfrau antwortete: „Das habe ich **für dich und für mich getan**. Denn die Wette des Hasen war nicht fair."
Und dann **träumten sie von einer Rübenmahlzeit**.

4 a. Schreibe die Tabellen ab.
b. Ergänze jeweils die Nomen im Akkusativ und die Nomen im Dativ.

	Nomen im Akkusativ
er bittet um	…
er wundert sich über	…
sie tut etwas für	…
sie wartet auf	…

	Nomen im Dativ
sie erzählen von	…
sie sagt zu	…
sie unterscheiden sich von	…
sie träumen von	…

Nun kannst du die ganze Geschichte mündlich erzählen.

5 Erzähle die Geschichte mit Hilfe der folgenden Wortgruppen mündlich.

Absatz **1**
sich freuen auf …
sich ärgern über …

Absatz **2**
auffordern zu …
sprechen mit …
beginnen mit …

Absatz **3**
warten auf …
sich (nicht) unterscheiden von …
sagen zu …
sich wundern über …
erzählen von …
bitten um …
tun für …
träumen von …

Grammatik: Satzglieder

Satzglieder verwenden

Das Subjekt und das Prädikat

Einige Freunde treffen sich nachmittags im Jugendklub.

📖 Moritz isst einen Apfel.
Julka und Ayla zeichnen.
Alexej zeigt Cem sein Schachbrett.
Louisa füttert die Fische.

1 Wer tut was?
  a. Schreibe die Sätze ab.
  b. Frage mit **Wer?** nach den Subjekten.
  c. Frage mit **Was tut?** nach dem Prädikat.
  d. Markiere die Subjekte und die Prädikate unterschiedlich.

Wer isst einen Apfel? — Moritz.
Was tut …?

Starthilfe

Moritz isst einen Apfel.

2 Was tun die Freunde noch?
  a. Schreibe zu jedem Bild einen Satz auf.
  b. Markiere die Subjekte und die Prädikate unterschiedlich.

Alexej und Cem

Moritz

Julka und Ayla

Louisa

Merkwissen

Mit **Wer oder was?** fragst du nach dem **Subjekt**.
Mit **Was tut?**, **Was tat?** oder **Was hat getan?** fragst du nach dem **Prädikat**.

✏ **2** Schach spielen, eine DVD schauen, tanzen, einen Brief schreiben

Das Akkusativobjekt und das Dativobjekt

Am Abend räumen alle gemeinsam im Jugendklub auf.

Wer?	Was tut?	Wem?	Wen oder was?
Alexej	beaufsichtigt		den Boden.
Ayla	fegt		die Gläser.
Cem	putzt		das Fenster.
Der Hausmeister	schließt		das Schachbrett.
Julka	spült		die Schüler.
Louisa	bringt	Cem	einen Eimer.
Moritz	gibt	dem Hausmeister	den Schlüssel.

3 **Was** putzt Alexej?
   Wem gibt Louisa was?
   a. Frage nach den Objekten.
   b. Ordne sie richtig zu.
   c. Bilde sinnvolle Sätze und schreibe sie auf.
   d. Markiere die Objekte.

> **Starthilfe**
> Was putzt Alexej? Das Schachbrett.
> Alexej putzt das Schachbrett.
> …

Merkwissen

Mit Wen oder was? fragst du nach einem Akkusativobjekt.
Wen oder was fegt Julka? den Boden

Mit Wem? fragst du nach einem Dativobjekt.
Wem gibt Louisa den Schlüssel? dem Hausmeister

Die adverbialen Bestimmungen der Zeit und des Ortes

Alexej und Julka planen eine Feier im Jugendklub.
Es gibt viele Fragen: Wann ...? Wo ...? Wohin ...?

1. Wann schreibst du die Einladungen?
2. Heute Nachmittag.
3. Wann bringst du die CDs mit?
4. Am Donnerstag.
5. Wo willst du deinen Tanz vorführen?
6. Im Sportraum.
7. Wo soll die Musikanlage stehen?
8. Auf dem Hof.
9. Wohin bringst du das Geschirr?
10. In die Küche.
11. Wohin stellst du die Getränke?
12. In den Kühlschrank.

1 a. Lies die Sprechblasen.
b. Schreibe die Fragen und die Antworten zusammen auf.
c. Markiere die Fragewörter.

> **Starthilfe**
> Wann schreibst du die Einladungen? Heute Nachmittag.
> ...

2 **Wann** und **wo** tun Alexej und Julka etwas?
Wohin bringen sie etwas?
a. Schreibe Sätze auf.
b. Markiere jeweils die Zeit und den Ort.

> **Starthilfe**
> Julka schreibt heute Nachmittag die Einladungen. ...

> **Merkwissen**
>
> Mit **Wann?** fragst du nach der **Zeit**, in der etwas geschehen soll.
> Wann spielt Berkay Fußball? am Samstag
>
> Mit **Wo?** oder **Wohin?** fragst du nach dem **Ort**.
> Wo spielt Berkay Fußball? auf dem Fußballplatz
> Wohin bringt Moritz die Bücher? in die Bücherei

An der Pinnwand sind einige Informationen durcheinander geraten.

📖 Ayla tanzt um 14 Uhr auf dem Ponyhof.
Berkay schwimmt heute Abend im Tanzklub.
Julka reitet am Sonntag in der Schwimmhalle.
Lara singt jeden Dienstag auf dem Sportplatz.
Moritz läuft am 5. April im Proberaum.

3 Hier stimmt doch etwas nicht!
   a. Frage nach dem Ort.
   b. Schreibe die Sätze richtig auf.
   c. Markiere jeweils den Ort.

Starthilfe
Ayla tanzt um 14 Uhr im Tanzklub. ...

Cem erzählt Nadia von einem Erlebnis im Jugendklub.
Dabei vergisst er wichtige Informationen.
Nadia fragt nach.

4 Cems Erlebnis könnt ihr genauer erzählen.
   a. Lest das Gespräch.
   b. An welchen Stellen könnt ihr die Sätze genauer erzählen?
      Überlegt gemeinsam.
   c. Schreibt den Text mit den Ergänzungen auf.

Starthilfe
Gestern gab es Streit. Max ...

Satzglieder umstellen

Umstellprobe: Wenn du herausfinden willst, welche Wörter zu einem Satzglied gehören, stelle sie um.

Leon schenkt seinem Freund eine CD.
Seinem Freund schenkt Leon eine CD.
Eine CD schenkt Leon seinem Freund.

1 a. Schreibe die Sätze ab.
b. Welche Wörter kann man nur gemeinsam umstellen? Markiere sie in der gleichen Farbe.

2 Welche Satzglieder kommen in dem Satz vor? Schreibe es auf.

Mit diesem Satz kannst du die Umstellprobe ausprobieren:

3 a. Schreibt jedes Wort auf eine Wortkarte.
b. Legt die Wörter so wie im Beispiel.
c. Stellt die Wörter so um, dass andere sinnvolle Sätze entstehen.
d. Schreibt alle möglichen sinnvollen Sätze auf.

4 Welche Wörter kann man nur gemeinsam umstellen? Markiert sie in der gleichen Farbe.

5 Welche Satzglieder gibt es in dem Satz?
- Frage mit **Wer?** nach dem Subjekt.
- Frage mit **Was tut?** nach dem Prädikat.
- Frage mit **Wem?**, **Wen?** oder **Was?** nach den Objekten.
- Frage mit **Wann?** nach der Zeit und mit **Wo?** nach dem Ort.

Schreibe die Fragen und die Antworten auf.

Satzglieder üben und anwenden

Spielzeit: Das Satzgliederpuzzle

6 Mit den Satzgliedern könnt ihr ein Spiel spielen.
- Schneidet aus Pappe oder Papier diese Formen aus:
- für Subjekte (Wer oder was?) ⌂
- für Prädikate (Was tut?) ⬭
- für Dativobjekte (Wem?) ▭
- für Akkusativobjekte (Wen oder was?) ▭
- für adverbiale Bestimmungen (Wann? Wo? Wohin?) ▭
- Wählt aus diesem Kapitel vier Sätze aus.
- Bestimmt jedes einzelne Satzglied.
  Schreibt es auf die passenden Formen.
  Tipp: Nicht in jedem Satz gibt es alle Satzglieder.
- Dann könnt ihr die Formen mischen und die vier Sätze wieder bilden.

Louisa | bringt | dem Hausmeister | den Schlüssel.

Spielzeit: Das Knickspiel

7 Kennt ihr das Spiel „Onkel Fritz sitzt in der Badewanne"?
- Faltet und beschriftet ein Blatt Papier so:
- Die oder der Erste schreibt als Subjekt eine Person in die erste Spalte.

Wer?	Was tut?	Wann?	Wo?
Onkel Fritz	sitzt	am Sonntag	in der Badewanne.
...	...	...	...

  Die anderen dürfen aber nichts sehen!
- Dann knickt sie oder er die erste Spalte nach hinten und reicht das Blatt weiter.
- Die oder der Zweite schreibt nun ein Prädikat auf.
- Dann wieder: Knicken und weiterreichen …
- Wenn ein Satz fertig ist, lest ihn vor.

Wissenswertes auf einen Blick

Die Fabel

Fabeln sind kleine **Geschichten**, in denen **Tiere** wie **Menschen handeln** und **sprechen**. Die Tiere haben **bestimmte Eigenschaften**. In Fabeln gibt es oft **Gegensätze**, z. B. groß und klein. In Fabeln gibt es oft eine **List**. Außerdem steht am Ende der Fabel manchmal eine **Lehre**.

→ Fabeln lesen, schreiben und überarbeiten: Seite 160–167, 168–171

Die Sage

Viele Sagen erzählen von Orten, die auf **ungewöhnliche Weise** entstanden sein sollen. Sagen wurden **mündlich** weitererzählt. **Manche Orte** in den Sagen gibt oder gab es **wirklich**. Auch **manche Personen** lebten **wirklich**. **Vieles** ist jedoch **erfunden**.

→ Sagen lesen, schreiben und überarbeiten: Seite 148–155, 156–159

Das Gedicht

Gedichte haben mindestens eine **Strophe** und sind in **Versen** (Gedichtzeilen) geschrieben.
- Eine **Strophe** verbindet eine bestimmte Anzahl von Versen zu einer Einheit und gliedert das Gedicht oder Lied.
- Eine **besondere Sprache** bringt die Gedichte **zum Klingen**.
- **Vergleiche** machen Gedichte **anschaulich und lebendig**.
- **Sprachbilder**, z. B. Gegensätze, machen Gedichte **lebendig**.
- In manchen Gedichten gibt es **Personifikationen**.
- Gedichte haben manchmal eine **besondere Form**.
- Gedichte **reimen** sich häufig.
- Der **Reim** ist der möglichst genaue Gleichklang von Wörtern.

→ Gedichte lesen, schreiben und vortragen: Seite 24, 42, 60, 78, 96, 112–114, 172–181, 215

Reime am Ende von Gedichtzeilen, die aufeinanderfolgen, nennt man **Paarreime**.	Reimt sich jeweils der übernächste Vers, so spricht man von **Kreuzreimen**.	Umschließt ein Reim einen Paarreim, heißt er **umarmender Reim**.
taumle a ⎤ baumle a ⎦ Bäumen b ⎤ träumen b ⎦	Macht c ⎤ träufen d ⎤ Nacht c ⎦ ersäufen d ⎦	Wind e ⎤ Welt f ⎤ hält f ⎦ geschwind e ⎦

Ein Gedicht auswendig lernen

- Lerne die erste Strophe **Zeile für Zeile** auswendig.
- Du kannst dir mit einem Blatt Papier helfen: Lege das Blatt so, dass du **jeweils nur den Anfang jeder Zeile** lesen kannst.
- Sprich dann die **Strophe als Ganzes**.
- Lerne die anderen Strophen genauso.

→ Gedichte auswendig lernen: Seite 114, 175, 179

Texte lesen, vorlesen, vortragen

Ausdrucksvoll vorlesen

Du kannst eine Geschichte so vorlesen, dass **die Zuhörer** sich **genau vorstellen** können, was geschieht.

Vor dem Vorlesen
- Lies die Geschichte **mehrmals** leise und mit dem Textknacker.

Beim Vorlesen
- Betone **wichtige Wörter**.
- Lies manche Textstellen **lauter**, manche **leiser**.
- Lies manche Textstellen **schneller**, manche **langsamer**.
- Mache **Pausen**, z. B. vor einer spannenden Stelle.
- Achte auf **die wörtliche Rede**:
  Die Zuhörer sollen verstehen, *wer* spricht.
  Sie sollen auch hören, *wie* jemand spricht.
- Achte auf die **Satzzeichen**.
  Hebe die Stimme leicht an, z. B. vor einem Komma.
  Senke die Stimme, z. B. nach einem Punkt.

→ ausdrucksvoll vorlesen:
Seite 210–211

Der Buchknacker

1. Schritt: Vor dem Lesen
Du siehst dir das Buch als Ganzes an.
- Das **Buchcover** (das Bild, der Titel, die Autorin oder der Autor) verrät dir etwas über das Buch.
- Der **Klappentext** verrät dir mehr über den Inhalt des Buches.

2. Schritt: Das erste Lesen
Du liest einen Textausschnitt.
- Wie ist dein **erster Eindruck** von dem Buch?

3. Schritt: Beim genauen Lesen
Du liest den Text genau – Absatz für Absatz.
- **Absätze** gliedern den Text.
- **Schlüsselwörter** sind zum Verstehen besonders wichtige Wörter.
- Schlage Wörter, die du nicht verstanden hast, im **Lexikon** nach.
- Stelle **eigene Fragen** an den Text.

4. Schritt: Nach dem Lesen
Du kannst das Buch mit Hilfe deiner Arbeitsergebnisse vorstellen.

→ der Buchknacker:
Seite 196–199

Ein Buch vorstellen

- Zeige den Zuhörern **das Buchcover**.
- Nenne den **Titel** und den **Autor** des Buches.
- **Wer?** – Stelle die **Hauptpersonen** vor.
- **Wo? – Wann? – Was?** – Erzähle **kurz** etwas über den **Inhalt** des Buches. Aber verrate nicht zu viel.
- Erkläre, warum dir das Buch gut **gefallen** (oder nicht so gut gefallen) hat.
- **Lies** einen **Ausschnitt** aus dem Buch **vor**.

→ ein Buch vorstellen:
Seite 133, 199

273

Texte, Grafiken und Aufgaben lesen und verstehen

Der Textknacker

Mit dem Textknacker knackst du jeden Text.

1. Schritt: Vor dem Lesen
Du siehst dir den Text als Ganzes an.
- Worauf fällt dein Blick als Erstes?
- Was erzählen dir die **Bilder** und die **Überschrift**?
- Worum könnte es gehen?

2. Schritt: Das erste Lesen
Du überfliegst den Text.
Oder du liest den Text einmal durch.
- Welche **Wörter**, **Wortgruppen** oder **Absätze** fallen dir auf?
- Was ist interessant für dich? Was macht dich neugierig?

3. Schritt: Den Text genau lesen
Du liest den Text genau und in Ruhe – Absatz für Absatz.
So findest du wichtige Informationen.
- **Absätze** und **Zwischenüberschriften** gliedern den Text.
- **Schlüsselwörter** sind besonders wichtige Wörter.
- **Bilder am Rand** oder **im Text** helfen dir, den Text zu verstehen.
- Manche **Wörter** werden **am Rand** oder **unter dem Text erklärt**.
- Schlage Wörter, die du nicht verstanden hast, **im Lexikon** nach.
- Welche **Fragen** hast du an den Text?

4. Schritt: Nach dem Lesen
Du arbeitest mit dem Inhalt des Textes.
- Welche **Informationen** sind für dich und deine Aufgabe **wichtig**?

→ Sachtexte lesen und verstehen:
Seite 34–36, 38, 40–41, 44–47, 52–53, 62–63, 88–89, 128–129, 209

→ literarische Texte lesen und verstehen:
Seite 70–71, 116–117, 131–143, 149, 192–195, 210–211

Eine Grafik lesen

Grafiken können **zusätzliche Informationen** zu Sachtexten enthalten.
- Lies die **Überschrift** der Grafik und benenne das Thema.
- Lies die **Erklärungen**, z. B. die Legende.
- **Sieh** dir nun die Grafik **genauer an**.
- **Stelle Fragen** an die Grafik und **formuliere** entsprechende **Antworten**.
- **Erkläre** mit eigenen Worten, was in der Grafik dargestellt ist.

→ eine Grafik lesen: Seite 40–41

Der Aufgabenknacker

Aufgaben kannst du in drei Schritten verstehen.
1. Schritt: Du **liest** die Aufgabe genau.
2. Schritt: Du überlegst: Was gehört alles zur **Lösung** der Aufgabe?
3. Schritt: Du gibst die Aufgabe **mit eigenen Worten** wieder.
Diese **Verben** sagen dir, was du tun sollst:

Beschreibe…	Ich soll wiedergeben, wie etwas aussieht, abläuft oder funktioniert.
Fasse zusammen…	Ich soll die wichtigsten Informationen wiedergeben.
Nenne…	Ich soll etwas aufzählen.
Vergleiche…	Ich soll Gemeinsamkeiten und Unterschiede finden.

→ der Aufgabenknacker: Seite 188–189

Ideen sammeln, Texte überarbeiten

Ideensammlung: Cluster

In einem Cluster kannst du Ideen zu einem Thema sammeln.
- Nimm **ein leeres Blatt** Papier.
- Schreibe **in die Mitte** das Thema, z. B. **Freund**. **Kreise** das Thema **ein**.
- Schreibe auf dein Blatt nun **die Wörter und Wortgruppen**, die dir zu dem Thema einfallen.
- Manchmal kannst du zu den neuen Wörtern **weitere Wörter** finden.
- Schreibe so viele Wörter auf, wie dir **in 5 bis 10 Minuten** einfallen.
- **Verbinde** zusammengehörende Wörter **durch Striche**.

→ einen Cluster anfertigen: Seite 44, 63, 172, 181

Ideensammlung: Die Mindmap

In einer Mindmap kannst du **Ideen sammeln** und deine **Gedanken ordnen**.
- Nimm ein **leeres Blatt Papier** und lege es quer vor dich hin.
- Zeichne darauf so groß wie möglich einen **Baum mit Ästen und Zweigen**.
- Schreibe das **Thema** auf den **Stamm**.
- Schreibe **wichtige Wörter** zu dem Thema auf die **Äste**.
- Schreibe **weitere Informationen** zu den wichtigen Wörtern auf die **Zweige**.

→ eine Mindmap anfertigen: Seite 200–201

Einen Text überarbeiten

Einen Text kannst du mit diesen Tipps überarbeiten:
- Gestalte **die Satzanfänge** abwechslungsreich.
- Verwende **treffende Verben**.
- Ergänze an passenden Stellen **Adjektive**.
- Verwende beim schriftlichen Erzählen das **Präteritum**.
- Überprüfe **die Rechtschreibung**.
- Schreibe den Text noch einmal **in gut lesbarer Schrift** auf.

→ Texte überarbeiten: Seite 156–159, 166, 168–171, 202–205

Regeln für die Schreibkonferenz

In einer Schreibkonferenz überarbeitet ihr Texte gemeinsam.
Für die Schreibkonferenz werden Regeln vereinbart.
Regel 1: Die Autorin oder der Autor **liest** den Text **vor**. Die anderen **hören** aufmerksam **zu**.
Regel 2: Sagt zuerst, was euch **gefällt**.
Regel 3: **Fragt nach**, was ihr nicht verstanden habt.
Regel 4: **Überarbeitet gemeinsam** den Text, bis er euch gefällt.
Regel 5: Schreibt den Text noch einmal **in gut lesbarer Schrift** auf.

→ Regeln für die Schreibkonferenz: Seite 159, 202

Berichten und beschreiben

Berichten

Berichten kannst du über ein Ereignis oder zum Beispiel über einen Tag.
Du beantwortest **genau** und **knapp** die **W-Fragen**:
- **Wann** geschah etwas?
- **Wo** geschah etwas?
- **Wer** war beteiligt?
- **Was geschah** der Reihe nach?
- **Was** für ein Schaden entstand?

Ein Bericht wird **im Präteritum** geschrieben.
Er enthält nur rein sachliche und richtige Angaben.

➔ berichten:
Seite 72–77, 80–83,
254–255

Eine Person beschreiben

Beschreibe eine Person mit Hilfe der folgenden Fragen:
- **Wie** sieht die Person **insgesamt** aus?
- **Wie** sieht ihr **Gesicht** aus? Wie sind ihre **Haare**?
- **Wie** sieht ihre **Kleidung** aus?
- Gibt es etwas, **was** dir **besonders** an ihr **auffällt**?
- **Wie wirkt** sie auf dich?

➔ eine Person
beschreiben:
Seite 141

Eine Spielanleitung schreiben

In einer Spielanleitung **beschreibst du**, wie ein Spiel funktioniert.
Beantworte dabei diese Fragen:
- **Wie heißt** das Spiel?
- **Was** ist das **Ziel**?
- **Wie viele Mitspieler** können mitspielen?
- **Was braucht man** für das Spiel?
- **Wie** wird das Spiel **vorbereitet**?
- **Wie** wird das Spiel **gespielt**?

➔ eine Spielanleitung
schreiben:
Seite 58–59, 203–205

Beschreiben: Einen Steckbrief schreiben

- **Plane** deine **Schreibaufgabe**: Was willst du beschreiben? Für wen?
- **Sammle Informationen** aus Sachtexten und Büchern.
- **Lies** die Texte mit dem **Textknacker** und **notiere** wichtige **Informationen**.
- **Ordne** die **Informationen** den **Hauptstichwörtern** zu.
  Schreibe den Steckbrief. Beschränke dich auf **sachliche** Stichworte.
  Erfinde nichts hinzu.
- **Überprüfe** deinen Steckbrief, z. B. mit einer Checkliste.
  Überarbeite ihn.

➔ Steckbriefe
schreiben:
Seite 38

Mündlich und schriftlich Stellung beziehen

Miteinander diskutieren

Wenn ihr auf diese Regeln achtet, gelingt die Diskussion:
- **Lasst** euch gegenseitig **ausreden**.
- **Hört** euch gegenseitig genau **zu**.
- **Beleidigt** euch gegenseitig **nicht** und **lacht** euch **nicht aus**.
- **Sprecht** nur **zum Thema**.

→ miteinander diskutieren: Seite 26–29

Pro- und Kontra-Argumente sammeln

Wenn du eine **Meinung** vertreten willst, **begründe** sie mit Argumenten.
- Finde **Pro-Argumente**, wenn du dafür bist.
- Finde **Kontra-Argumente**, wenn du dagegen bist.
- **Sammle** deine Argumente in einer **Tabelle**.
- Finde passende **Beispiele** zu deinen Argumenten.

→ Pro- und Kontra-Argumente: Seite 26–28, 90–93, 98–101

Das Kugellager

- Bildet mit euren Stühlen einen **Innenkreis** und einen **Außenkreis**.
- Im **Außenkreis** sitzt die **Pro-Gruppe**, im **Innenkreis** sitzt die **Kontra-Gruppe**.
- Der Außenkreis beginnt. Äußert eure Meinung und begründet sie.
- Der Partner gegenüber im **Innenkreis widerspricht** und nennt einen **Grund**.
- Nach einer Minute rückt der Außenkreis **einen Stuhl weiter**.
- Tauscht eure Argumente mit der neuen Partnerin oder dem neuen Partner aus.

→ Kugellager: Seite 29

In einem Brief Stellung nehmen

Beginne den Brief mit dem **Briefkopf**:
- Schreibe den **Ort** und das **Datum** auf.
- Schreibe eine **Anrede** auf.

Schreibe dann eine **Einleitung**:
- Schreibe auf, **warum** du den Brief schreibst.
- Schreibe dann deine **Meinung**.

Schreibe den **Hauptteil**:
- Schreibe mit deinen **Gründen** Sätze mit **weil** oder **denn** auf.
- Schreibe **Beispiele** zu deinen Gründen.
  Verknüpfe deine Sätze durch passende Wörter wie *zum Beispiel*, *beispielsweise* oder *nämlich*.

Wenn du eine **Bitte** hast, schreibe sie zum **Schluss** auf.
Beende deinen Brief mit dem **Gruß** und deiner **Unterschrift**.

→ in einem Brief Stellung nehmen: Seite 90–91, 100–101, 212–213

Erzählen und nacherzählen

Eine Geschichte erzählen

Deine Geschichte braucht: **Einleitung**, **Hauptteil** und **Schluss**.
Mache mit deiner **Einleitung** die Leser und Zuhörer **neugierig**:
- **Wer** ist die Hauptperson?
- **Wo** spielt die Geschichte?
- **Wann** spielt die Geschichte?
- **Was möchte** die Hauptperson?

Gestalte den **Hauptteil spannend und lebendig**:
- **Was passiert** auf einmal?
- **Was fühlt** die Hauptperson?
- **Was denkt** oder **sagt** die Hauptperson?

Löse am **Schluss** schnell die **Spannung**:
- **Wie löst sich** die Spannung zum Schluss auf?

Beachte auch die **Tipps zum spannenden Erzählen**.

➔ eine Geschichte erzählen: Seite 144–147

Spannend erzählen

Mit diesen Tipps gelingt dir eine besonders **spannende Geschichte**:
- Finde für die **Einleitung** einen Satz, der **besonders neugierig** macht.
- Baue im Hauptteil mit einem **plötzlichen Ereignis Spannung** auf.
- Erzähle über die **Gefühle** der Hauptperson.
- Durch **Gedanken** und **wörtliche Rede** wird die Geschichte **lebendig**.
- **Steigere** die Spannung: Unterschiedliche **Satzanfänge** machen den Hauptteil **abwechslungsreich**. Besondere, treffende **Adjektive** machen die Geschichte „**stark**".
- Auf dem **Höhepunkt** passiert oft alles **ganz schnell**.
- Löse die Spannung am **Schluss** mit einem **überraschenden Ende**.

➔ spannend erzählen: Seite 144–147

Eine Sage schreiben

- Erzähle, **wann** und **wo** die Sage spielt und **wie** deine **Hauptperson lebte**. Erzähle auch, was die Hauptperson **wollte**.
- Erzähle, welches **unerwartete Ereignis** plötzlich **passierte**.
- Erzähle, was die Hauptperson **dachte** und was sie **tat**.
- Erzähle dann, wodurch sich alles **zum Guten wendete**.
- Überlege dir eine **passende Überschrift** zu deiner Sage.

➔ eine Sage schreiben: Seite 156–159

Eine Geschichte mündlich nacherzählen

- **Lies** die Geschichte **genau**.
- Schreibe zu jedem Absatz eine **Überschrift** auf **Erzählkärtchen**.
- Schreibe zu jeder Überschrift die **Schlüsselwörter** auf.
- Ordne die Kärtchen **in der richtigen Reihenfolge**.
- Erzähle **spannend** und **mit eigenen Worten**.
- Lasse nichts **Wichtiges** aus. **Füge nichts hinzu**.
- Erzähle **im Präteritum**, also wie in der Geschichte.

➔ eine Geschichte mündlich nacherzählen: Seite 149, 165

Vortragen, präsentieren und spielen

Einen Kurzvortrag vorbereiten und halten

Mit einem Kurzvortrag kannst du andere über ein Thema informieren.

1. Schritt: Das Thema aussuchen und Informationen beschaffen
- Wähle ein interessantes **Thema** aus.
- Sammle **Informationen** in Büchern, Lexika und im Internet.

2. Schritt: Informationen aus Texten entnehmen
- **Lies** die Texte mit dem **Textknacker**.
- Schreibe **Stichworte** auf **Karteikarten**.

3. Schritt: Den Kurzvortrag gliedern und die Notizen ordnen
- Entscheide, welche Informationen **wichtig** sind.
- **Gliedere** dann den Kurzvortrag.
- **Ordne** deine Informationen.

4. Schritt: Eine Einleitung und einen Schluss formulieren
- Formuliere einen **Einleitungssatz** und Sätze für einen **Schluss**.

5. Schritt: Den Kurzvortrag üben und halten
- **Übe**, deinen Kurzvortrag möglichst **frei zu sprechen**.

→ einen Kurzvortrag vorbereiten: Seite 54–57, 62–65

Frei vortragen

- **Stelle dich** so hin, dass **alle dich sehen** können.
- Versuche, **frei** zu **sprechen** und wenig abzulesen.
- Sprich **langsam** und **deutlich**.
- **Sieh** beim Sprechen die Zuhörer **an**.
- Zeige an passenden Stellen **Bilder** und **Materialien**.

→ frei vortragen: Seite 56, 65

Ein Plakat gestalten

- Wählt ein **Papierformat** aus.
- Findet eine passende **Überschrift**.
- Entscheidet, welcher **Text** und welche **Bilder** auf das Plakat sollen.
- Überlegt, wie ihr **Überschrift**, **Text** und **Bilder** auf dem Plakat **anordnen** wollt.
- Schreibt **groß** genug und gut **lesbar**.
- Nehmt andere Stifte für **Hervorhebungen**.

→ ein Plakat gestalten: Seite 19, 37

Eine Szene spielen

- Legt fest, welche **Figuren** es gibt. **Verteilt** die **Rollen**.
- Schreibt den **Text** für jede Rolle auf einzelne **Rollenkarten**.
- **Markiert** Wörter, die ihr **besonders betonen** möchtet.
- Schreibt dazu, was eure **Figur tut**, was sie **fühlt** und **denkt**.
- Lernt euren **Text auswendig**.
- Übt gemeinsam, die Szene zu spielen: Setzt **Gestik** (Körpersprache) und **Mimik** (Gesichtsausdruck) ein.
- **Besprecht**: Wie haben sich die Spieler in ihren Rollen gefühlt? Wie hat die Szene auf die Zuschauer gewirkt?

→ eine Szene spielen: Seite 109, 116–119

Miteinander arbeiten

Regeln für die Gruppenarbeit

1. **Jedes** Mitglied erhält **eine Aufgabe**.
2. Alle arbeiten **gemeinsam**.
3. Jedes Mitglied arbeitet **mit jeder/jedem** zusammen.
4. **Keine/keiner lenkt** die Gruppe **ab**.
5. **Keine/keiner meckert** über ihre/seine Aufgabe.
6. Einer **leitet** die Gruppe, einer **schreibt**, einer **misst** die **Zeit**, einer **schlägt** im Wörterbuch **nach** und einer **trägt** das Ergebnis **vor**.

➜ Regeln für die Gruppenarbeit: Seite 19–20, 207

Einen Arbeitsplan anlegen

Für einen Arbeitsplan legt ihr eine Tabelle mit fünf Spalten an.
- Schreibt in die **erste** Spalte die **Wochentage**.
- Schreibt in die **zweite** Spalte zu dem Tag die jeweilige **Aufgabe**.
- Schreibt in die **dritte** Spalte, **wer** jeweils verantwortlich ist.
- Schreibt in die **vierte** Spalte, **wann** ihr die Aufgabe **erledigt** habt.
- Schreibt in die **letzte** Spalte, welche **Fragen oder Probleme** es gibt.

➜ einen Arbeitsplan anlegen: Seite 206

Eine Checkliste anlegen

Überlegt, **welche Schritte** zur Erledigung einer Aufgabe gehören.
- Schreibt für die einzelnen Schritte Checkfragen, die ihr mit **Ja** oder **Nein** beantworten könnt.
- Ergänzt in **weiteren** Checkfragen, was für die Aufgabe noch wichtig ist.

➜ eine Checkliste anlegen: Seite 203

Das Gruppen-Puzzle

Mit dem Gruppen-Puzzle könnt ihr lange Sachtexte verstehen.
1. **Schritt:** Bildet **Stammgruppen**. Jedes Mitglied einer Stammgruppe soll zum **Experten** für einen Absatz werden.
2. **Schritt:** Die Experten für jeden Absatz treffen sich in den **Expertengruppen**.
3. **Schritt:** Die Experten kehren in ihre **Stammgruppen** zurück. Nun ist in allen Stammgruppen **jeder** ein **Experte** für einen anderen Absatz.

➜ Gruppen-Puzzle: Seite 22–23

Ein Standbild bauen

Mit einem Standbild könnt ihr eine Situation oder ein Gefühl darstellen.
- Entscheidet euch, **wer welche Person** darstellt.
- Achtet besonders auf die **Gestik** (die Körperhaltung) und die **Mimik** (den Gesichtsausdruck) der Personen.
- Die Darstellerinnen und Darsteller stellen sich **unbeweglich wie ein Standbild** auf. Niemand spricht.
- **Die anderen beraten** und korrigieren die Darsteller.
- **Alle beschreiben, wie das Standbild** auf sie **wirkt**.
- Die Darsteller **beschreiben** ebenfalls, **wie sie sich fühlen**.

➜ ein Standbild bauen: Seite 15

Rechtschreiben: Die Arbeitstechniken

Richtig abschreiben

Richtiges Schreiben kannst du durch Abschreiben lernen.
Beachte beim Abschreiben die sechs Schritte.

1. **Schritt: Lies** den Text.
2. **Schritt: Präge dir die Wörter** bis zum Strich genau **ein**.
   Lies dazu nochmals Wort für Wort, Silbe für Silbe.
3. **Schritt:** Decke nun die Textstelle ab. **Schreibe** die Wörter
   auswendig auf. Schreibe **langsam** und **ordentlich**.
   Schreibe nur in jede zweite Zeile.
4. **Schritt: Überprüfe**, was du geschrieben hast.
   Vergleiche Wort für Wort mit der Vorlage.
5. **Schritt: Streiche** Fehlerwörter mit einem Lineal **durch**.
   Schreibe das Wort **richtig** über das Fehlerwort.
6. **Schritt:** Schreibe die Fehlerwörter in die **Rechtschreibkartei**.

➔ richtig abschreiben:
Seite 218

Eine Rechtschreibkartei anlegen

In deiner Rechtschreibkartei sammelst du schwierige Wörter und
deine Fehlerwörter auf Lernkärtchen.

1. Schritt: Das Lernkärtchen beschriften
- Schreibe das schwierige Wort oder das Fehlerwort
  – richtig geschrieben – in die erste Zeile.
  Schreibe **Nomen** mit den **bestimmten Artikeln** auf.
  Ergänze bei **Verbformen** die **Personalpronomen**.
- **Unterstreiche** die **Fehlerstellen**.
- Schreibe bei Nomen den Plural oder den Singular dazu.
- Schreibe bei Verben und Adjektiven die **Grundform** dazu.

2. Schritt: Passende Rechtschreibtipps ergänzen
- Schreibe einen passenden **Rechtschreibtipp** auf jedes Lernkärtchen.

3. Schritt: Das Lernkärtchen einsortieren
- **Ordne** deine Lernkärtchen **nach dem Alphabet**.
- Bewahre deine Lernkärtchen in einem **Karteikasten** auf.

➔ Rechtschreibkartei:
Seite 238

Wörter nachschlagen

Im Wörterbuch schlägst du nach, wie ein Wort geschrieben wird.
- **Links und rechts oben** auf der Seite des Wörterbuchs steht
  der **Buchstabe** des Alphabets, unter dem du suchen musst.
  schwimmen findest du unter **S**.
- Wenn die Wörter mit demselben Buchstaben beginnen,
  vergleiche jeweils den **zweiten** Buchstaben.
- Manchmal musst du sogar den **dritten**, **vierten** oder
  fünften Buchstaben ansehen.

➔ Wörter
nachschlagen:
Seite 237

Das Partnerdiktat

Beim Diktieren:
- **Lies** den ganzen Satz **vor**.
- Sprich **langsam** und **deutlich**.
- Diktiere dann nacheinander die **Sinnabschnitte**.

- **Pass** genau **auf** und **gib Hilfen**, ohne zu viel zu verraten.

Beim Schreiben:
- Höre **genau** zu.
- **Schreibe** den Sinnabschnitt **auf**. **Sprich** dabei leise **mit**. Schreibe nur in jede zweite Zeile.
- **Kontrolliere**, was du geschrieben hast.
- Entdeckst du einen Fehler, **streiche** das **Fehlerwort durch** und schreibe das Wort **richtig** darüber.

➜ Partnerdiktat: Seite 219

Das Laufdiktat

- Lies den Text **sorgfältig** und in **Ruhe**.
- Lege den Text weit entfernt, z. B. auf einen Tisch.
- Gehe leise zum Tisch.
- **Präge dir** die Wörter des ersten Sinnabschnittes ein.
- Gehe mit den Wörtern im Kopf zurück zu deinem Platz.
- **Schreibe** die Wörter **auf**. Schreibe nur in jede zweite Zeile.
- Gehe so oft hin und her, bis der ganze Text in deinem Heft steht.
- **Kontrolliere** deinen Text **Wort für Wort**.
- Entdeckst du **einen Fehler**, **streiche** das Fehlerwort **durch**. Schreibe es **richtig** in die Zeile darüber.

Das Dosendiktat

- Schreibe jeden Satz auf einen eigenen **Papierstreifen**.
- **Nummeriere** die Streifen.
- **Lege** die Papierstreifen in der richtigen Reihenfolge auf den Tisch.
- **Präge** dir den Satz auf dem ersten Streifen ein.
- **Stecke** den Streifen **in die Dose**.
- **Schreibe** den Satz aus dem Gedächtnis **auf**. Schreibe nur in jede zweite Zeile.
- Gehe mit den anderen Streifen **genauso** vor.
- Vergleiche **Wort für Wort** mit der Vorlage.
- Entdeckst du einen **Fehler**, **streiche** das Wort **durch**. Schreibe es **richtig** in die Zeile darüber.

➜ Dosendiktat: Seite 239

Sprechen – hören – schreiben

Deutliches Sprechen und genaues Hinhören helfen dir beim richtigen Schreiben.
- **Sprich** das Wort **langsam** und **deutlich** Silbe für Silbe.
- **Schreibe** das Wort **Silbe für Silbe auf**.
- So kannst du Flüchtigkeitsfehler erkennen.

➜ sprechen – hören – schreiben: Seite 244

Rechtschreibhilfen – Rechtschreibtipps

Wörter ableiten

Wenn du nicht weißt, ob ein Wort mit **ä** oder **e**, mit **äu** oder **eu** geschrieben wird, kannst du es **ableiten**.
Finde **verwandte Wörter** mit **a** oder **au**.
die Wälder – der Wald, träumen – der Traum

→ Wörter ableiten:
Seite 230, 240, 244

Wörter verlängern

Oft hörst du am Ende eines Wortes ein **p**, **t** oder **k**,
musst aber **b**, **d** oder **g** schreiben.
Du kannst dieses Wort **verlängern**. Dann **hörst** du den Endbuchstaben.
lieb – ein lieber Gruß, der Strand – die Strände, ich lag – wir lagen

→ Wörter verlängern:
Seite 241, 244

Wortbildung

Viele Wörter sind aus verschiedenen Teilen **zusammengesetzt**.
Wenn du die einzelnen Teile richtig schreibst,
kannst du auch die ganzen Wörter richtig schreiben.

Aus zwei Nomen kann ein **zusammengesetztes Nomen** entstehen.
Du schreibst das Nomen immer groß.
der Roggen + das Brot = das Roggenbrot

Ein Nomen und ein Adjektiv können ein **zusammengesetztes Adjektiv** bilden.
Du schreibst das Adjektiv immer klein.
das Bild + schön = bildschön

Die Wörter einer Wortfamilie haben einen gleichen Teil.
Du schreibst den Teil immer gleich.
der Fahrer, das Fahrzeug, die Vorfahrt

In einigen Wörtern steckt das Wort **Ende**.
Du schreibst dann immer **end-** oder **End-**.
endlich, endlos, das Endspiel

Die Vorsilben **ver-** und **ent-** schreibst du immer gleich.
ver- + stecken = verstecken
ent- + täuschen = enttäuschen

Viele Wörter sind mit **irgend-** zusammengesetzt.
Du schreibst sie immer **zusammen**.
irgendwer, irgendwie, irgendwann, irgendwo

Alle Wörter mit den Endungen **-ig**, **-isch** und **-lich** sind Adjektive.
Du schreibst sie immer klein.
die Neugier + -ig = neugierig
das Telefon + -isch = telefonisch
der Freund + -lich = freundlich

→ Wortbildung:
Seite 221, 223, 226,
242–243, 244

Großschreibung, langer Vokal, kurzer Vokal

Großschreibung am Satzanfang

Am Satzanfang und **nach einem Punkt, Fragezeichen oder Ausrufezeichen** schreibst du immer groß.
Ein junger König lebte allein. Er war traurig.

Großschreibung von Nomen

Nomen schreibst du **immer groß**.
Nomen bezeichnen Lebewesen und Gegenstände.
Nomen bezeichnen auch gedachte oder vorgestellte Dinge.
Vor einem Nomen steht oft **ein Artikel** (der, das, die, ein, ein, eine).

Alle Wörter mit den Nachsilben **-ung**, **-heit** und **-keit** sind Nomen.
Sie haben den Artikel die oder eine.
die Rechnung, die Schönheit, die Flüssigkeit

Aus **Verben** können auch **Nomen** werden. Der Artikel das macht's.
das Telefonieren, das Warten

Auch aus **Adjektiven** können **Nomen** werden.
Die starken Wörter **etwas** und **nichts** machen's.
etwas Komisches, nichts Schlimmes

→ Großschreibung: Seite 220–221, 227, 228, 235, 244

Großschreibung von Tageszeiten

Nach **gestern**, **heute** und **morgen** werden die Tageszeiten großgeschrieben.
gestern Abend, heute Abend, morgen Abend

→ Großschreibung von Tageszeiten: Seite 233

Wörter mit ß

Nur nach einem langen Vokal oder einem Zwielaut (au, ei) kann **ß** stehen: *gro_ße, hei_ßen*

Wörter mit ie

Wenn du ein **langes i** hörst, schreibst du **fast immer ie**.
liegt, viel, ziemlich

Es gibt auch einige Verben auf **-ieren**.
funktionieren, passieren

→ Wörter mit ie: Seite 222–223

Wörter mit kurzem Vokal

Die fünf Vokale (Selbstlaute) sind a, e, i, o, u.
Nach einem **kurzen Vokal** schreibst du meist **zwei Konsonanten**.
hatten, die Klasse
das Deck, setzen

→ Wörter mit kurzem Vokal: Seite 232, 234, 244

Zeichensetzung

Die Satzarten und die Satzschlusszeichen

Nach einem **Aussagesatz** steht ein **Punkt**.
Jans Mutter liegt im Bett und liest.
Nach einem **Ausrufesatz** steht ein **Ausrufezeichen**.
Fürchtet mich!
Nach einem **Fragesatz** steht ein **Fragezeichen**.
Was ist das für ein Krach?
Nach einem Punkt, Fragezeichen, Ausrufezeichen schreibst du **groß**.

Komma bei Aufzählungen

Wenn du Wörter **aufzählst**, trennst du sie durch **Kommas** voneinander.
Ausnahme: Vor *und* steht **kein Komma**.
Sie legen Luftmatratzen, Schlafsäcke, Kekse und Taschenlampen bereit.

→ Komma bei Aufzählungen: Seite 229

Komma bei weil, wenn und als

Beginnt ein Satz mit **weil, wenn, als**, folgt etwas später ein **Komma**.
Das Komma steht zwischen zwei Verben.
Weil er Schmerzen hatte, verließ er sofort das Spielfeld.
Satzbild: Weil ____ , ____ .

Wenn Max fehlt, klingt das Lied nicht so gut.
Satzbild: Wenn ____ , ____ .

Als er in die Schule kam, beobachteten ihn alle.
Satzbild: Als ____ , ____ .

→ Komma bei **weil** und **wenn**: Seite 223, 227

Sätze mit dass

Nach den Verben **sagen, denken, meinen** folgen oft **dass**-Sätze.
Der **dass**-Satz wird durch Komma vom Hauptsatz abgetrennt.
Das gebeugte Verb steht am Ende des **dass**-Satzes.
Ludwig behauptet, dass die Amsel Löwen jagt.
Satzbild: ____ , dass ____ .

→ Sätze mit **dass**: Seite 42–43, 233

Wörtliche Rede

Wörtliche Rede markierst du mit „**Anführungszeichen**".
Oft steht bei der wörtlichen Rede ein Begleitsatz.
Achte auf die Satzzeichen:
- Der Begleitsatz steht vorne:
  Die Maus sagte: „Bitte, lass mich frei!"   ____ : „____ ."
- Der Begleitsatz steht hinten:
  „Bitte, lass mich frei!", sagte die Maus.   „____ ", ____ .
- Der Begleitsatz steht in der Mitte:
  „Bitte", sagte die Maus, „lass mich frei!"   „____ ", ____ , „____ ."

→ wörtliche Rede: Seite 231, 235

Grammatik: Wortart Verb

Verben

Verben drücken Handlungen und Vorgänge aus:
sagen, gehen, fahren, schlafen, müssen

Die Grundform des Verbs heißt **Infinitiv**.
Die Grundform hat meistens die Endung **-en**:
*sag**en***

Verben im Präteritum

Wenn du über Vergangenes **schriftlich** erzählst oder berichtest,
verwendest du meist das **Präteritum**.
Manche Verben ändern sich im Präteritum:
*k**o**mmen – er k**a**m, l**au**fen – er l**ie**f, st**eh**en – er st**a**nd*

➔ Verben im Präteritum:
Seite 78–79, 256–257

➔ Verbtabelle:
Seite 292–293

Verben im Perfekt

Wenn du über Vergangenes **mündlich** erzählst,
verwendest du meist das **Perfekt**.
Viele Verben bilden das Perfekt mit **haben**: *Du hast gespielt.*
Das Perfekt von Verben der **Bewegung** wird mit **sein** gebildet:
Du bist gefahren.

➔ Verben im Perfekt:
Seite 252–253, 255

➔ Verbtabelle:
Seite 292–293

Verben im Futur

Wenn du über Dinge sprichst, die in der Zukunft liegen,
verwendest du oft das Futur. Das **Futur** wird mit **werden** gebildet.
Ich werde ein Roboter sein.   Wir werden ein Roboter sein.
Du wirst ein Roboter sein.   Ihr werdet ein Roboter sein.
Er/Sie/Es wird ein Roboter sein. Sie werden ein Roboter sein.

➔ Verben im Futur:
Seite 258–259

Modalverben

Nach **dürfen**, **können** und **müssen** steht ein weiteres Verb
in der Grundform (im Infinitiv).
*Meine Freundin **darf** mich nicht **anlügen**.*
*Mein Freund **muss** zu mir **halten**.*

➔ Modalverben:
Seite 96–97

Trennbare Verben

Einige Verben sind zusammengesetzt.

Im Satz können die Teile des Verbs getrennt stehen:
Sie rechnet die Aufgabe aus.

In der Grundform (im Infinitiv) schreibst du die beiden Teile zusammen:
ausrechnen
Man nennt diese Verben daher **trennbare Verben**.

➔ trennbare Verben:
Seite 223

➔ Verbtabelle:
Seite 292–293

Wortart Nomen

Nomen

Nomen bezeichnen Lebewesen und Gegenstände.
Nomen bezeichnen auch gedachte oder vorgestellte Dinge.

→ Nomen: Seite 248

Artikel von Nomen

Vor einem Nomen steht oft **ein bestimmter Artikel** (der, das, die, die)
oder **ein unbestimmter Artikel** (ein, ein, eine).

→ Artikel von Nomen: Seite 248

Nomen im Singular und im Plural

Nomen können **im Singular** (in der Einzahl) und **im Plural**
(in der Mehrzahl) stehen.
der Hut – die Hüte
das Ei – die Eier
die Tasche – die Taschen

→ Nomen im Singular und im Plural: Seite 252

Singular (Einzahl)

	der (männlich)	das (sächlich)	die (weiblich)
Nominativ (1. Fall) Wer oder was?	der Hut / ein Hut	das Ei / ein Ei	die Tasche / eine Tasche
Genitiv (2. Fall) Wessen?	des Hutes / eines Hutes	des Eis / eines Eis	der Tasche / einer Tasche
Dativ (3. Fall) Wem?	dem Hut / einem Hut	dem Ei / einem Ei	der Tasche / einer Tasche
Akkusativ (4. Fall) Wen oder was?	den Hut / einen Hut	das Ei / ein Ei	die Tasche / eine Tasche

Plural (Mehrzahl)

	der (männlich)	das (sächlich)	die (weiblich)
Nominativ (1. Fall) Wer oder was?	die Hüte / Hüte	die Eier / Eier	die Taschen / Taschen
Genitiv (2. Fall) Wessen?	der Hüte / ——	der Eier / ——	der Taschen / ——
Dativ (3. Fall) Wem?	den Hüten / Hüten	den Eiern / Eiern	den Taschen / Taschen
Akkusativ (4. Fall) Wen oder was?	die Hüte / Hüte	die Eier / Eier	die Taschen / Taschen

Zusammengesetzte Nomen

Zwei Nomen können ein **zusammengesetztes** Nomen bilden.
der Roggen + das Brot = das Roggenbrot
Der Artikel des zusammengesetzten Nomens richtet sich
nach dem zweiten Nomen.

→ zusammengesetzte Nomen: Seite 221

Wortart Adjektiv

Adjektive

Mit **Adjektiven** kannst du Personen, Tiere oder Gegenstände **genauer beschreiben**:
*Der Hut ist **alt**. Das Ei ist **frisch**. Die Tasche ist **rot**.*
Adjektive können auch zwischen Artikel und Nomen stehen.
Achte auf die Endungen: *der **alt**e Hut – ein **alt**er Hut,
das **frisch**e Ei – ein **frisch**es Ei, die **rot**e Tasche – eine **rot**e Tasche*

➜ Adjektive: Seite 260–263

Singular (Einzahl)

	der (männlich)	das (sächlich)	die (weiblich)
Nominativ (1. Fall) Wer oder was?	der alte Hut ein alter Hut	das frische Ei ein frisches Ei	die rote Tasche eine rote Tasche
Genitiv (2. Fall) Wessen?	des alten Hutes eines alten Hutes	des frischen Eis eines frischen Eis	der roten Tasche einer roten Tasche
Dativ (3. Fall) Wem?	dem alten Hut einem alten Hut	dem frischen Ei einem frischen Ei	der roten Tasche einer roten Tasche
Akkusativ (4. Fall) Wen oder was?	den alten Hut einen alten Hut	das frische Ei ein frisches Ei	die rote Tasche eine rote Tasche

Plural (Mehrzahl)

	der (männlich)	das (sächlich)	die (weiblich)
Nominativ (1. Fall) Wer oder was?	die alten Hüte alte Hüte	die frischen Eier frische Eier	die roten Taschen rote Taschen
Genitiv (2. Fall) Wessen?	der alten Hüte alter Hüte	der frischen Eier frischer Eier	der roten Taschen roter Taschen
Dativ (3. Fall) Wem?	den alten Hüten alten Hüten	den frischen Eiern frischen Eiern	den roten Taschen roten Taschen
Akkusativ (4. Fall) Wen oder was?	die alten Hüte alte Hüte	die frischen Eier frische Eier	die roten Taschen rote Taschen

Adjektive steigern

Willst du beschreiben, wie sich Menschen, Tiere, Gegenstände unterscheiden, kannst du **gesteigerte Adjektive** verwenden.

Die Grundform:
*Der Apfel ist **so groß wie** die Birne.*

Der Komparativ (die 1. Steigerungsform):
*Die Orange ist **größer als** der Apfel.*

Der Superlativ (die 2. Steigerungsform):
*Die Wassermelone ist **am größten**.*

➜ Adjektive steigern: Seite 263

Zusammengesetzte Adjektive

Ein Nomen und ein Adjektiv können ein **zusammengesetztes** Adjektiv bilden: *das Bild + schön = bildschön*

➜ zusammengesetzte Adjektive: Seite 262

Wortart Pronomen

Personalpronomen

Die Wörter **ich**, **du**, **er – es – sie**, **wir**, **ihr**, **sie** sind **Personalpronomen**.
Sie ersetzen **Nomen** oder Wortgruppen, in denen **Nomen** vorkommen.
Der Käse war lecker. Er war so sahnig.
Das Brot war lecker. Es war ganz frisch.
Die Tomate war lecker. Sie war schön rot.
Die Trauben waren lecker. Sie waren ganz süß.

Die Personalpronomen können auch im Akkusativ und im Dativ stehen.

Nominativ:	Akkusativ:	Dativ:
ich	mich	mir
du	dich	dir
er – es – sie	ihn – es – sie	ihm – ihm – ihr
wir	uns	uns
ihr	euch	euch
sie	sie	ihnen

→ Personalpronomen: Seite 24–25

Possessivpronomen

Die Wörter **mein**, **dein**, **sein/sein/ihr**, **unser**, **euer**, **ihr**,
meine, **deine**, **seine/seine/ihre**, **unsere**, **eure**, **ihre**
sagen, wem etwas gehört. Es sind **Possessivpronomen**.

	Kleber	Plakat	Schere	Stifte
ich	mein		meine	
du	dein		deine	
er	sein		seine	
es	sein		seine	
sie	ihr		ihre	
wir	unser		unsere	
ihr	euer		eure	
sie	ihr		ihre	

Wenn du **Wen oder was?** fragen kannst, können sich die **Endungen**
der Possessivpronomen **verändern**.
Mein Bleistift ist weg. – Ich suche meinen Bleistift.

Ich habe	meinen	mein	meine		
Du hast	deinen	dein	deine	Kleber	entdeckt.
Jan hat	seinen	sein	seine	Lineal	gefunden.
Das Mädchen hat	seinen	sein	seine	Mappe	gesucht.
Jenny hat	ihren	ihr	ihre	Plakat	vergessen.
Wir haben	unseren	unser	unsere	Schere	verlegt.
Ihr habt	euren	euer	eure	Stift	verloren.
Sie haben	ihren	ihr	ihre		

→ Possessivpronomen: Seite 252–253

Wortart Präposition

Präpositionen

Wörter wie **in**, **auf**, **über**, **unter**, **vor**, **hinter**, **neben** sind **Präpositionen**.
Mit Präpositionen kannst du ausdrücken, **wo** etwas ist (Dativ) oder
wohin etwas kommt (Akkusativ):
Wo liegt die Muschel? **Auf** dem Kies.
Wohin legt er die Muschel? **Auf** den Kies.
Wo liegt der Stein? **Neben** dem Schiff.
Wohin legt er den Stein? **Neben** das Schiff.
Wo ist das Schiff? **In** der Ecke.
Wohin setzt er das Schiff? **In** die Ecke.
Wo? → Präposition im **Dativ** (3. Fall).
Wohin? → Präposition mit **Akkusativ** (4. Fall).

→ Präpositionen:
Seite 60–61, 264–265

   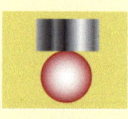   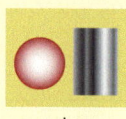

| in | auf | über | unter | vor | hinter | neben |

Verben mit Präpositionen

Auf manche Verben folgt eine feste Präposition.
Nach der Präposition folgt ein Nomen im Akkusativ oder Dativ.

bitten **um** + Akkusativ   erzählen **von** + Dativ
(sich) wundern **über** + Akkusativ   fragen **nach** + Dativ
warten **auf** + Akkusativ   sagen **zu** + Dativ
tun **für** + Akkusativ   sprechen **mit** + Dativ
(sich) freuen **auf** + Akkusativ beginnen **mit** + Dativ
(sich) ärgern **über** + Akkusativ träumen **von** + Dativ

→ Verben mit
Präpositionen:
Seite 264–265

Grammatik: Satzglieder

Satzglieder

Satzglieder sind Teile eines Satzes. Ein Satzglied kann aus einem Wort oder aus einer Wortgruppe bestehen. Mit der **Umstellprobe** kannst du erkennen, welche Wörter zu einem Satzglied gehören.

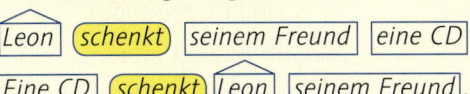

→ Satzglieder: Seite 266-269

→ Umstellprobe: Seite 268

Das Subjekt

Mit **Wer oder was?** fragst du nach dem **Subjekt**.

Wer oder was isst einen Apfel? *Moritz*

Wer oder was war so schön? *das Geschenk*

→ Subjekt: Seite 266, 270-271

Das Prädikat

Mit **Was tut?**, **Was tat?** oder **Was hat getan?** fragst du nach dem **Prädikat**.

Das Prädikat sagt, was jemand tut oder tat oder getan hat. In den meisten Sätzen steht das Prädikat an zweiter Stelle:

Louisa *füttert* die Fische.

Manchmal bildet das Prädikat eine Klammer:

Louisa *hat* die Fische *gefüttert*.

→ Prädikat: Seite 266, 270-271

Die Objekte

Mit **Wen oder was?** fragst du nach einem **Akkusativobjekt**.

Wen oder was fegt Julka? *den Boden*

Mit **Wem?** fragst du nach einem **Dativobjekt**.

Wem helfe ich? *dem Mann*

→ Objekte: Seite 267, 270-271

Adverbiale Bestimmungen der Zeit und des Ortes

Mit **Wann?** fragst du nach der **Zeit**, in der etwas geschieht.
Wann spielt Berkay Fußball? am Samstag

Mit **Wo?** oder **Wohin?** fragst du nach dem **Ort**.
Wo spielt Berkay Fußball? auf dem Fußballplatz
Wohin bringt Moritz die Bücher? in die Bücherei

→ adverbiale Bestimmungen der Zeit und des Ortes: Seite 268-271

Verben: Die Formen im Überblick

Starke, unregelmäßige und trennbare Verben

Infinitiv	Präsens	Präteritum	Perfekt
*anrufen	sie ruft an	sie rief an	sie hat angerufen
*anziehen	er zieht an	er zog an	er hat angezogen
binden	sie bindet	sie band	sie hat gebunden
bitten	er bittet	er bat	er hat gebeten
bleiben	sie bleibt	sie blieb	sie ist geblieben
brechen	er bricht	er brach	er hat gebrochen
bringen	sie bringt	sie brachte	sie hat gebracht
denken	er denkt	er dachte	er hat gedacht
dürfen	sie darf	sie durfte	sie hat gedurft
essen	er isst	er aß	er hat gegessen
fahren	sie fährt	sie fuhr	sie ist gefahren
fallen	er fällt	er fiel	er ist gefallen
finden	sie findet	sie fand	sie hat gefunden
fliegen	er fliegt	er flog	er ist geflogen
geben	sie gibt	sie gab	sie hat gegeben
gehen	er geht	er ging	er ist gegangen
geschehen	es geschieht	es geschah	es ist geschehen
gewinnen	sie gewinnt	sie gewann	sie hat gewonnen
greifen	er greift	er griff	er hat gegriffen
haben	sie hat	sie hatte	sie hat gehabt
halten	er hält	er hielt	er hat gehalten
helfen	sie hilft	sie half	sie hat geholfen
*hinfallen	er fällt hin	er fiel hin	er ist hingefallen
*hochspringen	sie springt hoch	sie sprang hoch	sie ist hochgesprungen
kommen	er kommt	er kam	er ist gekommen
können	sie kann	sie konnte	sie hat gekonnt
lassen	er lässt	er ließ	er hat gelassen
laufen	sie läuft	sie lief	sie ist gelaufen
lesen	er liest	er las	er hat gelesen
liegen	sie liegt	sie lag	sie hat gelegen
messen	er misst	er maß	er hat gemessen
mögen	sie mag	sie mochte	sie hat gemocht
müssen	er muss	er musste	er hat gemusst
*nachschlagen	sie schlägt nach	sie schlug nach	sie hat nachgeschlagen
nehmen	er nimmt	er nahm	er hat genommen

* trennbares Verb

Infinitiv	Präsens	Präteritum	Perfekt
rennen	sie rennt	sie rannte	sie ist gerannt
rufen	er ruft	er rief	er hat gerufen
scheinen	sie scheint	sie schien	sie hat geschienen
schieben	er schiebt	er schob	er hat geschoben
schießen	sie schießt	sie schoss	sie hat geschossen
schlafen	er schläft	er schlief	er hat geschlafen
schließen	sie schließt	sie schloss	sie hat geschlossen
schneiden	er schneidet	er schnitt	er hat geschnitten
schreiben	sie schreibt	sie schrieb	sie hat geschrieben
schreien	er schreit	er schrie	er hat geschrien
schwimmen	sie schwimmt	sie schwamm	sie ist geschwommen
sehen	er sieht	er sah	er hat gesehen
sein	sie ist	sie war	sie ist gewesen
singen	sie singt	sie sang	sie hat gesungen
sitzen	er sitzt	er saß	er hat gesessen
sprechen	sie spricht	sie sprach	sie hat gesprochen
springen	er springt	er sprang	er ist gesprungen
*stattfinden	sie findet statt	sie fand statt	sie hat stattgefunden
stehen	er steht	er stand	er hat gestanden
tragen	sie trägt	sie trug	sie hat getragen
treffen	er trifft	er traf	er hat getroffen
treten	sie tritt	sie trat	sie hat getreten
tun	er tut	er tat	er hat getan
sich unterscheiden	es unterscheidet sich	es unterschied sich	es hat sich unterschieden
verbinden	sie verbindet	sie verband	sie hat verbunden
verlieren	er verliert	er verlor	er hat verloren
*vortragen	sie trägt vor	sie trug vor	sie hat vorgetragen
*weglaufen	er läuft weg	er lief weg	er ist weggelaufen
werden	sie wird	sie wurde	sie ist geworden
wiegen	er wiegt	er wog	er hat gewogen
wissen	sie weiß	sie wusste	sie hat gewusst
wollen	er will	er wollte	er hat gewollt
ziehen	sie zieht	sie zog	sie hat gezogen
*zusammenstoßen	er stößt zusammen	er stieß zusammen	er ist zusammengestoßen

* trennbares Verb

Anhang

Vollständige Gedichte und Texte

Hier findest du das vollständige Gedicht von Seite 78:

Die Heinzelmännchen   August Kopisch

Wie war zu Köln es doch vordem
Mit Heinzelmännchen so bequem!
Denn, war man faul, man legte sich
hin auf die Bank und pflegte sich:
5 Da kamen bei Nacht,
ehe man's gedacht,
die Männlein und schwärmten
und klappten und lärmten
und rupften
10 und zupften
und hüpften und trabten
und putzten und schabten,
Und eh ein Faulpelz noch erwacht,
War all sein Tagewerk bereits gemacht!

15 Die Zimmerleute streckten sich
hin auf die Spän' und reckten sich.
Indessen kam die Geisterschar
und sah, was da zu zimmern war.
Nahm Meißel und Beil
20 und die Säg' in Eil;
sie sägten und stachen
und hieben und brachen,
berappten
und klappten,
25 visierten wie Falken
und setzten die Balken.
Eh sich's der Zimmermann versah,
klapp, stand das ganze Haus schon fertig da!

Beim Bäckermeister war nicht Not,
30 die Heinzelmännchen backten Brot.
Die faulen Burschen legten sich,
die Heinzelmännchen regten sich
und ächzten daher
mit den Säcken schwer!
35 Und kneteten tüchtig
und wogen es richtig
und hoben
und schoben
und fegten und backten
40 und klopften und hackten.
Die Burschen schnarchten noch im Chor,
da rückte schon das Brot, das neue, vor!

Beim Fleischer ging es just so zu:
Gesell und Bursche lag in Ruh.
45 Indessen kamen die Männlein her
und hackten das Schwein die Kreuz und Quer.
Das ging so geschwind
wie die Mühl' im Wind!
Die klappten mit Beilen,
50 die schnitzten an Speilen,
die spülten,
die wühlten
und mengten und mischten
und stopften und wischten.
55 Tat der Gesell' die Augen auf,
wapp, hing die Wurst da schon im Ausverkauf!

Beim Schenken war es so: es trank
der Küfer, bis er niedersank,
am hohlen Fasse schlief er ein,
60 die Männlein sorgten um den Wein
und schwefelten fein
alle Fässer ein
und rollten und hoben
mit Winden und Kloben
65 und schwenkten
und senkten
und gossen und panschten
und mengten und manschten.
Und eh der Küfer noch erwacht,
70 war schon der Wein geschönt und fein gemacht!

Einst hatt' ein Schneider große Pein:
Der Staatsrock sollte fertig sein.
Warf hin das Zeug und legte sich
hin auf das Ohr und pflegte sich.
75 Da schlüpften sie frisch
in den Schneidertisch;
da schnitten und rückten
und nähten und stickten
und fassten
80 und passten
und strichen und guckten
und zupften und ruckten.
Und eh mein Schneiderlein erwacht:
War Bürgermeisters Rock bereits gemacht!

85 Neugierig war des Schneiders Weib
und macht sich diesen Zeitvertreib:
streut Erbsen hin die andre Nacht,
die Heinzelmännchen kommen sacht:
eins fähret nun aus,
90 schlägt hin im Haus,
die gleiten von Stufen
und plumpen in Kufen,
die fallen
mit Schallen,
95 die lärmen und schreien
und vermaledeien!

Sie springt hinunter auf den Schall
mit Licht: husch husch husch husch! –
verschwinden all!

100 O weh! nun sind sie alle fort
und keines ist mehr hier am Ort!
Man kann nicht mehr wie sonsten ruhn,
man muss nun alles selber tun!
Ein jeder muss fein
105 selbst fleißig sein,
und kratzen und schaben
und rennen und traben
und schniegeln
und biegeln,
110 und klopfen und hacken
und kochen und backen.
Ach, dass es noch wie damals wär!
Doch kommt die schöne Zeit nicht wieder her!

Hier findest du das vollständige Gedicht von Seite 96:

Freundschaft   Joachim Ringelnatz

Erster Teil
Es darf eine Freundschaft formell sein,
Muss aber genau sein.
Eine Freundschaft kann rau sein,
5 Aber muss hell sein.
Denn Allzusprödes versäumt oder verdirbt
Viel. Weil manchmal der Partner ganz plötzlich
   stirbt.
Mehr möchte ich nicht darüber sagen.
10 Denn ich sitze im Speisewagen
Und fühle mich aus Freundschaft wohl
Bei „Gedämpfter Ochsenhüfte mit Wirsingkohl".

Zweiter Teil
Die Liebe sei ewiger Durst.
15 Darauf müsste die Freundschaft bedacht sein.
Und, etwa wie Leberwurst,
Immer neu anders gemacht sein.
Damit man's nicht überkriegt.
Wer einmal den Kanal
20 Überfliegt,
Merkt: Der ist so und so breit.
Und das ändert sich kaum
In menschlein-absehbarer Zeit.
Wohl aber kann man dies Zwischenraum
25 Schneller oder kürzer durchqueren.
Wie? Das muss die Freundschaft uns lehren.
Ach, man sollte diesen allerhöchsten Schaft,
Immer wieder einmal jünglingshaft
Überschwänglich begießen.
30 Eh' uns jener ausgeschlachtete Knochenmann
   dahinrafft.

Hier findest du das vollständige Gedicht von Seite 172:

Variationen über den Wind   Hanns Cibulka

I.
Wind,
du kommst auf mich zu,
durchs offene Fenster,
5 nimm Platz,
ich möchte endlich einmal sehen,
wie du aussiehst.

II.
Als Kind,
10 erinnerst du dich noch,
hab ich dich immer nur
als Straßenjunge gemalt
mit borstigem Schopf
und aufgeplusterten Backen.

15 III.
Alle Landschaften
der Erde
hast du gesehen,
nun sag mir, Wind,
20 wo deine Heimat ist.

IV.
An manchen Tagen
kommst du von Böhmen her,
den Geruch der Schlehe
25 im Haar.

V.
Heute
stinkst du nach Gummi!
Haben sie deine Böen
30 in Waltershausen
vulkanisiert?

VI.
Tag für Tag
trägst du ein anderes Gewand,
35 ein Hemd aus blauer Seide,
einen Mantel
aus Staub.

VII.
Wind,
40 der mit den Wolken spielt,
sag, was machst du nur,
wenn du nicht wehst?

VIII.
Heute Nacht
45 warst du der Geliebte
der Thüringer Landschaft,
zwischen ihren Bergen
hast du geruht.

IX.
50 Am andern Tag
bist du ein richtiger Flegel,
du brüllst den Menschen ins Ohr
und stürmst
um die Ecke davon.

X.
Wind,
ich möchte deinen Puls
einmal fühlen,
wenn du hundert Meilen
in der Stunde
über die Bergkuppen rast.

XI.
Es gibt keinen Ort,
der dich festhält,
immer wieder fliehst du
vor dir selbst.

XII.
Kleine Hunde
schlagen nachts
vor meiner Haustür an,
die Winde sind's,
die vor dem Fenster
bellen.

XIII.
Wind,
wenn ich tot bin,
nehme ich dich
hinauf
in mein Grab.

XIV.
Der erste Schnee
ist heute Nacht
auf deine Schulter gefallen,
und du,
vergesslich wie du bist,
wolltest mir den Duft
der blühenden Zitronenbäume
in mein Zimmer tragen.

XV.
In einer Kuhle
sah ich dich liegen,
vermummt,
die ausgefranste Nebeldecke
über dem Kopf.

XVI.
Mitternacht.
Kein Mensch hat je gesehen,
Wind,
wie du einschläfst.

Hier findest du das vollständige Gedicht von Seite 175:

Frühlingsglaube   Ludwig Uhland

Die linden Lüfte sind erwacht,
Sie säuseln und weben Tag und Nacht,
Sie schaffen an allen Enden.
O frischer Duft, o neuer Klang!
Nun, armes Herze, sei nicht bang!
Nun muss sich alles, alles wenden.

Die Welt wird schöner mit jedem Tag,
Man weiß nicht, was noch werden mag,
Das Blühen will nicht enden.
Es blüht das fernste, tiefste Tal;
Nun, armes Herz, vergiss die Qual!
Nun muss sich alles, alles wenden.

Hier findest du das vollständige Gedicht von Seite 181:

Kennzeichen eines rechten Freundes   Friedrich von Logau

F rei.
R edlich.
E hrlich.
U nverdrossen.
N amhaft.
D emütig.

Ein Freund, der Freund sein soll, soll sein zugleiche frei,
Dass sagen er dir darf, was dir zu sagen sei.
Ein Freund, der Freund sein soll, der soll dich redlich meinen;
Soll innen sein nicht so und so von außen scheinen.
Ein Freund, der Freund sein soll, soll ehrlich sein für sich,
Damit er nicht zugleich beschäme sich und dich.
Ein Freund, der Freund sein soll, der soll sein unverdrossen,
Dass du habst seiner so, wie deiner selbst genossen.
Ein Freund, der Freund sein soll, soll namhaft gleichwohl sein;
Dann deines Freundes Ruhm hilft deinem Namen ein.
Ein Freund, der Freund sein soll, der soll der Demut pflegen
Und deinen Pfennig dir so hoch wie seinen legen.
Wer solchen Freund bekommt, hat keinen schlechten Freund;
Er wird nicht viel gehabt; er wird nur oft vermeint.

Alle Texte auf einen Blick

Anleitung
- 58 Spielanleitung

Briefe
- 89 Leserbriefe von Schülern
- 98 Brief der Schulleiterin
- 212 Einladung zur Gartenparty

Dialoge
- 16 Gruppenarbeit ist ganz schön schwer!
- 20 Regeln für eine Gruppenarbeit
- 26 Diskussion über die Klassenfahrt

Erzählende Texte
- 70 Ein Tag im Leben des Barbiers Johannes
- 74 Ein Tag im Leben der Marktfrau Grete
- 75 Der Schuhmacher Christian
- 80 Ein teurer Spaziergang
- 116 Münchhausens Helfer bei einer Wette
- 142 René Goscinny: Bonbon
- 144 Wo ist Lupo?
- 193 Die Schildbürger

Fabeln
- 160 Die Wette vom Kaulbarsch und dem Lachs
- 162 Das Wettrennen
- 164 Vom Fuchs und dem Karpfen

Gedichte
- 24 Irmela Brender: Wir
- 42 İpek Aslan: Ludwig, der kleine Papagei
- 60 İpek Aslan: Im Mädchentreff
- 78 August Kopisch: Die Heinzelmännchen
- 96 Joachim Ringelnatz: Freundschaft
- 112 Heinz Erhardt: Der Schmetterling
- 112 Der Schmetterling
- 113 Schmetterling - Flatterding
- 114 İpek Aslan: Fantastische Tiere
- 172 Hans Cibulka: Variationen über den Wind
- 173 Heinrich Heine: Der Wind zieht seine Hosen an
- 174 Sieglinde Jug: Luftikus
- 175 Ludwig Uhland: Frühlingsglaube
- 176 Christoph Meckel: Mitte Oktober
- 177 Eugen Gomringer: wind
- 177 Max Bense: wolke
- 179 Georg Bydlinski: Wann Freunde wichtig sind
- 180 Hans Retep: Du bist wie das Meer
- 181 Friedrich von Logau: Kennzeichen eines rechten Freundes

Internettexte
- 54 Die Jugendfarm
- 62 Cheerleading – eine interessante Sportart
- 87 Freunde im Internet

Jugendbuchauszüge
- 104 Gioconda Belli: Die Werkstatt der Schmetterlinge
- 131 Thomas Endl: Karfunkelstadt. Der Turm der tausend Schatten
- 134 Fabian Lenk: Die Pyramide der 1000 Gefahren
- 140 R. L. Stine: Die Geisterschule
- 182 Jason Lethcoe: Wings. Der mysteriöse Mr. Spines
- 184 Marliese Arold: Magic Girls. Der verhängnisvolle Fluch
- 186 Erin Hunter: Warrior Cats. In die Wildnis
- 197 Huang Beijia: Seidenraupen für Jin Ling
- 210 Cornelia Funke: Potilla

Klappentexte
- 130 Thomas Endl: Karfunkelstadt. Der Turm der tausend Schatten
- 130 Fabian Lenk: Die Pyramide der 1000 Gefahren
- 196 Huang Beijia: Seidenraupen für Jin Ling

Lexikonartikel
- 36 Zugvogel
- 151 Großfürst Gediminas
- 208 Papyrus
- 209 Pyramiden

Liedtexte
- 32 Kuckuck, Kuckuck, ruft's aus dem Wald

Sachtexte
- 22 Die Pyramiden - Ägyptens größte Bauwerke
- 35 Im Sturzflug ins fremde Nest
- 38 Kuckucke auf der ganzen Welt
- 39 Warum ist der Kuckuck gefährdet?
- 40 Frühling bald schon im Januar?
- 45 Kaiserpinguine - Spezialisten für das Leben in der Kälte
- 52 „Am liebsten wie ein Superstar tanzen!"
- 88 „Ich habe über 600 Freunde!"

Sagen
- 149 Wie das Siebengebirge entstand
- 150 Der eiserne Wolf
- 152 Wie Karlovy Vary / Karlsbad gegründet wurde
- 154 Der Damm des Riesen

Schülertexte
- 168 Das Huhn und die Taube
- 203 Es ist ein Geschicklichkeitsspiel

Quellenverzeichnis

Textquellen

Arold, Marliese (geb.1958 in Erlenbach am Main): Magic Girls. Der verhängnisvolle Fluch (S. 184). Aus: Magic Girls. Der verhängnisvolle Fluch. München (arsEdition) 2008, S. 65-67.

Aslan, İpek: Ludwig, der kleine Papagei (S. 42), Im Mädchentreff (S. 60), Fantastische Tiere (S. 114). Originalbeiträge.

Belli, Gioconda (geb. 1948 in Managua/Nicaragua): Die Gestalter aller Dinge (S. 104). Aus: Die Werkstatt der Schmetterlinge. Wuppertal (Peter Hammer Verlag) 2000, S. 16-18, 21-26.

Beijia, Huang (geb. 1955 in der Provinz Jiangsu/China): Seidenraupen für Jin Ling (S. 197). Aus: Seidenraupen für Jin Ling. Basel (Baobab Books) 2008, S. 126-127.

Bense, Max (geb. 1910 in Straßburg; gest. 1990 in Stuttgart) wolke (S. 177). Aus: konkrete poesie international. Hrsg. Max Bense, Elisabeth Walther. Stuttgart (rot, Nr. 21) 1965.

Brender, Irmela (geb. 1935 in Mannheim): Wir (S. 24). Aus: Gedichte für Anfänger. Hrsg. Joachim Fuhrmann. Reinbeck (Rowohlt) 1980.

Bydlinski, Georg (geb. 1956 in Graz/Österreich): Wann Freunde wichtig sind (S. 179). Aus: Der Mond heißt heute Michel. Wien (Herder & Co.) 1981, S. 8.

Cibulka, Hanns (geb. 1920 in Jägerndorf, heutiges Krnov/Tschechien; gest. 2004 in Gotha): Variationen über den Wind (S. 172, 293). Aus: Was sieht die Ringeltaube? Hrsg. Edith George. Ostberlin (Der Kinderbuchverlag) 1984, S. 62 ff.

Endl, Thomas (geb. 1964 in Eichstätt): Karfunkelstadt. Der Turm der tausend Schatten (S. 131). Egmont (Schneiderbuch) 2009, S. 41, 54-56.

Erhardt, Heinz (geb. 1909 in Riga/Lettland; gest. 1979 in Hamburg): Der Schmetterling (S. 112). Aus: Der große Heinz Erhardt. Oldenburg (Lappan) 2009, S. 63.

Funke, Cornelia (geb. 1958 in Dorsten): Potilla (S. 210). Aus: Potilla. Hamburg (Dressler Verlag) 2004, S. 10-12.

Gomringer, Eugen (geb. 1925 in Cachuela Esperanza/Bolivien): wind (S. 177). Aus Worte und Schatten. Reinbek (Rowohlt) 1969.

Heine, Heinrich (geb. 1797 in Düsseldorf; gest. 1856 in Paris): Der Wind zieht seine Hosen an (S. 173). Aus: Heines Werke in fünf Bänden, Bd. 1. Weimar (Volksverlag) 1961, S. 60.

Hunter, Erin: Warrior Cats. In die Wildnis (S. 186). Aus: Warrior Cats. In die Wildnis. Weinheim (Beltz & Gelberg) 2008, S. 28-30.

Jug, Sieglinde (geb. 1956 in Wolfsberg): Luftikus (S. 174). Aus: Lesart. Ein Leseprojekt von Lesekultur macht Schule. Hrsg: LESEKULTUR MACHT SCHULE - Lesepädagogik in Kärnten, Pädagogische Hochschule Kärnten 2006.

Kopisch, August (geb. 1799 in Breslau; gest. 1853 in Berlin): Die Heinzelmännchen (S. 78, 292). Aus: Die Heinzelmännchen zu Köln. Köln (Emons) 2007.

Lenk, Fabian (geb. 1963 in Salzgitter): Die Pyramide der 1000 Gefahren (S. 134). Ravensburg (Ravensburger Buchverlag) 2006, S. 20, 33-34, 53, 80, 83-85.

Lethcoe, Jason (geb. 1967): Wings. Der mysteriöse Mr. Spines (S. 182). Aus: Wings. Der mysteriöse Mr. Spines. München (arsEdition) 2009, S. 80-83.

von Logau, Friedrich (geb. 1605 auf Gut Brockuth, jetzt Brochocin; gest. 1655 in Liegnitz): Kennzeichen eines rechten Freundes (S. 181, 294). Aus: das Schönste, was es gibt auf der Welt. Hrsg. Andrea Wüstner. Stuttgart (Philipp Reclam jun.) 2011, S. 72-73.

Meckel, Christoph (geb. 1935 in Berlin): Mitte Oktober (S. 176). Aus: Die vier Jahreszeiten. Gedichte. Hrsg. Eckart Kleßmann. Ditzingen (Philipp Reclam jun.) 1991, S. 192.

Retep, Hans (geb. 1956): Du bist wie das Meer (S. 180). http://www.hans-retep-gedichte.de/freundschaftsgedichte.php [Stand: 22.8.2011]. Mit freundlicher Genehmigung von Hans Retep.

Ringelnatz, Joachim (geb. 1883 in Wurzen; gest. 1934 in Berlin): Freundschaft. Erster Teil (S. 96, 293). Aus: Flugzeuggedanken. Berlin (Ernst Rowohlt) 1929, S. 70.

Sempé, Jean-Jaques (geb. 1932 in Bordeaux/Frankreich) und **Goscinny, René** (geb. 1926 in Paris/Frankreich; gest. 1977 in Paris/Frankreich): Bonbon (S. 142). Aus: Der kleine Nick auf dem Pausenhof. Aus dem Französischen von Hans Georg Lenzen. Copyright der deutschsprachigen Ausgabe © 2008 Diogenes Verlag AG Zürich, S. 141-150.

Stine, R. L. (geb. 1943 in Columbus, Ohio/USA): Die Geisterschule (S. 140). Aus: Die Geisterschule. München (Omnibus) 1999, S. 59-61.

Uhland, Ludwig (geb. 1787 in Tübingen; gest. 1862 in Tübingen): Frühlingsglaube (S. 175, 294). Aus: Werke. Band 1. München (Winkler Verlag) 1980, S. 31.

Unbekannte und ungenannte Verfasser, Originalbeiträge:

- Gruppenarbeit ist ganz schön schwer! (S. 16). Originalbeitrag.
- Die Pyramiden - Ägyptens größte Bauwerke (S. 22). Originalbeitrag. Diskussion über die Klassenfahrt (S. 26). Originalbeitrag.
- Kuckuck, Kuckuck, ruft's aus dem Wald (S. 32). Volkslied.
- Im Sturzflug ins fremde Nest (S. 35). Originalbeitrag.
- Zugvogel (S. 36). Originalbeitrag.
- Kuckucke auf der ganzen Welt (S. 38). Originalbeitrag.
- Warum ist der Kuckuck gefährdet? (S. 39). Originalbeitrag.
- Frühling bald schon im Januar? (S. 40). Originalbeitrag.
- Kaiserpinguine - Spezialisten für das Leben in der Kälte (S. 45). Originalbeitrag.
- „Am liebsten wie ein Superstar tanzen!" (S. 52). Originalbeitrag.
- Herzlich willkommen auf den Internetseiten (S. 54). http://www.jugendfarm-bonn.de/offenearbeit/jugendfarm/index.php [Stand: 22.8.2011].
- Cheerleading - eine interessante Sportart (S. 62). Originalbeitrag.
- Ein Tag im Leben des Barbiers Johannes (S. 70). Originalbeitrag.
- Ein Tag im Leben der Marktfrau Grete (S. 74). Originalbeitrag.
- Der Schuhmacher Christian (S. 75). Originalbeitrag.
- Ein teurer Spaziergang (S. 80). Originalbeitrag.
- Die neuesten Studien (S. 87). Originalbeitrag.
- „Ich habe über 600 Freunde!" (S. 88). Originalbeitrag.
- Leserbriefe (S. 89). Originalbeiträge.
- Internetcafé geschlossen (S. 98). Originalbeitrag.
- Der Schmetterling (S. 112). http://www.talanis.de/root/index_poesie_frame.htm [Stand: 9.5.2011].
- Schmetterling - Flatterding (S. 113). http://www.talanis.de/root/index_poesie_frame.htm [Stand: 9.5.2011].
- Münchhausens Helfer bei einer Wette (S. 116). Nacherzählung.
- Wale stranden bei „gefährlichem Wind" (S. 129). http://www.geo.de/GEOlino/nachrichten/3840.html?eid=51988 [Stand: 22.8.2011].
- Drama um gestrandete Wale (S. 129). http://www.wasistwas.de/natur-tiere/alle-artikel/artikel/link//11111/article/drama-um-gestrandete-wale.html [Stand: 22.8.2011].
- Wie das Siebengebirge entstand (S. 149). Nacherzählung.
- Der eiserne Wolf (S. 150). Nacherzählung.
- Gediminas (S. 151). Originalbeitrag.
- Wie Karlovy Vary/Karlsbad gegründet wurde (S. 152). Nacherzählung.

- Der Damm des Riesen (S. 154). Nacherzählung.
- Die Wette vom Kaulbarsch und dem Lachs (S. 160). Nacherzählung.
- Das Wettrennen (S. 162). Nacherzählung.
- Vom Fuchs und dem Karpfen (S. 164). Nacherzählung.
- Das Huhn und die Taube (S. 168). Originalbeitrag.
- Die Schildbürger (S. 193). Nacherzählung.
- Es ist ein Geschicklichkeitsspiel (S. 203). Originalbeitrag.
- Papyrus (S. 208). Originalbeitrag.
- Lexikonartikel Pyramiden (S. 209). Originalbeiträge.
- Im Dunkeln (S. 218). Originalbeitrag.
- Warnende Tiere (S. 219). Originalbeitrag.
- Gemeinsam geht es (S. 220). Originalbeitrag.
- Zugvögel (S. 222). Originalbeitrag.
- Die Sage vom Riesenstein (S. 224). Originalbeitrag.
- Wo ist Max? (S. 226). Originalbeitrag.
- So ein Pech (S. 228). Originalbeitrag.
- Der Löwe und die Maus (S. 230). Originalbeitrag.
- Das Sternentor (S. 232). Originalbeitrag.
- Anjas Traum (S. 234). Originalbeitrag.
- Ein bunter Dank (S. 239). Originalbeitrag.
- Geschützte Natur (S. 240). Originalbeitrag.
- Unsere Wanderung im Wald (S. 241). Originalbeitrag.
- Der Maulwurfjäger (S. 246). Originalbeitrag.
- Der Hase und der Igel (S. 262). Nacherzählung.

Bildquellen

S. 12-18, 20-21, 26, 28, 48-53, 55, 59 (1), 69, 84-86, 88, 92-93, 99-100, 107, 111 unten, 203-204, 220, 226, 228, 232: Peter Wirtz, Dormagen; S. 20 u.: Schülerarbeit; S. 22 (1): MARTY/de.fotolia.com, (2): akg-images, (3): Detlef/de.fotolia.com; S. 24: Biletskiy Evgeniy/de.fotolia.com; S. 30 links, 37: picture-alliance/Helga Lade/Lange, rechts: Cornelsen-Bildarchiv; S. 31 (1), 33 (3), 35 (3): Shutterstock.com/John Navajo, S. 31 (2) Sergiy Serdyuk/de.fotolia.com, S. 31 (3) Maxim Pavlov/de.fotolia.com; S. 33 (1): Stoelwinder/KINA/OKAPIA, S. 33 (2), 35 (1): Biosphoto/Willcox Hugo/Wildlife Pictures; S. 35 (2): Isophya/de.fotolia.com, (4): picture-alliance/OKAPIA KG/Bruno Roth; S. 38 (1) graphicsdeluxe/de.fotolia.com, (2, 4): picture-alliance/Arco Images GmbH, (3): picture-alliance/OKAPIA KG, Germany; S. 40 (1): Finetti/de.fotolia.com, (2): foto fritz/de.fotolia.com, (3): LianeM/de.fotolia.com; S. 45 (1): BernardBreton/de.fotolia.com, (2): Caro/Hoffmann, (3): Your_Photo_Today, (4): Werner Schwehm/de.fotolia.com; S. 52 oben: Vivian Seefeld/de.fotolia.com; S. 54: www.jugendfarm-bonn.de (abgerufen am 11.8.2011); S. 59 (2, 3): Schülerarbeit; S. 62, 64, 279: Daniel Padavona/de.fotolia.com; S. 63 (1): H. Armstrong Roberts/CORBIS, (2): picture-alliance/EXPA/picturedesk.com; S. 69 (4): Peter Wirtz, Dormagen. Mit freundlicher Unterstützung Heilig-Geist Krankenhaus Köln-Longerich; S. 76, 245: LWL-Freilichtmuseum Hagen/Westfälisches Landesmuseum für Handwerk und Technik; S. 84: picture-alliance/maxppp; S. 86: Adamgolabek/de.fotolia.com, r.classen/de.fotolia.com, phescone/de.fotolia.com, goldauge/de.fotolia.com, Julien Jandric/de.fotolia.com, Florian Hiltmair/de.fotolia.com; S. 87: snaptitude/de.fotolia.com; S. 115: Schülerarbeit; S. 120: Fatman73/de.fotolia.com, Blazej Maksym/de.fotolia.com, iQoncept/de.fotolia.com, Lim Jerry/de.fotolia.com, Coprid/de. fotolia.com, Franz Pfluegl/de.fotolia.com, Janni/de.fotolia.com, Arsdigital/de.fotolia.com, James Blacklock/de.fotolia.com; S. 121: claudiaveja/de.fotolia.com, fuxart/de.fotolia.com; S. 122: picture-alliance/dpa; S. 123 (1, 3): picture-alliance/dpa; (2): picturealliance/ empics; S. 124: picture-alliance/dpa; S. 125: withGod/de.fotolia.com; S. 126: oben Mitte: © Leiftryn#2778306/Fotolia.com, oben rechts: © dracozlat#64103167/Fotolia.com, unten rechts: © pwollinge#48073511/Fotolia.com; S. 130 (1): Cover von: Thomas Endl, Karfunkelstadt - Der Turm der tausend Schatten, illustriert von Andreas Gaertner. 2009, EGMONT Verlagsgesellschaften mbH/SchneiderBuch, Köln, (2) Cover von: Fabian Lenk, Die Pyramide der 1000 Gefahren. © 2007 by Ravensburger Buchverlag Otto Maier GmbH, Ravensburg; S. 148: ErnstPieber/de.fotolia.com; S. 151 (1): de.wikipedia.org/wiki/ Gediminas (abgerufen am 12.7.2011), (2): de.wikipedia.org/wiki/Gediminas-Turm (abgerufen am 13.7.2011); S. 154: picture-alliance/ Design Pics; S. 156: thierry planche/de.fotolia.com; S. 179, 272: fungus/de.fotolia.com; S. 180: andrewshka/de.fotolia.com; S. 181: Jonas Barkey, Berlin; S. 183: Cover von: Jason Lethcoe/Scott Altmann, Wings. Der mysteriöse Mr. Spines. Bonnier Media Deutschland GmbH. arsEdition GmbH, München; S. 185: Cover von: Marliese Arold/Petra Schmidt, Magic Girls. Der verhängnisvolle Fluch. Bonnier Media Deutschland GmbH. arsEdition GmbH, München; S. 187: Cover von: Erin Hunter, Warrior Cats. In die Wildnis. Verlagsgruppe Beltz 2011, Weinheim; S. 196, 273: Cover von: Huang Beijia, Seidenraupen für Jin Ling. Baobab Books 2008, Basel; S. 198: picture-alliance/Arco Images GmbH; S. 208 o.: aus: Duden Schülerlexikon: plus Referatemanager auf CD-ROM, S. 574-575. Bibliographisches Institut 2010, Mannheim, u.: Freesurf/de.fotolia.com; S. 209 o.: Detlef/de.fotolia.com, u.: Tomas Hajek/de. fotolia.com; S. 212: Schülerarbeit; S. 214 (1): Ancello /de.fotolia.com, (2): Michael Rosskothen/de.fotolia.com; S. 215, 217: Schülerarbeit; S. 222: picture-alliance/dpa/dpaweb

Illustrationen

Annette von Bodecker-Büttner, Dresden: S. 182-186; **Egbert Herfurth**, Leipzig: S. 3-11; **Sabi Heumann**, Vögelsen: S. 172-176; **Naeko Ishida**, Bad Homburg: S. 144, 146, 158, 242, 268, 283; **Carsten Märtin**, Oldenburg: S. 66-68, 70-72, 74-75, 78-81, 188, 190, 276, 294; **Matthias Pflügner**, Berlin: S. 58, 60, 84-85, 96, 197, 200-201, 210-211, 273-274, 290; **Friederike Rave**, Wuppertal: S. 248-255, 257-264, 266-267, 269-270, 289; **Juliane Steinbach**, Wuppertal: S. 102-106, 108, 111 oben, 112-114, 116-117, 160, 162-164, 166-167, 169-171, 202, 230, 279; **Rüdiger Trebels**, Düsseldorf: S. 35 unten, 42-43, 131-132, 134-138, 140-141, 193, 195, 218-219, 223, 234-242, 273, 281-282, 284; **Christa Unzner**, Den Haag: S. 148-150, 152-155, 224.

Sachregister

A
Ableitungsprobe → Proben
Abschreiben 60, 177, 218, 281
Adjektiv → Wortarten
Adverbiale Bestimmungen → Satzglied
Akkusativ 60 f., 251, 253, 264 f., 288 f.
Akkusativobjekt → Satzglied
Alphabet 236
Arbeitsplan 206 f., 280
Arbeitstechniken
- Ausdrucksvoll vorlesen 210 f., 273
- Berichten 72-77, 80-83, 256 f., 276
- Das Dosendiktat 239, 282
- Das Gruppen-Puzzle 22 f, 280
- Das Kugellager 29, 277
- Das Partnerdiktat 219, 282
- Der Aufgabenknacker 188 f., 274
- Der Buchknacker 196-199, 273
- Der Textknacker 190-195, 274
- Ein Buch vorstellen 199, 273
- Ein Gedicht auswendig lernen 114, 179, 272
- Ein Plakat gestalten 19, 37, 279
- Ein Standbild bauen 15, 280
- Eine Checkliste anlegen 207, 280
- Eine Grafik lesen 40-41, 274
- Eine Mindmap erstellen 200 f., 275
- Eine Person beschreiben 141, 276
- Eine Rechtschreibkartei anlegen 238, 281
- Eine Spielanleitung überarbeiten 204, 276
- Eine Suchmaschine nutzen 126-129
- Einen Arbeitsplan anlegen 206 f., 280
- Einen Cluster schreiben 44, 62, 181, 275
- Einen Kurzvortrag vorbereiten 54-57, 62-65, 279
- Einen Leserbrief schreiben 90-92, 277
- Einen Text überarbeiten 168-171, 202-205, 275
- Frei vortragen 56, 65, 279
- In einer Schreibkonferenz Texte überarbeiten 202-205, 275
- Miteinander diskutieren 26-29, 277
- Partnerdiktat 219, 282
- Pro- und Kontra-Argumente sammeln 27 f., 90-92, 98-101, 277
- Regeln für die Gruppenarbeit 207, 280
- Richtig abschreiben 218, 281
- Spannend erzählen 144-147, 278
- Wörter nachschlagen 237, 281
Argument 27 f., 90 f., 99-101
Aufgabenknacker 188 f., 274
Aufzählung 229, 285
Ausrufesatz → Satzarten
Aussagesatz → Satzarten

B
Basteln 190
Beobachtungsbogen 18, 109 f.
Bericht 66 f., 72-77, 80-83, 256 f., 276
Berufsorientierung 68-71
Beschreiben
- Bilder 68 f., 102 f., 160, 176, 195, 214, 260 f., 263

- Cover 196
- Fotos 30 f., 33, 84 f., 122-125, 156
- Grafik 40 f.
- Personen/Figuren 12, 14 f., 107, 141, 163, 276
Bild/Skizze zeichnen 23, 37, 64, 79, 102, 113, 115, 214
Bildergeschichte 195
Brief/E-Mail schreiben 91 f., 98-101, 212 f., 221, 277
Buchknacker 196-199, 273
Buchvorstellung 133, 199, 273

C
Checkliste 29, 56, 73, 77, 83, 166, 207, 217, 280
Cluster → Ideensammlung
Computer
- Am Computer gestalten 64, 79, 115, 212 f.
- Am Computer schreiben 79, 202, 246 f.
- Das Internet nutzen 126-129
Cover 130, 196

D
Dativ 25, 261, 264 f., 287-291
Dativobjekt → Satzglied
Diagramm → Grafik
Diktat
- Dosendiktat 239, 282
- Partnerdiktat 219, 282

E
Einladung 212 f.
Einleitung 55, 65, 144 f., 152, 157, 171, 195, 199, 278
Erzählen
- Mündlich erzählen 85, 254 f., 265, 278
- Nacherzählen 117, 149, 152 f., 165, 278
- Schriftlich erzählen … 144-147
- Zu Bildern erzählen 195
- Zu Hobbys erzählen 48-57
Erzählkärtchen 149, 278

F
Fabel 160-171
Fall
- Akkusativ 25, 61, 251, 253, 265, 287-291
- Dativ 261, 264 f., 287 f.
- Genitiv 287 f.
- Nominativ 250, 252 f., 261, 287 f.
Fernsehen 121-125
Fragen formulieren 51, 57, 122, 263
Fragen zum Text beantworten → Textstellen finden
Fragesatz → Satzarten
Fragewörter 268 f.
Frei vortragen 56, 65, 279
Futur → Zeitformen

G
Gedicht
- Auswendig lernen 114, 179, 272
- Bildgedicht 177
- Buchstabengedicht 215
- Dreiecksgedicht 215
- Gabelgedicht 215

- Gestalten 79, 113, 115, 177, 180 f.
- Merkmale 172-181, 272
- Schreiben 25, 43, 61, 79, 97, 180 f., 215
- Schüttelgedicht 43
- Vortragen 24, 42, 60, 172 f., 178 f.
Geheimschrift 236
Gemeinsam planen und arbeiten 12-23, 37, 110, 119, 206 f., 280
Genitiv 287 f.
Geschichte fortsetzen 142-145
Geschichte schreiben 144-147, 214
Gespräch führen 26-29, 277
Gespräche schreiben/spielen 118 f.
Gestalten
- Bildergeschichte 166
- Einladung 213
- Freundschaftsspruch 178
- Overheadfolie 64
- Sagenblatt 155, 159
Gestik → Mimik und Gestik
Grafik 40 f., 86, 274
Gruppenarbeit 12-23, 119, 207, 280
Gruppen-Puzzle 22 f., 280

H
Handschrift trainieren 216 f.
Singular 220, 287 f.
Hauptperson 133, 143-147, 152, 157 f., 195, 198 f., 278
Hauptteil 91, 144 f., 147, 158, 277 f.

I
Ideensammlung
- Cluster 44, 62, 172, 181, 275
- Karteikarten 55 f., 64 f., 72, 133, 147, 199
- Mindmap 32, 200 f., 275
Infinitiv (Grundform) 75, 79, 256 f., 286
Informationen beschaffen/sammeln/ordnen/auswerten 30-39, 54 f., 62 f., 73, 77, 82, 128 f., 208 f., 237, 279
Informationsmappe 37
Internet
- Internet bewerten 87-92
- Sich im Internet informieren 126-129

J
Jugendbuch 131-141, 182-187, 196-199

K
Karteikarten → Ideensammlung
Klappentext 130, 196, 199, 273
Komma → Satzzeichen
Kugellager 29, 277
Kurzvortrag 54-57, 62-65, 279

L
Leitfragen 51, 59, 146, 153
Lernplakat 217
Lesen
- Lesen mit verteilten Rollen 17, 24, 26, 104-110, 253, 255
- Überfliegendes Lesen 34, 39, 44 f., 209
Leserbrief 89-92, 277
Lesestrategien → Texte lesen und verstehen (Textknacker)
Lexikon, Im Lexikon nachschlagen 36, 43, 47, 133, 151, 194, 198, 208 f., 281

Lied 32
Lückentext 188 f., 222, 227

M
Medien 120-129
- Medien und Medienträger 120
- Nachrichten 121-125
- Bild und Text 122-125
- Internet 126-129
- Texte am Computer überarbeiten 246 f.

Meinungen begründen/formulieren 26-29, 42, 53, 90-93, 98-101, 120 f., 130, 161, 178, 198, 207, 277
Merkwörter 221-235
Mimik und Gestik 15, 17, 18, 109-111, 118 f., 279 f.
Mindmap 32, 200-201, 275
Modalverben 96 f., 286
Multimedia ➜ Medien

N
Nachrichtensendung 121-125
Nomen ➜ Wortarten
Nominativ 250, 252 f., 261, 287 f.
Notizen ➜ Stichworte notieren

O
Objekt ➜ Satzglieder

P
Pantomime 111
Partnerdiktat ➜ Diktat
Perfekt ➜ Zeitformen
Personalpronomen ➜ Wortarten
Personenbeschreibung 141, 276
Personifikation 176, 272
Plakat gestalten 19, 37, 190, 207, 217, 279
Planen
- Arbeitsplan 206 f., 280
- Szenenplan 118 f.

Plural 220, 287 f.
Possessivpronomen ➜ Wortarten
Prädikat ➜ Satzglieder
Präposition ➜ Wortarten
Präsens ➜ Zeitformen
Präteritum ➜ Zeitformen
Pro- und Kontra-Argumente ➜ Argument
Probe
- Ableitungsprobe 240, 283
- Umstellprobe 270, 291
- Verlängerungsprobe 241, 283

R
Rechtschreiben
- Ableitungsprobe ➜ Probe
- Adjektive werden zu Nomen 235, 284
- Briefanfang 221
- Doppelkonsonanten 170, 232, 234, 284
- Fehler finden und berichtigen 244 f.
- Großschreibung 170, 220, 284
- Nomen (zusammengesetzt) 221, 283
- Nomen mit -ung, -heit und -keit 228, 244
- Tageszeiten 233, 284
- Verben (zusammengesetzt) 223, 283
- Verben werden zu Nomen 227, 284
- Verlängerungsprobe ➜ Probe
- Wörter mit ä und äu 230, 283
- Wörter mit h 224 f.
- Wörter mit ie 222, 284
- Wörter mit -ig, -lich, -isch 224, 283
- Wörter mit irgend- 243, 283
- Wörter mit kurzem Vokal 232, 234, 284
- Wörter mit V und v 231
- Wörter mit ver-, be-, er- 226, 283
- Zusammengesetzte Wörter 242, 283

Rechtschreibkartei 238, 281
Rechtschreibkorrektur am PC 246 f.
Rechtschreibung prüfen 204, 218, 244-247
Redewendung 68
Regieanweisung 17 f., 26
Reim/Reimform 174 f., 272
- Kreuzreim 175, 272
- Paarreim 175, 272
- Umarmender Reim 175, 272

Reimschema 175
Rollenkarte 108 f., 279
Rollenspiel 18

S
Sachtext 22 f., 34-41, 45, 52 f., 88
Sagen 148-159, 272
Satzanfang 73, 145, 147, 159, 170, 176, 205, 275, 278
Satzarten 285
Satzglied 266-271, 291
- Adverbiale Bestimmung 268 f., 291
- Akkusativobjekt 60 f., 267, 271, 291
- Dativobjekt 267, 271, 291
- Prädikat 266, 271, 291
- Subjekt 266, 271, 291

Satzschalttafel 115, 251, 253
Satzzeichen 221-235, 285
Schaubild ➜ Grafik
Schluss 55, 65, 145, 147, 153, 158, 163, 278
Schlüsselwörter 39, 46, 72, 82, 149, 194, 198, 273
Schreibkonferenz 159, 202, 275
Singular 220, 287 f.
Spielanleitung 58 f., 202-205, 276
Sprachbilder 177, 272
Sprüche 178
Standbild 15, 280
Steckbriefe schreiben 38
Stellung nehmen 90-93, 98-101, 277
Stichworte formulieren 23, 28, 41, 44, 50, 54 f., 63, 72, 76 f., 82, 87, 127, 133, 151, 153, 155, 157 f., 165, 167, 197, 201, 216
Subjekt ➜ Satzglieder
Suchmaschine 126-129
Szenenplan 118 f.
Szenisches Spiel 102-111, 116-119, 279

T
Tabellen erstellen/auswerten 27, 40, 90, 155, 167, 228, 234, 237, 265
Text und Bild zuordnen 34, 44, 123 f., 130
Textaussagen markieren 63, 76, 153, 165
Texte lesen und verstehen (Textknacker) 23, 34-41, 44-47, 52, 62, 70 f., 88 f., 116 f., 131 f., 134, 140-143, 190-195, 209 f., 211, 274

Texte überarbeiten 59, 77, 91, 101, 147, 159, 166, 168-171, 202-205, 275
Texte zusammenfassen 22, 155
Textknacker ➜ Texte lesen und verstehen
Textstellen/Fragen zum Text beantworten 34-38, 50, 59, 63, 89, 139, 198, 274

U
Überschrift 36, 46, 149, 155, 158, 199
Umstellprobe ➜ Proben

V
Verb ➜ Wortarten
Verbtabelle 292 f.
Vergleich 180, 272
Verlängerungsprobe ➜ Proben
Vermutung formulieren 122, 131, 141, 192
Verwandte Wörter ➜ Wortfamilie
Vorlesewettbewerb 210 f., 273
Vorsilbe 226, 243, 283
Vortragen 54-57, 64 f., 165 f., 210 f., 279

W
W-Fragen 73-77, 82 f.
Website 126-129
Wortarten 248-251, 286-290
- Adjektiv 250 f., 260-263, 288
- Artikel 220, 227 f., 242, 248, 264, 287
- Nomen 114, 220, 242, 248, 264 f., 287
- Personalpronomen 24 f., 257, 289
- Possessivpronomen 252 f., 289
- Präposition 60 f., 264 f., 290
- Relativpronomen 114 f.
- Verb 42 f., 78 f., 96 f., 188 f., 204, 227, 249, 254-259, 264 f., 286, 290, 292 f.

Wortbildung 242 f., 283
Wörter aus anderen Sprachen 30, 32, 69, 84 f., 86
Wörterbuch, Im Wörterbuch nachschlagen 230, 237, 247, 281
Wörterlisten 216, 238 f., 262
Wortfamilie
- binden 231
- fahren 242 f.
- fliegen 223
- halten 227
- kommen 225
- lassen 233
- sehen 221
- sitzen 235
- stehen 229

Wörtliche Rede 119, 147, 231, 235, 285

Z
Zeichensetzung ➜ Satzzeichen
Zeitformen
- Futur 258 f., 286
- Perfekt 249, 254-255, 257, 286
- Präsens 205, 249
- Präteritum 72-75, 78 f., 82 f., 145 f., 157, 169, 249, 256 f., 286

Zuhören 56 f., 64 f., 199, 210 f., 278 f.
Zuschauerkarte 110

Der Kernlehrplan: Lernerfolgsüberprüfung und Leistungsbewertung

Schriftliche Aufgabentypen	Aufgaben	Seite	Kapitel
1. Erzählendes Schreiben (von Erlebtem erzählen; auf der Basis von Materialien oder Mustern erzählen)	eine Geschichte planen und schreiben	144–147	Spannende Geschichten schreiben
	eine Sage planen und schreiben	156–158	Eine Sage schreiben
	eine Fabel planen und schreiben	166	Fabelhafte Wettrennen
	eine Geschichte mit Hilfe von Bildern nacherzählen	194–195	Der Textknacker
	zu Bildern schreiben	214	Kreatives Schreiben
	im Präteritum erzählen	168–169	Eine Fabel überarbeiten
		256–257	Grammatik: Verben verwenden
2. Informierendes Schreiben (in einem funktionalen Zusammenhang sachlich berichten und beschreiben; auf der Basis von Materialien einen informativen Text verfassen)	sachlich berichten	72–77	Auf den Spuren des Barbiers
		80–83	Berichten
		256–257	Grammatik: Verben verwenden
	eine Einladung schreiben	212–213	Eine Einladung schreiben
	eine Anleitung schreiben	58–59	Komm mit, mach mit!
	eine Person beschreiben	141	Spannung von Anfang an
	Bilder beschreiben	66–69	Auf den Spuren des Barbiers
		120	Medien: Blicke in die Welt
	einen informativen Text schreiben	33, 36–41	Kuckuck, Kuckuck …
	ein Plakat gestalten	19	Los geht's: Gemeinsam lernen
		33, 37	Kuckuck, Kuckuck …
3. Argumentierendes Schreiben (begründet Stellung nehmen; eine Argumentation zu einem Sachverhalt verfassen)	Meinungen äußern und begründen	27–28	Gespräche führen
		90–91	Beste Freunde
		98–101	Meinungen äußern und begründen
	Stellung nehmen	88–93	Beste Freunde
		98–101	Meinungen äußern und begründen
	Pro- und Kontra-Argumente sammeln	26–29	Gespräche führen
		92	Beste Freunde
		100–101	Meinungen äußern und begründen
	einen Leserbrief schreiben	90–92	Beste Freunde
	weil-/denn-Sätze	91, 93	Beste Freunde
4. Analysierendes Schreiben (einen Sachtext, medialen Text oder literarischen Text analysieren und interpretieren; fragen- und aufgabengeleitet aus kontinuierlichen und diskontinuierlichen Texten Informationen ermitteln und vergleichen, Textaussagen deuten und bewerten)	Sachtexten und Bildern Informationen entnehmen	33–39	Kuckuck, Kuckuck …
		44–47	Den Textknacker anwenden
		62–63	Ich stelle das Cheerleading vor
		208–209	Im Lexikon nachschlagen
	Aussagen zu einfachen diskontinuierlichen Texten entwickeln	40–41	Kuckuck, Kuckuck …
	kürzere Erzählungen, Jugendbücher und Ausschnitte aus literarischen Ganzschriften verstehen	192–195	Der Textknacker
		104–106	Fantastisches
		148–155	Sagenhafte Orte
		160–165	Fabelhafte Wettrennen
		197	Der Buchknacker
	medialen Produktionen Informationen entnehmen	122–125	Medien: Blicke in die Welt
		128–129	Sich im Internet informieren
	einem medialen Text Bilder zuordnen	123–124	Medien: Blicke in die Welt
	fragengeleitet aus Texten Informationen entnehmen, der Textknacker	34–41	Kuckuck, Kuckuck …
		44–46	Den Textknacker anwenden
		52–53	Komm mit, mach mit!
		62–65	Ich stelle das Cheerleading vor
		70–71	Auf den Spuren des Barbiers
		88–89	Beste Freunde
		131–133	Spannung von Anfang an
		142–143	Spannung von Anfang an
		148–155	Sagenhafte Orte
		160–165	Fabelhafte Wettrennen
		182–187	Leseecke: Abenteuerliche Bücher
		192–195	Der Textknacker
		196–198	Der Buchknacker
	zu Texten und Bildern Fragen formulieren und beantworten	50	Komm mit, mach mit!
		71	Auf den Spuren des Barbiers
		89	Beste Freunde
		122	Medien: Blicke in die Welt
	Vermutungen zum Text anstellen	130–141	Spannung von Anfang an
		182–187	Leseecke: Abenteuerliche Bücher
	Klappentexten Informationen entnehmen	130	Spannung von Anfang an
		196	Der Buchknacker
	Texte vergleichen	167	Fabelhafte Wettrennen
	eine Person beschreiben	106–107	Fantastisches
		141	Spannung von Anfang an
	Reimformen erkennen und untersuchen	175	Gedichte über den Wind
	Merkmale von Gedichten untersuchen	172–177	Gedichte über den Wind
		178–181	Gedichte über Freundschaft

Schriftliche Aufgabentypen	Aufgaben	Seite	Kapitel
5. Überarbeitendes Schreiben (einen Text überarbeiten und die vorgenommenen Textänderungen begründen)	Rechtschreiben	220–235	Die Trainingseinheiten
	richtig abschreiben	218	Schrift und Schreiben
	mit Checklisten überarbeiten	73, 77	Auf den Spuren des Barbiers
		83	Berichten
		166	Fabelhafte Wettrennen
		207	Gemeinsam planen und arbeiten
	eine Anleitung überarbeiten	203–205	Texte überarbeiten
	eine Sage überarbeiten	159	Eine Sage schreiben
	eine Fabel überarbeiten	166	Fabelhafte Wettrennen
		168–171	Eine Fabel überarbeiten
	die Schreibkonferenz	202	Texte überarbeiten
	Rechtschreibkorrektur am Computer	246–247	Rechtschreiben: Die Arbeitstechniken
6. Produktionsorientiertes Schreiben (Texte nach Textmustern verfassen, umschreiben oder fortsetzen; produktionsorientiert zu Texten schreiben)	Gedichte und Parallelgedichte schreiben	24–25	Los geht's: Gemeinsam lernen
		42–43	Kuckuck, Kuckuck ...
		60–61	Komm mit, mach mit!
		78–79	Auf den Spuren des Barbiers
		96–97	Beste Freunde
		114–115	Fantastisches
		181	Gedichte über Freundschaft
		215	Kreatives Schreiben
	Gedichte um- und weiterschreiben	173, 176–177	Gedichte über den Wind
		179	Gedichte über Freundschaft
	Briefe schreiben	100–101	Meinungen äußern und begründen
		212–213	Eine Einladung schreiben
		221	Die Trainingseinheiten
	eine Geschichte (weiter-)schreiben	144–147	Spannende Geschichten schreiben
		160–161	Fabelhafte Wettrennen
	eine Sage schreiben	156–158	Eine Sage schreiben
	Fabeln schreiben und umschreiben	164–166	Fabelhafte Wettrennen
	Bildgedichte erstellen	177	Gedichte über den Wind
	einen Szenenplan schreiben	118–119	Eine Geschichte von Münchhausen spielen

Sonstige Leistungen	Aufgaben	Seite	Kapitel
1. mündliche Beiträge zum Unterricht (z. B. zum Unterrichtsgespräch, Kurzreferate, Präsentationen)	Diskutieren und Argumentieren	26–29	Gespräche führen
		90–93	Beste Freunde
		98–101	Meinungen äußern und begründen
	Gesprächsregeln beachten	21	Los geht's: Gemeinsam lernen
		29	Gespräche führen
	deutlich und artikuliert sprechen	125	Medien: Blicke in die Welt
	in einem Kurzvortrag über einfache Sachverhalte und Arbeitsergebnisse informieren	48–57	Komm mit, mach mit!
		62–65	Ich stelle das Cheerleading vor
	mit Hilfe von Stichworten anschaulich präsentieren und vortragen	52–57	Komm mit, mach mit!
		62–65	Ich stelle das Cheerleading vor
	frei vortragen	56	Komm mit, mach mit!
		65	Ich stelle das Cheerleading vor
	einen Kurzvortrag auswerten	56	Komm mit, mach mit!
	ein Buch vorstellen	199	Der Buchknacker
	ein Gedicht auswendig lernen	114	Fantastisches
		179	Gedichte über Freundschaft
	Texte mit verteilten Rollen lesen	16–17	Los geht's: Gemeinsam lernen
	mit Erzählkarten nacherzählen	149	Sagenhafte Orte
	szenisches Spiel auswerten	110	Fantastisches
2. schriftliche Beiträge zum Unterricht	eine Informationsmappe gestalten	37	Kuckuck, Kuckuck ...
3. Beiträge im Rahmen eigenverantwortlichen, schüleraktiven Handelns, etwa bei Gruppen- und Projektarbeit	in der Gruppe arbeiten	12–23	Los geht's: Gemeinsam lernen
		206–207	Gemeinsam planen und arbeiten
	Gruppenregeln vereinbaren und beachten	14–21	Los geht's: Gemeinsam lernen
		26–29	Gespräche führen
		207	Gemeinsam planen und arbeiten
	Methode: Kugellager	29	Gespräche führen
	Methode: Gruppen-Puzzle	22–23	Los geht's: Gemeinsam lernen
	Rollen- und Zuschauerkarten erstellen	108–110	Fantastisches
	einen Szenenplan schreiben	118–119	Eine Geschichte von Münchhausen spielen
4. fachspezifische Ergebnisse kreativer Gestaltungen	szenisches Spiel	108–111	Fantastisches
		116–119	Eine Geschichte von Münchhausen spielen
	eine Pantomime gestalten	107	Fantastisches
	Standbild, Rollenspiel	15, 18	Los geht's: Gemeinsam lernen
	ein Plakat gestalten	19	Los geht's: Gemeinsam lernen
		37	Kuckuck, Kuckuck ...
		217	Schrift und Schreiben
	ein Gedichtblatt gestalten	113	Fantastisches
	ein Sagenblatt gestalten	155	Sagenhafte Orte

Projektleitung: Gabriele Biela
Redaktion: Sandra Geiger, Sarah Kriz, Heike Tietz
Bildrecherche: Sabine Kaehne

Umschlaggestaltung: Cornelsen Verlag Design/Klein & Halm Grafikdesign, Berlin
Umschlagfoto: JUNOPHOTO, Berlin
Layout und technische Umsetzung: zweiband.media, Berlin

www.cornelsen.de

Die Webseiten Dritter, deren Internetadressen in diesem Lehrwerk angegeben sind, wurden vor Drucklegung sorgfältig geprüft. Der Verlag übernimmt keine Gewähr für die Aktualität und den Inhalt dieser Seiten oder solcher, die mit ihnen verlinkt sind.

1. Auflage, 5. Druck 2024

Alle Drucke dieser Auflage sind inhaltlich unverändert
und können im Unterricht nebeneinander verwendet werden.

© 2012 Cornelsen Verlag, Berlin
© 2016 Cornelsen Verlag GmbH, Mecklenburgische Str. 53, 14197 Berlin

Das Werk und seine Teile sind urheberrechtlich geschützt.
Jede Nutzung in anderen als den gesetzlich zugelassenen Fällen bedarf der vorherigen schriftlichen Einwilligung des Verlages.
Hinweis zu §§ 60a, 60b UrhG: Weder das Werk noch seine Teile dürfen ohne eine solche Einwilligung an Schulen oder in Unterrichts- und Lehrmedien (§ 60b Abs. 3 UrhG) vervielfältigt, insbesondere kopiert oder eingescannt, verbreitet oder in ein Netzwerk eingestellt oder sonst öffentlich zugänglich gemacht oder wiedergegeben werden.
Dies gilt auch für Intranets von Schulen und anderen Bildungseinrichtungen.

Der Anbieter behält sich eine Nutzung der Inhalte für Text und Data Mining im Sinne § 44b UrhG ausdrücklich vor.

Druck und Bindung: Livonia Print, Riga

ISBN 978-3-06-062334-1 (Schülerbuch)
ISBN 978-3-06-060275-9 (E-Book)

PEFC zertifiziert
Dieses Produkt stammt aus nachhaltig bewirtschafteten Wäldern und kontrollierten Quellen.
www.pefc.de